高等职业教育理实一体化系列教材·汽车类

Qiche Jixie Jichu
汽车机械基础

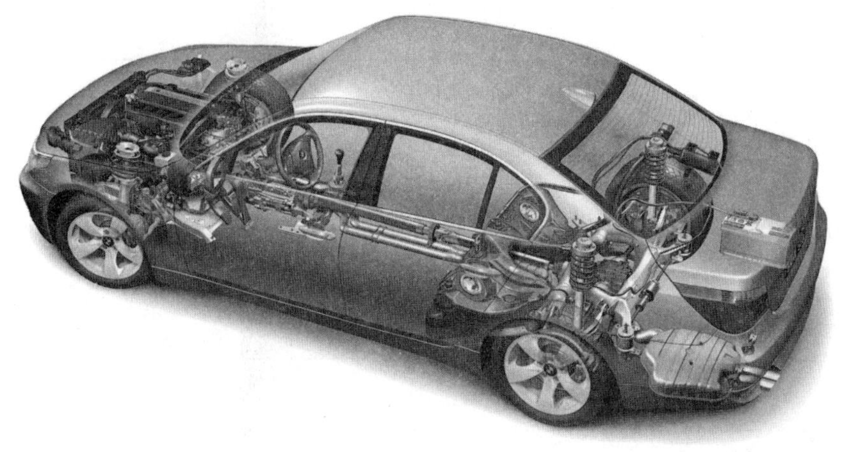

主　编　潘冬敏
副主编　宋教华　王洪佩　张冬梅　韩凤梅
参　编　贾燕红　王艳超　徐　蕾　王　宇

北京理工大学出版社
BEIJING INSTITUTE OF TECHNOLOGY PRESS

内 容 简 介

本书以任务为载体，以汽车专业对相关知识的应用为实例，将力学分析、汽车常用材料、常用机械与机构、液压和气压传动等内容整合为 7 个教学模块，内容涵盖了汽车相关专业必需的专业基础知识，为后续的相关课程的学习奠定基础。为便于学生学习，本书在必要的任务后给出了拓展提高模块，以拓展所学知识。本书各模块后均设有课后自测，方便学生在课后进行自我检测。

本书内容翔实、语言简练、图文并茂、通俗易懂，可作为汽车相关专业的教材，也可作为从事汽车行业的工程技术人员的参考用书。

图书在版编目（CIP）数据

汽车机械基础/潘冬敏主编．—北京：北京理工大学出版社，2020.9（2020.10 重印）

ISBN 978-7-5682-9002-9

Ⅰ．①汽…　Ⅱ．①潘…　Ⅲ．①汽车—机械学　Ⅳ．①U463

中国版本图书馆 CIP 数据核字（2020）第 165115 号

出版发行 / 北京理工大学出版社有限责任公司
社　　址 / 北京市海淀区中关村南大街 5 号
邮　　编 / 100081
电　　话 / （010）68914775（总编室）
　　　　　（010）82562903（教材售后服务热线）
　　　　　（010）68948351（其他图书服务热线）
网　　址 / http://www.bitpress.com.cn
经　　销 / 全国各地新华书店
印　　刷 / 三河市天利华印刷装订有限公司
开　　本 / 787 毫米×1092 毫米　1/16
印　　张 / 13　　　　责任编辑 / 高雪梅
字　　数 / 306 千字　　　　文案编辑 / 高雪梅
版　　次 / 2020 年 9 月第 1 版　2020 年 10 月第 2 次印刷　　　　责任校对 / 周瑞红
定　　价 / 36.00 元　　　　责任印制 / 李志强

前 言

Qianyan

本书是为了适应我国汽车工业飞速发展的需要，满足各高职高专院校“汽车材料与机械基础”课程的教学需求而编写的。根据高职高专院校的实际情况和社会对高职高专毕业生的需求，注重基础理论的应用，从学生的认识规律出发，循序渐进地讲解基础知识、基本理论和基本方法。

本书内容定位紧扣“以能力为本位，以就业为导向，以学生为中心”的职业教学目标，坚持“够用、适用、实用”的原则，采取模块的编写方式把基础学科与专业学科有机、有序地结合在一起，改变了专业基础学科抽象难懂的状况，提高了学生的学习兴趣和效率。

“汽车机械基础”是汽车类专业的基础课程。本书的主要特点如下：①对传统学科型教材进行了整合，在教学内容选取上，保证了汽车类专业所需要的最基本、最主要的机械基础的经典内容，尽量避免内容之间不必要的交叉和重叠，淡化学科体系，减少教学时数，提高课堂教学效率。②基本知识点的选取以“够用”为度，没有过多的理论推导；为体现汽车教育的特点，本书选择了许多汽车工程中的实例，以培养学生分析问题和解决问题的能力。③叙述上力求通俗易懂，深入浅出，对于各种基本概念与基本原理的阐述力求简明扼要。④打破了传统教材的章节体例，以专项能力培养为单元确定单元目标，使培养过程实现“教学做”统一。⑤为便于教师教学和学生自学，每个模块后都有针对性的练习题，并对相关内容进行知识链接和知识扩展，以满足我国汽车紧缺人才培养对机械基础理论与实际操作训练的需要。本书理论与实际紧密相连，所以在学习方法上必须特别注意观察生活和生产实践中的各种现象，并结合所学基础理论，经过分析、归纳和总结，相信一定会取得较好的学习效果。

本书共分为 7 个模块，模块一为平面构件的静力分析，主要包括静力学基础知识、平面力系；模块二为汽车常用材料，主要包括金属材料的性能、金属结构与钢的热处理、汽车常用金属材料、非铁基金属材料、非金属材料及其应用；模块三为汽车轴系零部件，主要包括轴和轴承及其应用；模块四为汽车常用机构，主要介绍汽车机械中常用机械传动机构的工作原理、类型、运动特点，特性分析、选用原则及一般维护等；模块五为汽车机械传动，主要包括带传动、链传动及齿轮传动及轮系的应用；模块六为常用连接，主要介绍螺纹连接、键连接及销连接；模块七为汽车液压与气压传动，主要介绍液压传动与气压传动的结构、基本回路的工作原理。

本书由烟台汽车工程职业学院潘冬敏担任主编，宋教华、王洪佩、张冬梅、韩凤梅任副主编。模块一由张冬梅编写；模块二由韩凤梅编写；模块三～六由潘冬敏编写；模块七由宋教华、王洪佩编写，图片由贾燕红、王艳超和徐蕾整理编绘。

编者在编写本书的过程中得到了许多汽车类职业院校和汽车维修企业给予的大力支持，

在此表示衷心的感谢。

由于编者水平有限，加之编写时间仓促，书中难免存在缺点和不足，恳请使用本书的教师和广大读者批评指正，同时，对给予过帮助的各方领导表示由衷的谢意。

Contents 目录

模块一　平面构件的静力分析

工程力学是人类在千百年漫长的劳动生产过程中，通过无数次的实践—理论—实践的过程，建立起来的一门学科，是人类对于物体机械运动规律认识的深化过程。工程力学研究的内容主要包括理论力学的静力学部分和材料力学基础知识。学习静力学知识分析构件的受力情况，并根据平衡条件求解未知力，为学习材料力学奠定基础。

静力学主要研究物体受力分析方法和物体在力系作用下处于平衡状态的条件。

任务一　静力分析基础

任务介绍

物体受力分析方法和力系平衡条件在工程中应用很广。例如，在静载荷作用下的工程结构（如桥梁、房屋、起重机、水坝等），常见的机械零件（如轴、齿轮、螺栓等），以及手动工具和低速机械，它们在工作时大多处于平衡状态，或可以近似地看作平衡状态。为了合理地设计或选择这些结构物和零件的形状、尺寸，保证构件安全、可靠地工作，必须先运用静力学知识对构件进行受力分析，并根据平衡条件求出未知力，所以静力学是学习材料力学的基础。此外，静力学知识还可直接用来解决工程技术中的许多力学问题。

学习目标

1. 理解静力分析的基本概念和基本原理。
2. 掌握典型约束的约束性质，能熟练绘制其受力图。

相关知识

一、静力学的基本概念及基本原理

1. 力的相关概念

力是物体间的相互作用，作用的结果是使物体的运动状态发生变化或使物体发生变形。

力使物体的运动状态发生改变（如足球由静止到运动），称为力的外效应或运动效应；力能使物体的形状发生改变（如打扁的乒乓球），称为力的内效应。前者是静力学所研究的内容，而后者是材料力学所研究的内容。

因为力是一个物体对另一个物体的作用，所以力不能脱离实际物体而存在。力的概念产生于人类的生产劳动中，当人们用手握、拉、掷、举物体时，由于肌肉紧张而感到力的作用，这种作用广泛存在于人与物及物与物之间，如汽车与地面之间存在力的作用，可燃气体推动活塞在气缸中往复运动也存在力的作用等。在研究物体受力时，必须分清受力物体和施力物体。

力的三要素指力的大小、方向和作用点（图 1-1）。

力的大小指物体间机械作用的强弱。它的单位是 N（牛）或 kN（千牛）。

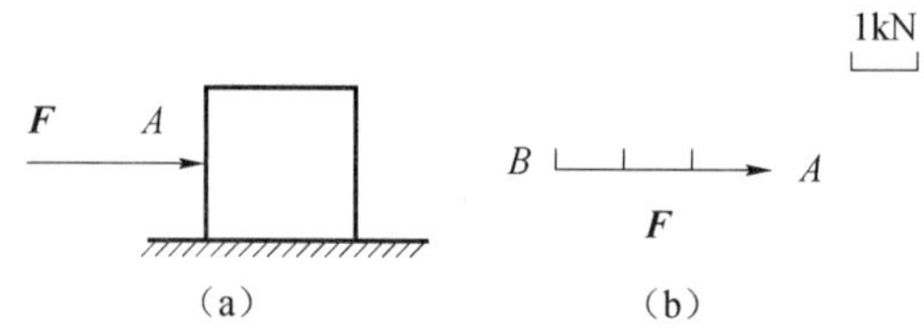

图 1-1　力的示意图

三要素中任何一个要素改变，都会使力的作用效果发生改变。

在力学中有两类量：标量和矢量。只考虑大小的量，如长度、时间、质量等是标量。既考虑大小又考虑方向的量称为矢量。力是矢量，既有大小，又有方向，图示时常用一个带有箭头的线段表示，通常称为有向线段。图 1-1（b）中，线段的长度 *AB* 按一定比例代表力的大小，线段的方位与箭头表示力的方向，其起点或终点表示力的作用点。力的文字符号用黑体表示，如 ***F*** 代表力矢量；用白体字母 ***F*** 代表力的大小。

2. 刚体的概念

刚体是指在任何力的作用下都不发生变形（或者说其内任意两点间距离保持不变）的物体。刚体是抽象化的力学模型，实际上并不存在真正的刚体，任何物体受力后都会发生变形，但工程中很多物体变形很微小，当研究物体的平衡与运动时可以忽略不计，从而使问题简化。在静力学中，常把研究的物体抽象为刚体。

3. 平衡与力系的概念

物体的平衡是物体相对于地面处于静止或做匀速直线运动的状态，它是一个相对的概念。平衡是物体机械运动中的一种特殊情况。

作用在同一物体上的一群力称为**力系**。

如果物体在一个力系的作用下保持平衡，则称为这一力系为**平衡力系**。如果两个力系分别对同一物体的运动效应相同，则这两个力系互称为**等效力系**。如果一个力与一个力系等效，则称这个力是该力系的合力，而该力系中的每个力是合力的分力。

各力作用线均在同一平面内的力系称为**平面力系**。

根据力系中各力作用线分布的特点不同，平面力系主要可分为以下 3 类（图 1-2）。

1）平面汇交力系：各力的作用线交于一点［图 1-2（a）］。

2）平面力偶系：仅由平面力偶组成的平面力系［图 1-2（b）］。

3）平面任意力系（一般力系）：各力作用线在平面内任意分布的平面力系［图 1-2（c）］。

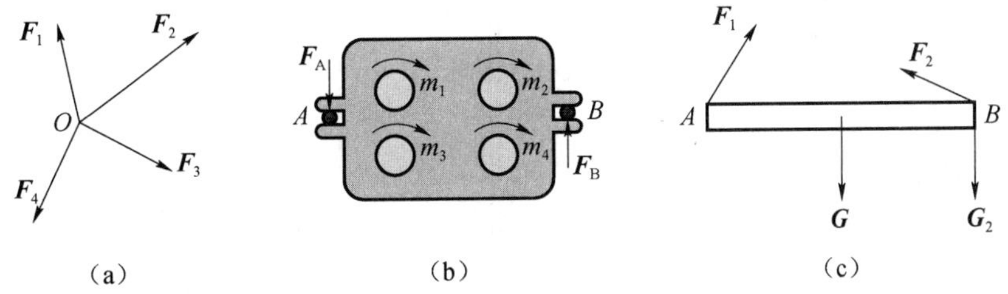

图 1-2　平面力系的类型

（a）平面汇交力系；（b）平面力偶系；（c）平面任意力系

4. 静力学基本公理

静力学公理是人类经过长期经验积累和实践验证总结出来的最基本的力学规律，是静力学的基础。

公理 1　二力平衡公理。

作用于一个刚体上的力，使刚体保持平衡状态的必要与充分条件：此二力大小相等、方向相反、作用在同一直线上（简称二力等值、反向、共线），如图 1-3 所示，用矢量式表示为 $F_1=-F_2$。

工程中经常遇到不计自重、只受两个力作用而平衡的构件，称为二力构件，当构件呈杆状时，又习惯称为二力杆。根据二力平衡公理，作用于二力构件上的两个力的作用线必定沿着两个力作用点的连线，且大小相等、方向相反。图 1-4 中构件 *CD* 如果不计自重，它就是一个二力构件，在 *C*、*D* 两端所受的力必等值、反向，作用线为沿两力作用点 *C*、*D* 的连线。

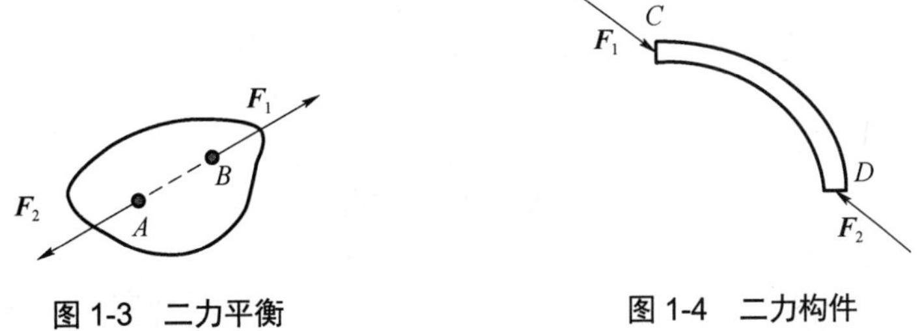

图 1-3　二力平衡　　**图 1-4　二力构件**

应用二力构件的概念可以很方便地判定结构中某些构件的受力方向。图 1-5 所示三铰拱中的 *AB* 部分，当汽车不在该部分上且不计自重时，它只可能通过 *A*、*B* 两点受力，是一个二力构件，故 *A*、*B* 两点的作用力必沿 *AB* 连线的方向。

公理 2　作用与反作用公理。

两个物体间的作用力与反作用力总是同时存在，且大小相等、方向相反、沿着同一直线（简称等值、反向、共线），分别作用在这两个物体上。

这个定律概括了自然界物体间相互作用的关系，表明一切力都是成对出现的。这里应注意，此公理与二力平衡公理是有差别的，此公理叙述了两个物体之间的相互作用的关系，而二力平衡公理叙述了作用于同一刚体上二力的平衡条件。

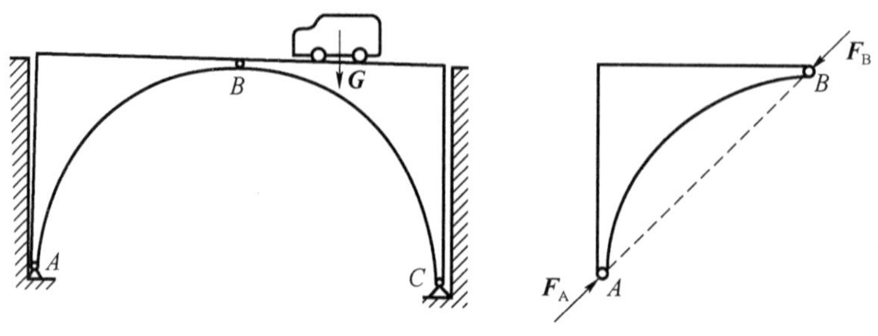

图 1-5 三铰拱

公理 3 加减平衡力系公理。

在任意一个已知力系上加上或减去任一个平衡力系，不会改变原力系对刚体的作用。

这一公理的正确性是显而易见的，因为一个平衡力系是不会改变物体的原有状态的。这条公理常被用于简化某一已知力系。依据这一公理，可以得出下面一个重要推论。

推论 1 力的可传递性原理。

作用于刚体上的力，可沿其作用线滑移到任一点，而不会改变该力对该刚体的作用效果。

证明：设力 $\boldsymbol{F}$ 作用在刚体上 A 点（图 1-6），依公理 3 可在该力 $\boldsymbol{F}$ 作用线上任一点 B 加一对平衡力 $\boldsymbol{F}_1$、$\boldsymbol{F}_2$，使 $F=F_2=-F_1$［图 1-6（b）］，而力系（$\boldsymbol{F}$，$\boldsymbol{F}_1$，$\boldsymbol{F}_2$）与力 $\boldsymbol{F}$ 是等效的。除去 $\boldsymbol{F}$ 与 $\boldsymbol{F}_1$ 所组成的一对平衡力，刚体只剩 $\boldsymbol{F}_2$ 且 $F_2=F$［图 1-6（c）］。依公理 3 可知，物体仍维持原来运动状态，但 B 点的力 $\boldsymbol{F}_2$ 是力 $\boldsymbol{F}$ 沿其作用线滑移的结果，这就证明了力的可传递性。

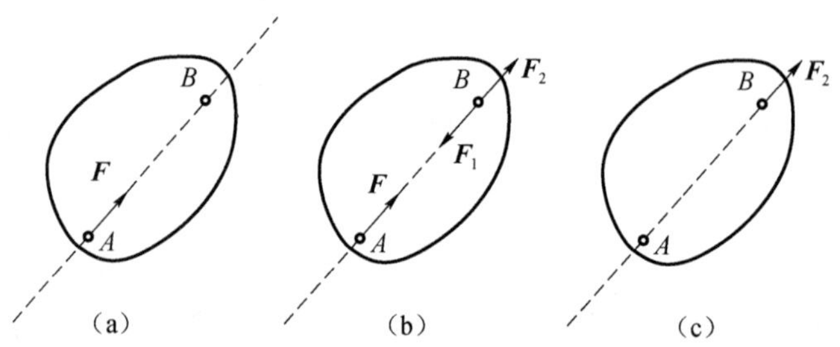

图 1-6 力的可传递性

注意：力的可传递性原理只适应于刚体且只能沿其作用线移动而不能任意移至作用线以外的位置。

公理 4 力的平行四边形法则。

作用于物体上同一点的两个力，可以合成为一个合力，合力也作用于该点，合力的大小和方向由以这两个力为邻边所构成的平行四边形对角线来确定。如图 1-7（a）所示，已知有两力 $\boldsymbol{F}_1$、$\boldsymbol{F}_2$ 作用于 A 点，以 $\boldsymbol{F}_R$ 表示其合力，则 $F_R=F_1+F_2$。

从图 1-7（a）可以看出，在求合力时，实际上只需画出力平行四边形的一半，即一个三角形就可以。为了使图形清晰，通常把这个三角形画在力所作用的物体之外，如图 1-7（b）、

（c）所示，也称为力的三角形法则。

为求 $\boldsymbol{F}$ 的大小与方向，可用几何作图法或几何关系计算。

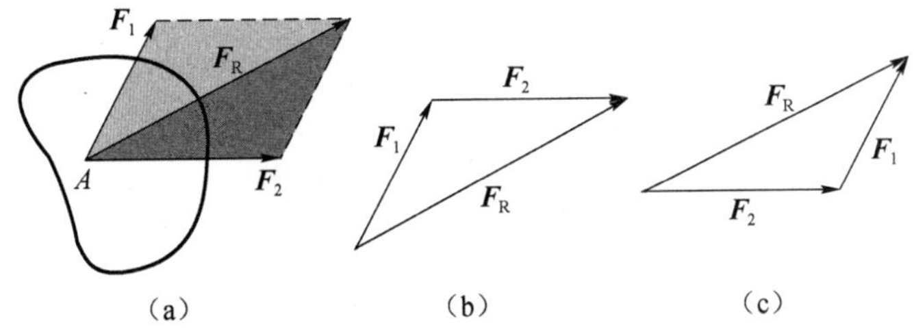

图 1-7　力的合成

推论 2　三力平衡汇交定理。

作用在刚体上同一平面内的 3 个不平行的力，如果使刚体处于平衡，则这 3 个力的作用线必汇交于一点。

证明：如图 1-8（a）所示，在刚体上 A、B、C 3 点分别作用有共面力 $\boldsymbol{F}_1$、$\boldsymbol{F}_2$、$\boldsymbol{F}_3$。根据力的可传递性原理，可将 $\boldsymbol{F}_1$、$\boldsymbol{F}_2$ 移至它们的作用线的交点 O。并用公理 4 求出其合力 $\boldsymbol{F}_R$，则力 $\boldsymbol{F}_3$ 必然与 $\boldsymbol{F}_R$ 平衡，如图 1-8（b）所示。根据公理 1，此两力必共线，当然 $\boldsymbol{F}$、$\boldsymbol{F}_2$、$\boldsymbol{F}_3$ 必共面，且通过 O 点。

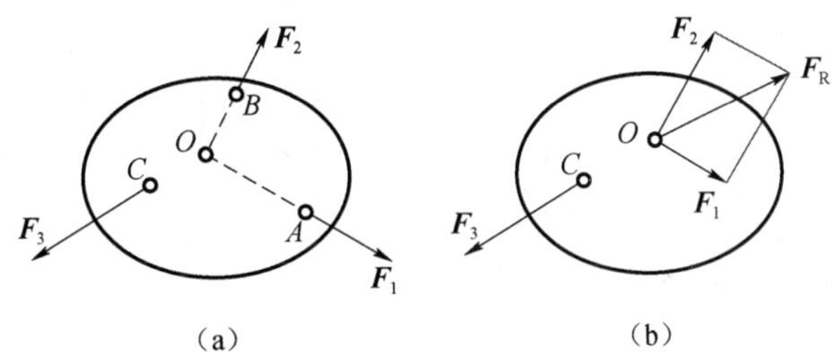

图 1-8　三力平衡共面

5. 约束和约束反力

有些物体，如飞行的飞机、炮弹和火箭等，它们在空间的位移不受任何限制，这些位移不受限制的物体称为自由体。有些物体，如火车、悬挂的灯泡等，它们在空间的位移受到一定的限制。例如，火车受到铁轨的限制，只能沿铁轨移动；灯泡受到绳索的限制，不能下落。这些位移受到限制的物体称为非自由体。对非自由体的某些位移起限制作用的周围物体称为**约束**，约束限制物体运动的力称为该物体的**约束反力**。例如，发动机轴承给曲轴的力，柔索给重物的力等，都是约束反力。约束反力一般是未知力。一般情况下，约束反力的方向总是与该约束所能阻碍的运动方向相反，从而可以确定约束反力的方向或作用线的位置。约束反力的大小则需要通过平衡条件来计算。

下面介绍工程上常见的约束类型及其约束反力方向的确定方法。

（1）柔索约束

工程上常见的钢丝绳、传送带、链条等都可以简化为柔索。柔索只能承受拉力。所以，柔索对物体的约束反力的作用点在接触处，方向沿着柔索背离物体，恒为拉力（图 1-9）。通常用 $\boldsymbol{F}_{\mathrm{T}}$ 表示这类约束反力。

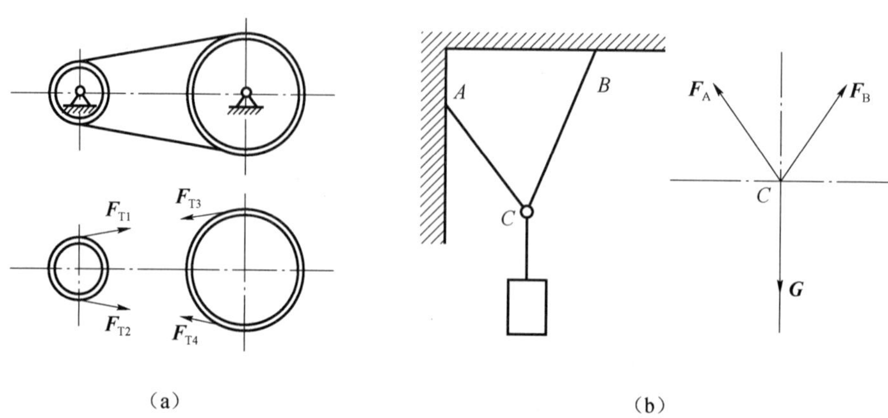

图 1-9　柔索约束

（2）光滑接触面约束

两个相互接触的物体，如接触面（或点、线）上的摩擦力很小，可以忽略不计，这种光滑面所构成的约束称为光滑接触面约束（图 1-10）。

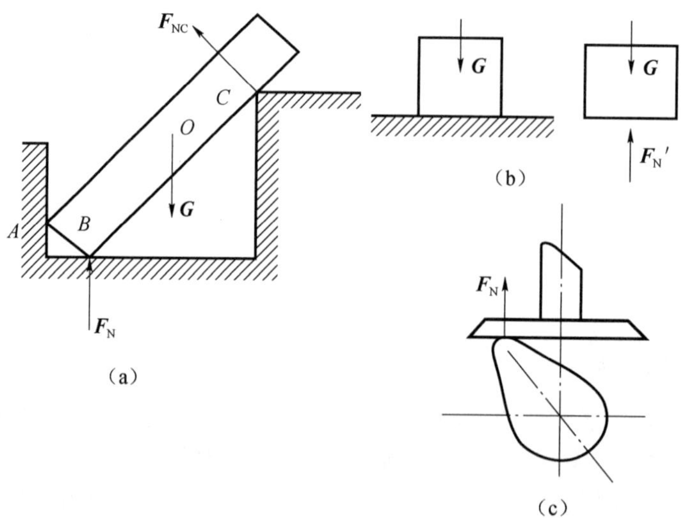

图 1-10　光滑接触面约束

这种约束只能限制物体过接触点沿接触面公法线指向约束物体的运动，而不能限制物体在接触面的切线方向的运动，故约束反力必然沿接触点的法向，并指向被约束的物体，又称法向反力。通常用 $\boldsymbol{F}_{\mathrm{N}}$ 表示此类约束反力。

（3）光滑铰链约束

如图 1-11（a）、（b）所示，两个带有圆孔的物体，用圆柱销连接，就构成了典型的铰链约束。

光滑铰链忽略了销与孔壁间的摩擦。

光滑铰链约束只能限制物体在垂直于销轴线平面内任意方向的移动，不能限制物体绕销轴线的转动。其实质为光滑面的约束。因此，约束反力应过接触点 K 沿接触面公法线方向，即沿过销中心和 K 点的连线方向，如图 1-11（c）所示。但物体受力情况的不同，接触点 K 的位置也不同。所以约束反力的方向不能预先确定，通常用过销中心的两个正交分力力 $\boldsymbol{F}_x$ 和 $\boldsymbol{F}_y$ 表示［图 1-11（c）］，指向可任意假定，其正确与否可由计算结果的正负确定。

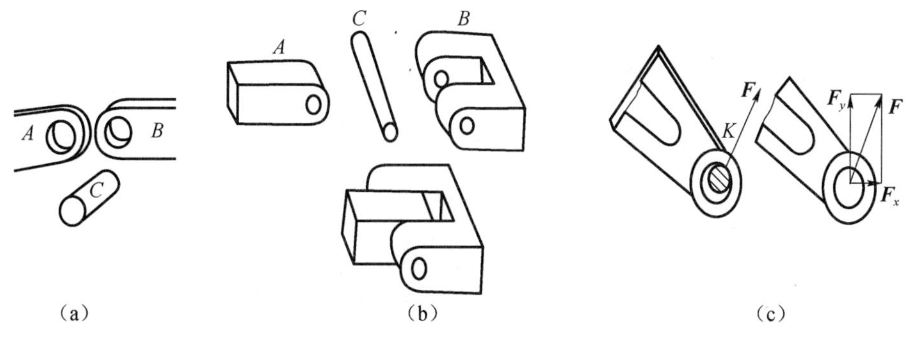

图 1-11　光滑铰链约束

工程上常见的铰链支座约束有如下几种。

1）固定铰链支座。在形成铰链约束的两个构件中，若有一个固定在地面或机架上，则这种约束称为固定铰链支座。支座与物体的连接采用铰链连接，如图 1-12（a）所示。固定铰链支座约束能限制物体沿圆柱销半径方向的移动，但不能限制转动，其约束反力作用线必定通过圆柱销中心，但其大小和方向均为未知，需根据物体受力的情况确定。在画图和计算时，这个方向待定的支座约束反力，常用相互垂直的两个分力 $\boldsymbol{F}_x$ 和 $\boldsymbol{F}_y$ 来代替，如图 1-12（b）所示。但若用铰链连接的是一个二力构件，则铰链约束反力可以根据公理 1 画在两个力作用点的连线上，如图 1-13 所示。

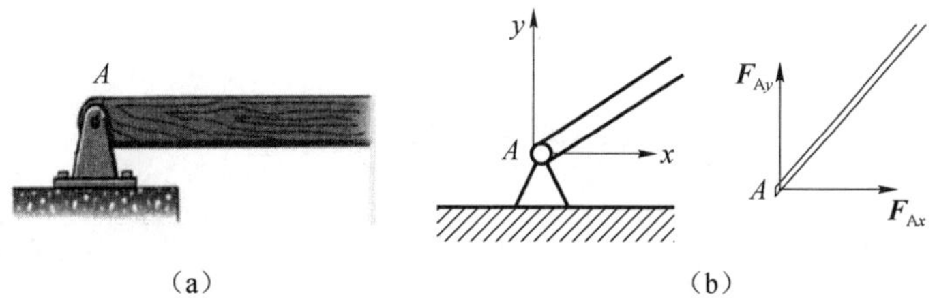

图 1-12　固定铰链连接

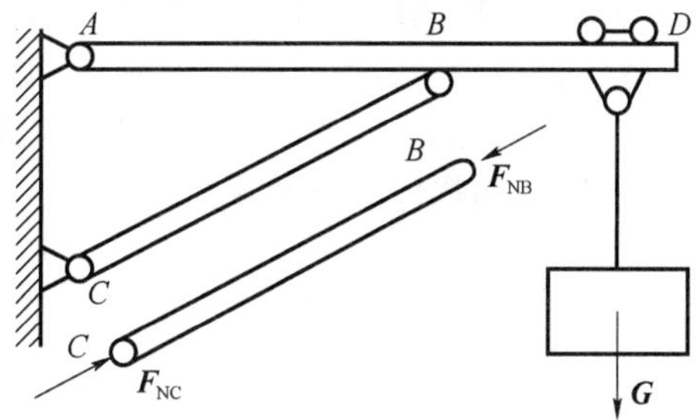

图 1-13　铰链连接二力构件

2）中间铰链支座。被连接的两个构件均为活动件，这种约束称为中间铰链支座，如图 1-14 所示。这种支座约束反力作用线必定通过圆柱销中心，但其大小和方向均为未知，需根据物体受力的情况确定。在画图和计算时，这个方向待定的支座约束反力，常用相互垂直的两个分力 $\boldsymbol{F}_x$ 和 $\boldsymbol{F}_y$ 来代替，如图 1-14（c）所示。

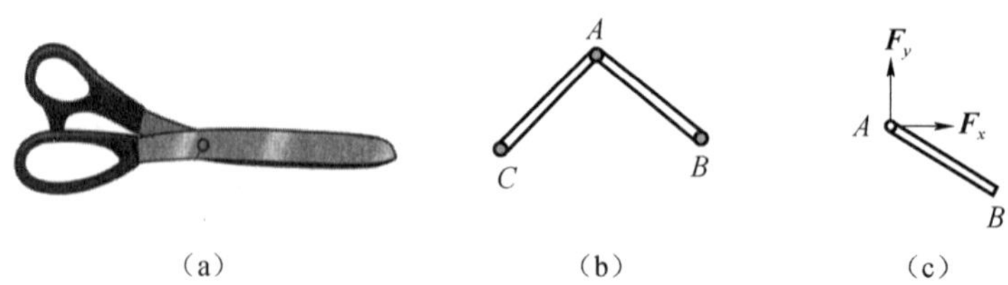

图 1-14　中间铰链

3）活动铰链支座。工程上，有时为使构件自由热胀冷缩，在铰链支座下安放几个圆柱形滚轴，使支座在支承面上可以任意移动，这种约束称为活动铰链支座，又称辊轴支座，如图 1-15（a）所示。

如果不计摩擦，则这种支座不能限制物体沿接触面切线方向的移动，只能限制物体沿支承面法线方向的移动，所以其约束反力必定沿支承面法线且通过铰链中心。其简化表示及约束反力如图 1-15（b）所示。

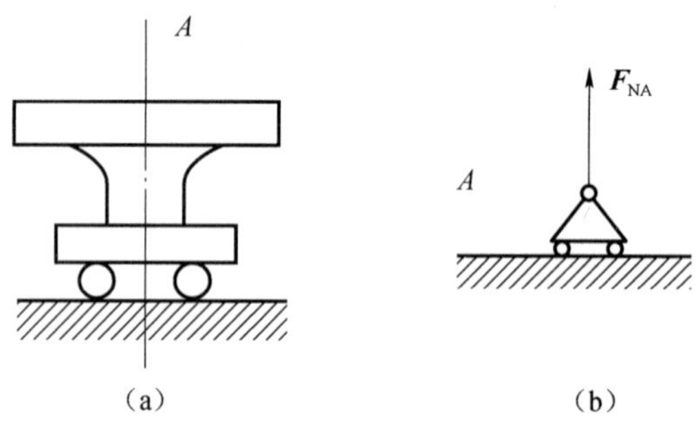

图 1-15　活动铰链支座

二、物体的受力分析和受力图

在工程实际中，为了求出未知的约束反力，需要根据已知力，应用平衡条件求解。为此，首先要确定构件受了几个力、每个力的作用位置和力的作用方向，这个分析过程称为物体的受力分析。为了清晰地表示物体的受力情况，人们把需要研究的物体（称为受力体）从周围的物体（称为施力体）中分离出来，单独画出它的简图，这个步骤称为取研究对象或取分离体。画出分离体上所有作用力的图称为物体的受力图。

画受力图的一般步骤：

1）确定研究对象。

2）画出对象的分离体简图。

3）在简图上标出已知力。

4）在简图上解除约束处画出约束反力。

受力图是解决工程力学问题的关键，掌握受力图的画法对于静力分析非常重要。下面举例说明受力图的画法。

例 1-1　重力为 $\boldsymbol{G}$ 的均质圆球 O，由杆 AB、绳 BC 与墙壁来支持，如图 1-16（a）所示。各处的摩擦与杆重不计，试分别对球和杆 AB 进行受力分析。

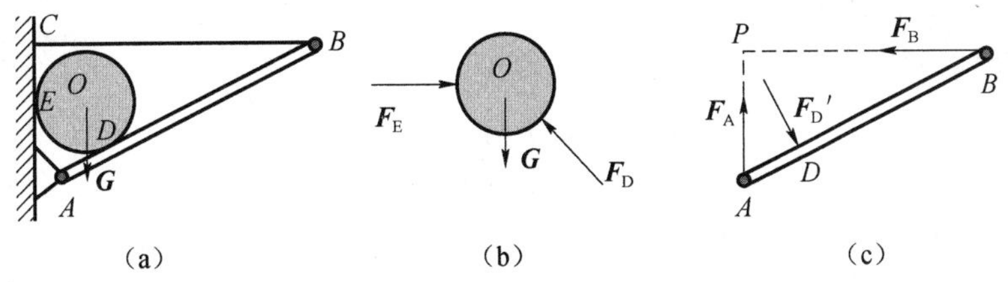

图 1-16　受力图画法

解：

1）以球为研究对象。

① 解除杆和球的约束，画出其分离体图。

② 画出主动力：球受重力 $\boldsymbol{G}$。

③ 画出全部约束反力：杆对球的约束反力 $\boldsymbol{F}_D$ 和墙对球的约束反力 $\boldsymbol{F}_E$（D、E 两处均为光滑接触面约束）。球 O 的受力图如图 1-16（b）所示。

2）以 AB 杆为研究对象。

① 解除绳子 C、球 O 和固定铰链 A 的约束，画出其分离体图。

② B 处受绳索约束，画出拉力 $\boldsymbol{F}_B$。

③ D 处为光滑接触面约束，画出法向反力 $\boldsymbol{F}_D'$，它与 F_D 是作用力与反作用力的关系。

④ A 处为固定铰链约束，根据三力平衡汇交定理，找到 F_D' 和 F_B 的交点 P，连接 AP 两点，画出约束反力 $\boldsymbol{F}_A$。AB 杆的受力图如图 1-16（c）所示。

例 1-2　如图 1-17（a）所示，DE 杆重力为 $\boldsymbol{G}$，AB 杆和 BD 杆不计重力，系统平衡，试画出 BD 杆、DE 杆和构件 AB 的受力图。

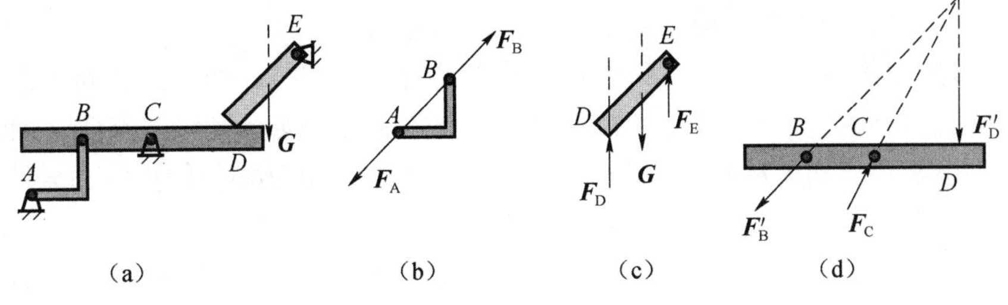

图 1-17　受力图分析

解：

1）以构件 AB 为研究对象，解除约束，画出分离体，因为不计重力，故 AB 为二力构件，受力如图 1-17（b）所示。

2）以 DE 杆为研究对象。

① 解除约束，画出分离体。

② 画出已知重力 $\boldsymbol{G}$。

③ 画出 BD 杆对 DE 的约束反力 $\boldsymbol{F}_D$，E 处是固定铰链约束，由 $\boldsymbol{G}$ 和 $\boldsymbol{F}_D$ 的方向可知 $\boldsymbol{F}_E$ 的方向只能平行于 $\boldsymbol{G}$ 和 $\boldsymbol{F}_D$，BD 杆受力如图 1-17（c）所示。

3）以 BD 杆为研究对象。

① 解除各部分约束，画出分离体。

② B 处为中间铰链约束，画出约束反力 $\boldsymbol{F}'_B$，它与 $\boldsymbol{F}_B$ 是作用力与反作用力的关系。

③ D 处为光滑接触面约束，画出约束反力 $\boldsymbol{F}'_D$，它与 $\boldsymbol{F}_D$ 是作用力与反作用力的关系。

④ C 处为固定铰链约束，根据三力平衡汇交定理，找到 $\boldsymbol{F}'_B$ 和 $\boldsymbol{F}'_D$ 的交点，与 C 点相连，画出约束反力 $\boldsymbol{F}_C$，BD 杆受力如图 1-17（d）所示。

通过取分离体和画受力图，就把物体之间的联系转化为力的联系。这样就为分析和解决力学问题提供了依据，因此应该熟练、牢固地掌握这种科学抽象方法。

 任务小结

1. 基本概念

1）力是物体之间相互的机械作用：力的效应有外效应和内效应，静力学中研究力的外效应。力对物体的外效应决定于三要素：大小、方向和作用点（作用线）。

2）力系是作用在同一物体上的若干个力的总称。

3）刚体是静力学中将实际物体进行抽象化的理想模型，静力学的研究对象是刚体。

4）平衡在工程上一般是指物体相对于地面保持静止或做匀速直线运动的状态。

2. 静力学公理及其推论

静力学公理及其推论反映了力的基本性质，是静力学的理论基础。

3. 物体的约束及受力分析

1）柔索约束：这种约束只能承受沿柔索方向的拉力。

2）光滑接触面约束：这种约束只能承受位于接触点（或线、面）的法向压力。

3）光滑铰链约束：可分为固定铰链支座、中间铰链支座、活动铰链支座 3 种形式，前两种能限制物体两个方向的移动，故表示为正交约束反力；第三种的约束反力只能位于滚子接触面的法线方向。

4）在解除约束的分离体上，画上它所受的全部主动力和约束反力的图，就称为该物体的受力图。画受力图时应注意：只画受力，不画施力；只画外力，不画内力；解除约束后，才能画上约束反力。

拓展提高

力的常见种类

1）重力：重力是物体受到地球的吸引而产生的力。重力的作用点在物体的重心上，方向总是垂直向下。重力的大小为 $G=mg$。

2）摩擦力：相互接触的两物体有相对运动或相对运动趋势时产生的阻碍这种相对运动或相对运动趋势的力。摩擦力方向为沿接触面切线方向，与物体相对运动或相对运动趋势的方向相反。滑动摩擦力大小为 $F_{max}=\mu F_N$。静摩擦力大小可在 0 到 F_{max} 之间变化。

3）弹力：当物体在外力作用下发生弹性形变时，反抗形变的力称为弹力。弹力的方向与物体恢复原来形状的趋势相同，与使物体发生形变的外力方向相反。在物体的弹性极限范围内，弹力的大小和弹性体的变形量成正比。弹力是发生形变物体所产生的力，它作用在使它发生形变的其他物体上。

任务二　平面汇交力系

任务介绍

实际的工程中，作用于构件上的力系有各种不同的类型。各力作用线均在同一平面内的力系称为**平面力系**。在平面力系中，若各力的作用线全部汇交于一点，则称为**平面汇交力系**；全部由力偶组成的力系称为**平面力偶系**；各力作用线互相平行的力系称为**平面平行力系**。研究平面汇交力系，一方面可以解决一些简单的工程实际问题，另一方面也为研究更复杂的力系打下一定基础。

学习目标

1. 理解平面汇交力系的合成与平衡条件。
2. 能够应用平衡方程求解物体的平衡问题。

相关知识

一、平面汇交力系的几何法

1. 力的多边形法则

在一些实际问题中，汇交于一点的力往往不是两个，而是多个。现讨论汇交于一点的多个力的合成问题。

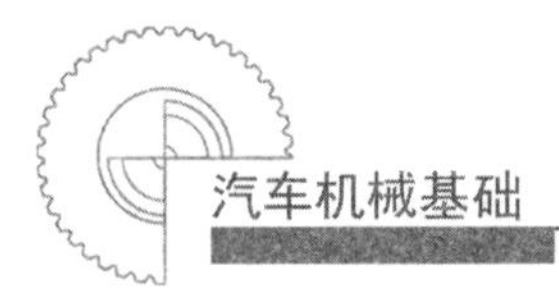

设在刚体平面上有一汇交力系 $\boldsymbol{F}_1$、$\boldsymbol{F}_2$、$\boldsymbol{F}_3$、$\boldsymbol{F}_4$ 作用并汇交于 A 点，如图 1-18 所示，其合力 $\boldsymbol{F}_R$ 可以连续使用力的三角形法则来求得，即先合成力 $\boldsymbol{F}_1$ 与 $\boldsymbol{F}_2$（图中未画出力平行四边形），可得力 $\boldsymbol{F}_{R1}$，即 $\boldsymbol{F}_{R1}=\boldsymbol{F}_1+\boldsymbol{F}_2$；再将 $\boldsymbol{F}_{R1}$ 与 $\boldsymbol{F}_3$ 合成为力 $\boldsymbol{F}_{R2}$，即 $\boldsymbol{F}_{R2}=\boldsymbol{F}_{R1}+\boldsymbol{F}_3$；再将 $\boldsymbol{F}_{R2}$ 与 $\boldsymbol{F}_4$ 合成为力 $\boldsymbol{F}_R$，即 $\boldsymbol{F}_R=\boldsymbol{F}_{R2}+\boldsymbol{F}_4$；可用矢量表示为

$$\boldsymbol{F}_R=\boldsymbol{F}_1+\boldsymbol{F}_2+\boldsymbol{F}_3+\boldsymbol{F}_4$$

由图 1-18 可见，$\boldsymbol{F}_R$、$\boldsymbol{F}_{R2}$ 亦可省略，故求合力 $\boldsymbol{F}_R$，只需将各力 $\boldsymbol{F}_1$、$\boldsymbol{F}_2$、$\boldsymbol{F}_3$、$\boldsymbol{F}_4$ 首尾相接，形成一条折线，最后连接其封闭边，从共同的始端 a 指向 $\boldsymbol{F}_4$ 的末端 e 所形成的矢量即为合力 $\boldsymbol{F}_R$。此法称为力的多边形法则。力的多边形的封闭边即为力系的合力。

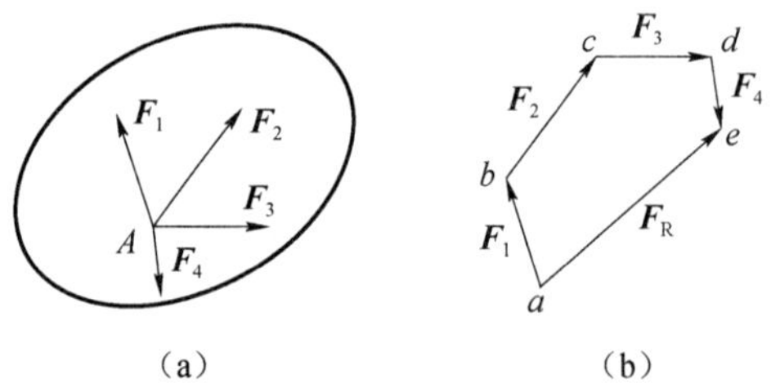

图 1-18　力的多边形法则示意图

由此得出如下结论：平面汇交力系的合力等于力系各力的矢量和，合力的作用线通过力系的汇交点。设平面汇交力系为 $\boldsymbol{F}_1$、$\boldsymbol{F}_2$、…、$\boldsymbol{F}_n$，以 $\boldsymbol{F}$ 代表它们的合力，则可用矢量式表示为

$$\boldsymbol{F}=\boldsymbol{F}_1+\boldsymbol{F}_2+\cdots+\boldsymbol{F}_n=\sum \boldsymbol{F}_i \tag{1-1}$$

由力的多边形法则求合力 $\boldsymbol{F}$ 时，只要将各分力首尾相接（各力矢量长度与已知力矢量长度相等，并与已知力矢量平行），连成折线，而起点到终点的连线便是合力。合力的大小和方向与各力相加次序无关。

2. 平面汇交力系平衡的几何条件

在图 1-18 中平面汇交力系 $\boldsymbol{F}_1$、$\boldsymbol{F}_2$、$\boldsymbol{F}_3$、$\boldsymbol{F}_4$ 已成为一个合力 $\boldsymbol{F}_R$。若在该力系中另加一个力 $\boldsymbol{F}_5$，使其与 $\boldsymbol{F}_R$ 等值、反向、共线，则根据二力平衡公理可知，物体处于平衡状态，即 $\boldsymbol{F}_1$、$\boldsymbol{F}_2$、$\boldsymbol{F}_3$、$\boldsymbol{F}_4$、$\boldsymbol{F}_5$ 成为平衡力系。若作出该力系的力多边形，将成为一个封闭的力的多边形，即最后一个力的终点与第一个力的起点相重合，亦即该力系的合力为零。因此，平面汇交力系平衡的必要与充分条件是力系的合力为零；其几何条件为力系中各力所构成的力多边形自形封闭。用矢量式表达为

$$\sum \boldsymbol{F}_i=0$$

二、平面汇交力系的解析法

1. 力在直角坐标轴上的投影

力 $\boldsymbol{F}$ 在坐标轴上的投影定义：过力 $\boldsymbol{F}$ 两端向坐标轴引垂线，如图 1-19（a）所示，线段 X、Y 分别为力 $\boldsymbol{F}$ 在 x 轴和 y 轴上的投影的大小。投影的正负号规定为与坐标轴的正向相同

为正，相反为负。力 **F** 在 x 轴、y 轴上的投影分别记作 $\boldsymbol{F}_x$、$\boldsymbol{F}_y$，如图 1-19（b）所示。设力 **F** 与 x 轴所夹锐角为 α，则由图 1-19（b）可知

$$\left.\begin{aligned}F_x &= F\cos\alpha \\ F_y &= -F\sin\alpha\end{aligned}\right\} \tag{1-2}$$

若已知 F_x、F_y 值，可求出 **F** 的大小和方向，即

$$\left.\begin{aligned}F &= \sqrt{F_x^2 + F_y^2} \\ \tan\alpha &= \left|F_y / F_x\right|\end{aligned}\right\} \tag{1-3}$$

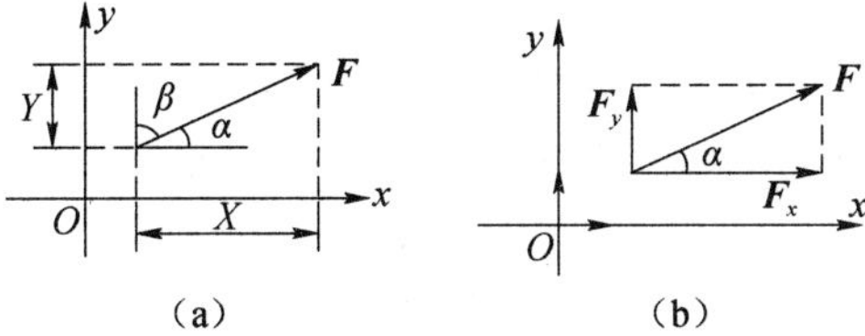

图 1-19　力的投影

若将力沿坐标轴方向分解，所得的分力 $\boldsymbol{F}_x$、$\boldsymbol{F}_y$ 的值与力 **F** 在同轴上的投影 F_x、F_y 大小的绝对值相等。但应当注意，投影是代数量，分力是矢量，具有确定的大小、方向、作用点（线）。

2. 合力投影定理

合力投影定理建立了合力投影与分力投影之间的关系。图 1-20 表示的平面汇交力系 $\boldsymbol{F}_1$、$\boldsymbol{F}_2$、$\boldsymbol{F}_3$、$\boldsymbol{F}_4$ 组成的力多边形，**F** 为合力。将力多边形中各力投影到 x 轴上，由图 1-20 可见：

$$a_1e_1 = a_1b_1 + b_1c_1 + c_1d_1 + d_1e_1$$

显然上式左端 a_1e_1 为合力 **F** 的投影，右端为 4 个力投影的代数和，令 F_x 和 F_{x1}、F_{x2}、F_{x3}、Fx_4 分别表示合力及各分力在 x 轴上的投影，则 F_x=F_{x1}+F_{x2}+F_{x3}+F_{x4}

上式可推广到任意多个力的情况，即 $F = F_1 + F_2 + \cdots + F_n = \sum F$ 。

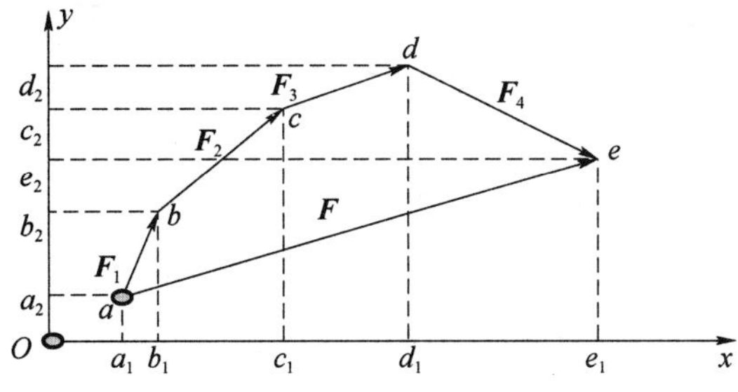

图 1-20　合力投影

将上式两边分别向 x 轴和 y 轴投影，即有

$$\left.\begin{aligned}F_x &= F_{1x} + F_{2x} + \cdots + F_{nx} = \sum F_x \\ F_y &= F_{1y} + F_{2y} + \cdots + F_{ny} = \sum F_y\end{aligned}\right\} \tag{1-4}$$

式（1-4）即为合力投影定理，即力系的合力在任一坐标轴上的投影，等于力系中各力在同一坐标轴上投影的代数和。

若进一步按式（1-3）运算，可求得合力的大小及方向，即

$$\left.\begin{aligned}F&=\sqrt{\left(\sum F_x\right)^2+\left(\sum F_y\right)^2}\\ \tan\alpha&=\left|\sum F_y/\sum F_x\right|\end{aligned}\right\}\qquad(1\text{-}5)$$

3. 平面汇交力系平衡的解析法

平面汇交力系平衡的条件是力系的合力等于零。合力的大小为

$$F=\sqrt{\left(\sum F_x\right)^2+\left(\sum F_y\right)^2}$$

只有当$\sum F_x$和$\sum F_y$都等于零时，合力 **F** 的大小才为零。

因此，平面汇交力系平衡的解析条件：力系中所有各力在两个相互垂直的坐标轴上的投影的代数和都等于零，即

$$\left.\begin{aligned}\sum F_x&=0\\ \sum F_y&=0\end{aligned}\right\}\qquad(1\text{-}6)$$

式（1-6）称为平面汇交力系的平衡方程。

平面汇交力系有两个独立的平衡方程，因此只能解决未知量不超过两个的力系平衡问题，下面举几个应用平衡方程解题的例子。

例 1-3 如图 1-21 所示，一圆柱体放置于夹角为α的 V 形槽内，并用压板 D 夹紧。已知压板作用于圆柱体上的压力为 **F**，试求槽面对圆柱体的约束反力。

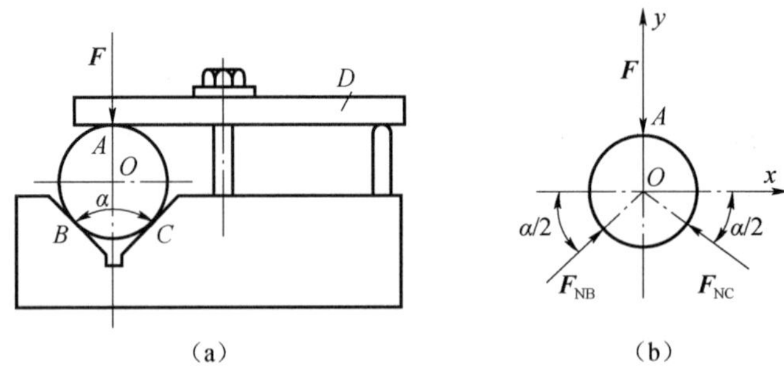

图 1-21 夹紧装置

解：

1）取圆柱体为研究对象，画出其受力图如图 1-21（b）所示。

2）选取坐标系 xoy。

3）列平衡方程式求解未知力，由式（1-6）得

$$\sum F_x=0,\quad F_{\mathrm{NB}}\cos\frac{\alpha}{2}-F_{\mathrm{NC}}\cos\frac{\alpha}{2}=0\qquad①$$

$$\sum F_y=0,\quad F_{\mathrm{NB}}\sin\frac{\alpha}{2}+F_{\mathrm{NC}}\sin\frac{\alpha}{2}-F=0\qquad②$$

由式①得 $$F_{NB}=F_{NC}$$

由式②得 $$F_{NB}=F_{NC}=\frac{F}{2\sin\frac{\alpha}{2}}$$

4）讨论。由结果可知 $\boldsymbol{F}_{NB}$ 与 $\boldsymbol{F}_{NC}$ 均随几何角度 α 而变化，角度 α 愈小，则压力 $\boldsymbol{F}_{NB}$ 或 $\boldsymbol{F}_{NC}$ 就越大，因此，α 不宜过小。

例 1-4　图 1-22 是一增力机构的示意图，*A*、*B*、*C* 均为铰接连接，在铰接点 *B* 上作用外力 *F*=300 N，通过杆 *AB*、*BC* 使滑块 *D* 向右压紧工件。已知压紧时 $\alpha=8°$，如不计各杆的自重及接触处的摩擦，求杆 *AB*、*BC* 所受的力和工件所受的压力。

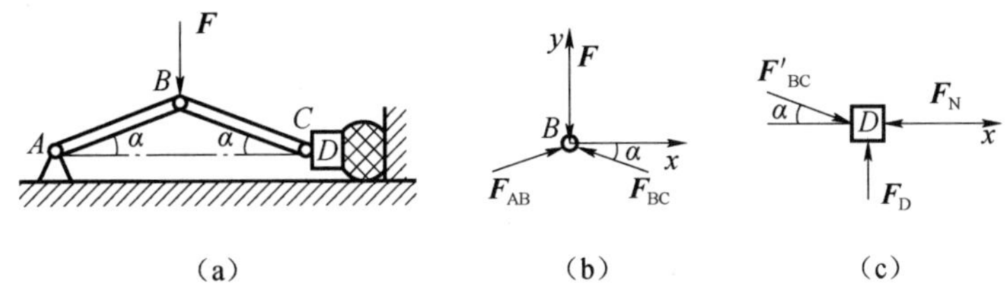

图 1-22　增力机构

解：

必须考虑两个物体的平衡才能求解。

1）先取铰接点 *B* 为研究对象，画出铰接点 *B* 的约束反力 $\boldsymbol{F}_{AB}$、$\boldsymbol{F}_{BC}$ 如图 1-22（b），因杆 *AB* 和 *BC* 均为二力杆，所以力的作用线沿着杆的轴线。取坐标系 *xoy*，列平衡方程求解

$$\sum F_x=0\text{，}\quad F_{AB}\cos\alpha-F_{BC}\cos\alpha=0 \qquad ①$$

$$\sum F_y=0\text{，}\quad F_{AB}\sin\alpha+F_{BC}\sin\alpha-F=0 \qquad ②$$

由①式得

$$F_{AB}=F_{CB}$$

代入式②得

$$2F_{AB}\sin\alpha=F$$

$$F_{AB}=F/(2\sin 8°)\approx 300/(2\times 0.139)\text{N}\approx 1079\text{N}$$

$$F_{BC}=F_{AB}=1079\text{N}$$

根据公理 4，杆 *AB*、*BC* 均受压力作用，大小为 1079 N。

2）再取滑块 *D* 为研究对象，画出滑块 *C* 的受力图，如图 1-22（c）所示。滑块 *D* 受 3 个力的作用而处于平衡：杆 *BC* 对滑块 *D* 的推力 F'_{BC}；工件的约束反力 $\boldsymbol{F}_N$；支承面的约束反力 $\boldsymbol{F}_D$。

选取坐标系 *xoy*，列平衡方程求解。

$$\sum F_x=0\text{，}\quad F'_{BC}\cos 8°-F_N=0$$

$$F_N=F'_{BC}\cos 8°=F_{BC}\cos 8°\approx 1079\times 0.99\text{N}\approx 1068\text{N}$$

按作用反作用定律可知，试件受压力为 1068 N。

由此可知，在不计摩擦力的情况下，工件受的压紧力约为外力 $\boldsymbol{F}$ 的 3 倍多。夹角 α 越小，压紧力越大。

任务小结

1）力在坐标轴上的投影：

$$\left.\begin{aligned}F_x &= F\cos\alpha \\ F_y &= -F\sin\alpha\end{aligned}\right\}$$

2）合力投影定理：力系的合力在任一坐标轴上的投影，等于力系中各力在同一坐标轴上投影的代数和。

3）平面汇交力系平衡方程：

$$\left.\begin{aligned}\sum F_x &= 0 \\ \sum F_y &= 0\end{aligned}\right\}$$

拓展提高

力的投影与力的分力的区别

力的投影与力的分力是不同的，投影是代数量，而分力是矢量；投影无所谓作用点，而分力的作用点必须与原来力的作用点相同，在确定投影时，都是按照从力的两个端点向投影轴做垂线，所得垂足之间的线段表示其大小，而确定分力时，都是按照力的平行四边形公理来确定分力的大小。只有在直角坐标系中，分力的大小与对应坐标轴上投影的绝对值相等。

任务三　平面力偶系

任务介绍

汽车上的一些重要零件和螺栓的安装都有相关规定或技术规范，其制定依据是汽车在工作过程中的受力情况。汽车零件在工作过程中承受的负荷不只是用一个简单的力所能包括的，而往往是以力的另一种表现形式存在，如力矩、力偶等。

学习目标

1．理解力矩及力偶的概念。

2．能对固定端约束受力分析。

3．能理解并应用合力矩定理。

4．能够应用平衡方程求解平面力偶系的平衡问题。

相关知识

一、力矩

人们从实践中知道，力的外效应作用可以产生移动和转动两种效应。由经验知道，力使物体转动的效果不仅与力的大小和方向有关，还与力的作用点（或作用线）的位置有关。力对点之矩称为**力矩**。现以扳手拧螺母为例（图 1-23）来说明力矩的概念。当拧紧螺母时，力 $\boldsymbol{F}$ 对螺母拧紧的转动效果不仅与力 $\boldsymbol{F}$ 的大小有关，而且与转动中心 O 至力 $\boldsymbol{F}$ 的作用线的垂直距离 h 有关。因此，可用 $\boldsymbol{F}$ 与 h 的乘积来度量力 $\boldsymbol{F}$ 使物体绕 O 点转动的效果，并称为力 $\boldsymbol{F}$ 对 O 点之矩，简称力矩，以符号 $M_O(F)$表示。

由于在平面问题中，力使物体绕矩心转动有两种可能，或逆时针或顺时针，为区别两种转向，一般规定：力使物体绕矩心逆时针转动为正，反之为负。其表达式为

$$M_O(F)=\pm F\cdot h \tag{1-7}$$

O 点称为力矩中心，简称矩心。矩心 O 到力 $\boldsymbol{F}$ 作用线的垂直距离 h 称为力臂。力矩的国际单位制单位为 N·m。

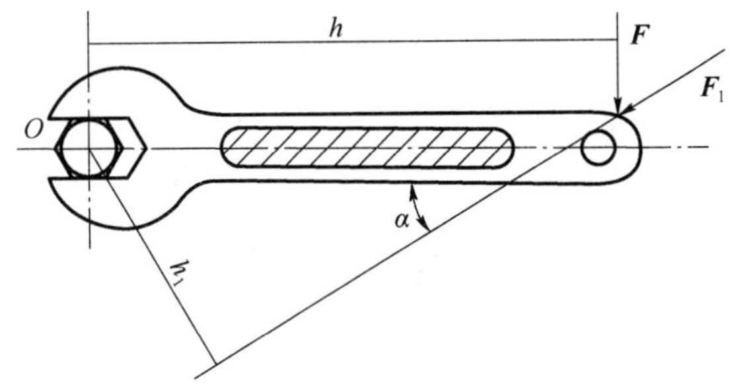

图 1-23　扳手

根据定义，图 1-23 中所示的力 $\boldsymbol{F}_1$ 对点 O 的矩为

$$M_O(F_1)=-F_1h_1=-F_1h\sin\alpha$$

由定义知，力对点的矩与矩心的位置有关，同一个力对不同点的矩是不同的。因此，对力矩要指明矩心。

力对点的矩在两种情况下等于零：①力为零；②力臂为零，即力的作用线过矩心。

二、合力矩定理

在计算力系的合力对某点的矩时，除根据力矩的定义计算外，还常用到合力矩定理，就是平面汇交力系的合力对平面内任一点的矩，等于力系中各分力对于同一点力矩的代数和，即

$$M_O(F) = M_O(F_1) +M_O(F_2)+\cdots+M_O(F_n)= \sum M_O(F_i)$$

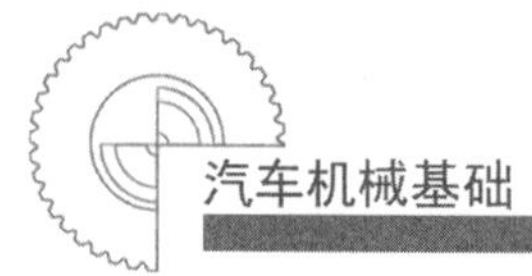

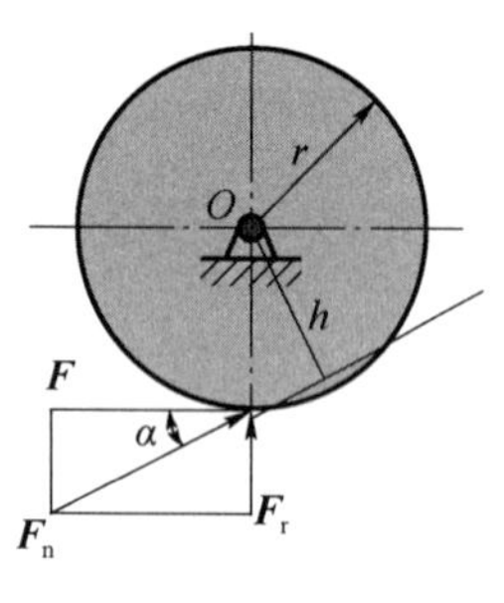

图 1-24　力矩

例 1-5　如图 1-24 所示，已知 $\boldsymbol{F}_n$、α、r，试计算力 $\boldsymbol{F}_{\mathrm{n}}$ 对轮心 O 的力矩。

解：

1）直接计算为

$$M_O(F_{\mathrm{n}}) = F_{\mathrm{n}}h = F_{\mathrm{n}}r\cos\alpha$$

2）利用合力之矩定理计算为

$$\begin{aligned} M_O(F_n) &= M_O(F_{\mathrm{r}}) + M_O(F) \\ &= M_O(F) \\ &= F_{\mathrm{n}}r\cos\alpha \end{aligned}$$

例 1-6　如图 1-25（a）所示，圆柱直齿轮的齿面受一啮合角α=20°的法向压力 F_{n}=1kN 的作用，齿面分度圆直径 d=60mm。试计算力对轴心 O 的力矩。

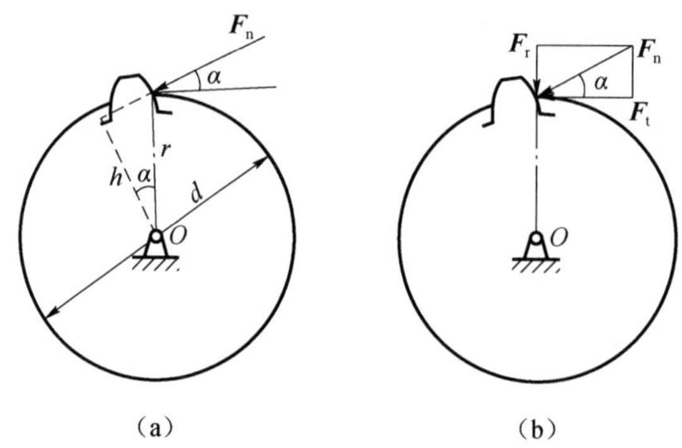

图 1-25　圆柱直齿轮

解 1：

按力对点之矩的定义，有

$$M_O(F_{\mathrm{n}}) = F_{\mathrm{n}}h = F_{\mathrm{n}}\frac{d}{2}\cos\alpha \approx 28.2(\mathrm{N\cdot m})$$

解 2：

按合力矩定理，将 $\boldsymbol{F}_{\mathrm{n}}$ 沿半径的方向分解成一组正交的圆周力 $F_t = F_{\mathrm{n}}\cos\alpha$ 与径向力 $F_r = F_{\mathrm{n}}\sin\alpha$，有

$$\begin{aligned} M_O(F_{\mathrm{R}}) &= M_O(F_1) + M_O(F_2) \\ &= F_{\mathrm{t}}r + 0 = F_{\mathrm{n}}\cos\alpha r \\ &\approx 28.2\ (\mathrm{N\cdot m}) \end{aligned}$$

三、力偶和力偶矩

1. 力偶的概念

在日常生活及生产实践中，常见到物体受一对大小相等、方向相反但不在同一作用线上的平行力作用。例如，图 1-26 所示的驾驶人转动转向盘及如图 1-27 所示的钳工对丝锥的操

作等。

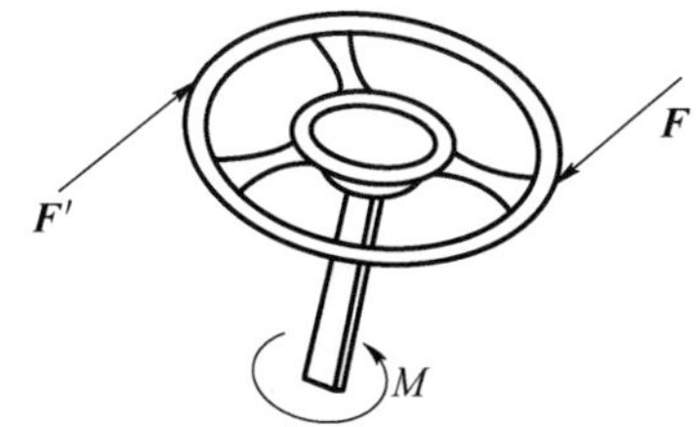

图 1-26　驾驶人转动转向盘

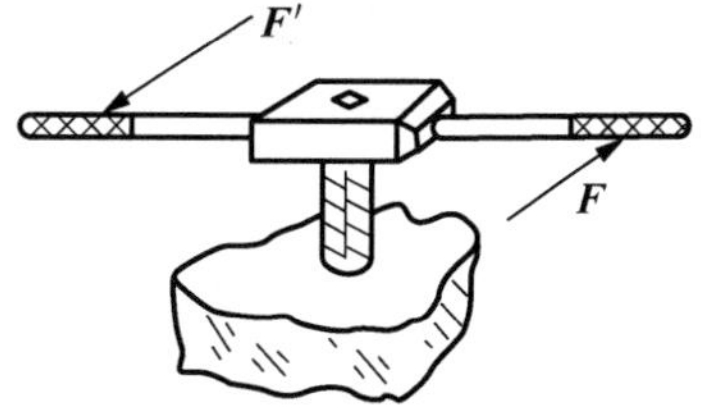

图 1-27　丝锥的受力

一对等值、反向、不共线的平行力组成的力系称为力偶。由以上实例可知，力偶对物体作用的外效应是使物体单纯地产生转动的变化。

力偶用符号($\boldsymbol{F},\boldsymbol{F}'$)表示。力偶中两力作用线之间的垂直距离 d 称为力偶臂，力偶所在的平面称为力偶的作用面。

2. 力偶矩

力偶对物体的转动效应取决于力偶中力的大小和力偶两力之间的垂直距 d，因此用二者的乘积来度量力偶对物体的转动效应，这个乘积称为力偶矩，并记为 M，即

$$M(\boldsymbol{F},\boldsymbol{F}')= M = \pm Fd \tag{1-8}$$

式中：d——力偶臂，m；

F——力的大小，N。

与力矩相似，力偶矩也是有方向的，一般规定，逆时针转向的力偶矩取正值，顺时针取负值（图 1-28）。力偶矩的单位为 N·m。

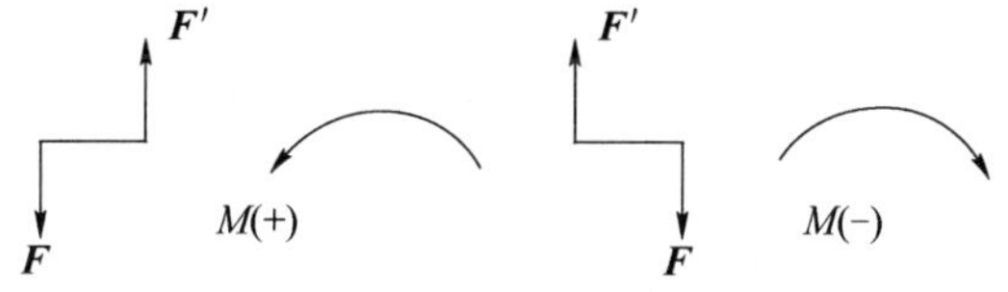

图 1-28　力偶的方向

四、固定端约束

一端固定，另一端为自由的支座称为固定端约束。它可以使构件的某截面既不能转动（绕垂直于载荷作用面的轴转动），又不能移动。如图 1-29（a）、（b）所示，车床上的刀架和夹紧工件的自定心卡盘等均可简化为固定端约束。这种约束的特点：限制物体受约束的一端既不能向任何方向移动，又不能转动。物体插入部分受力分布比较复杂，但无论它们如何分布，当主动力为一平面力系时，这些约束反力都为平面力系。若将此力系向 A 点简化，则得到一约束反力 $\boldsymbol{F}_A$ 和一约束反向力偶 M_A。约束反力 $\boldsymbol{F}_A$ 的方向预先无法判定，通常用互相垂直的两个分力 $\boldsymbol{F}_x$ 和 $\boldsymbol{F}_y$ 表示；约束反力偶 M_A 的转向，通常假设逆时针转向为正，如图 1-29（c）所示。

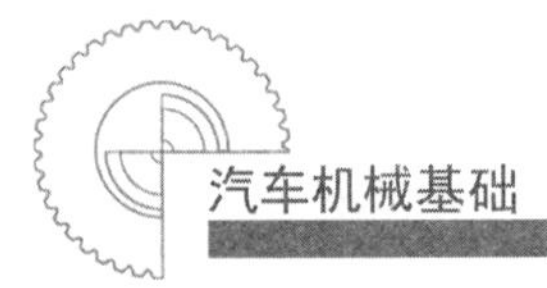

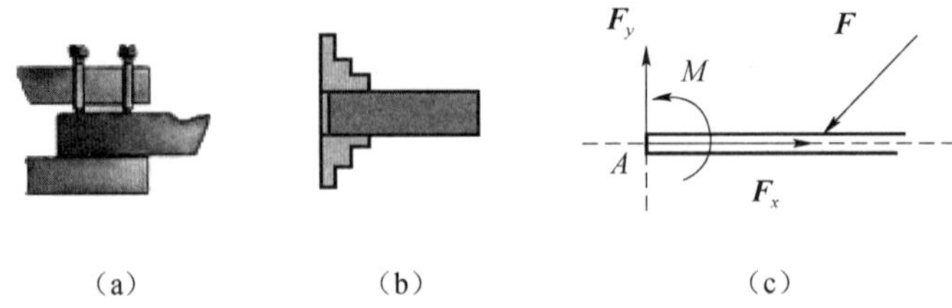

图 1-29　固定端约束

显然，F_x、F_y 代表了约束对杆件左右、上下移动的限制作用，M_A 表示约束对杆件转动的限制作用。F_x、F_y 和 MA 的大小和方向可通过平面任意力系的平衡方程来确定。

五、平面力偶系的合成与平衡条件

1. 平面力偶系的合成

力偶系的合成作用在物体上同一平面内的多个力偶，称为平面力偶系。显然，平面力偶系合成的结果仍是一力偶。

设在刚体某平面上有力偶 M_1、M_2 的作用，如图 1-30（a）所示，现求其合成的结果。

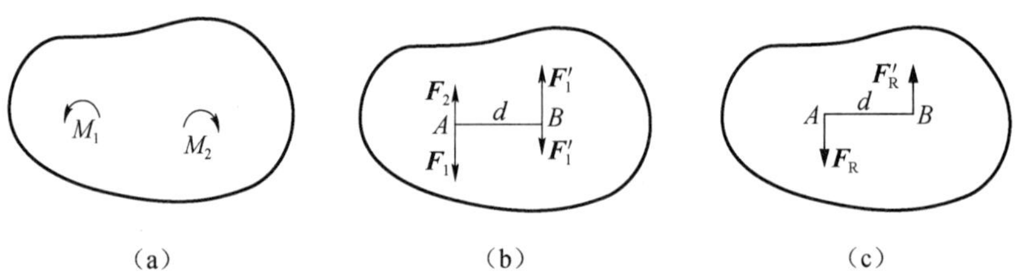

图 1-30　平面力偶系的合成

在平面上任取一线段 $AB=d$ 作为公共力偶臂，并把每个力偶化为一组作用在 A、B 两点的反向平行力，如图 1-30（b）所示，根据力系等效条件，有

$$F_1=\frac{M_1}{d}，\quad F_2=\frac{M_2}{d}$$

于是在 A、B 两点各得一组共线力系，其合力为 $\boldsymbol{F}_{\mathrm{R}}$ 与 $\boldsymbol{F}_{\mathrm{R}}'$，如图 1-30（c）所示，且有

$$F_{\mathrm{R}}=F_{\mathrm{R}}'=F_1-F_2$$

$\boldsymbol{F}_{\mathrm{R}}$ 与 $\boldsymbol{F}_{\mathrm{R}}'$ 为一对等值、反向、不共线的平行力，它们组成的力偶即为合力偶，所以有

$$M=F_{\mathrm{R}}d=(F_1-F_2)d=M_1+M_2$$

若在刚体上有若干力偶作用，采用上述方法叠加可得合力偶矩为

$$M=M_1+M_2+\cdots+M_n=\sum M \tag{1-9}$$

式（1-9）表明：平面力偶系合成的结果为一合力偶，合力偶矩为各分力偶矩的代数和。

2. 平面力偶系的平衡条件

平面力偶系合成的结果为一力偶，因为力偶与力不能构成平衡，只有合力偶矩为零时，平面力偶系才能处于平衡状态。

因此，平面力偶系平衡的必要与充分条件：力偶系中所有各力偶矩的代数和等于零，即

$$\sum M = 0 \qquad (1\text{-}10)$$

此式称为平面力偶系的平衡方程。

例 1-7　梁 AB 受一主动力偶作用，其力偶矩 M=100N·m，梁长 l=5m，梁的自重不计，求两支座的约束反力。

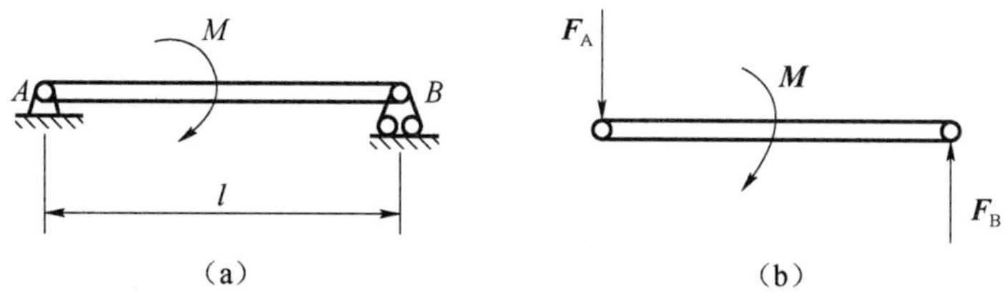

图 1-31　简支梁

解：

1）以梁为研究对象，进行受力分析并画出受力图，$\boldsymbol{F}_A$ 必须与 $\boldsymbol{F}_B$ 大小相等、方向相反、作用线平行，如图 1-31（b）所示。

2）列平衡方程

$$\sum M = 0$$

$$F_B l - M = 0\text{，}\quad F_A = F_B = M / l = \frac{100}{5}\text{N} = 20\text{N}$$

例 1-8　在一钻床上水平放置工件，在工件上同时钻 4 个等直径的孔，AB 两端的距离为 0.2m，每个钻头的力偶矩为 $m_1=m_2=m_3=m_4$=15N·m，如图 1-32 所示，求工件的总切削力偶矩和 A、B 端水平反力。

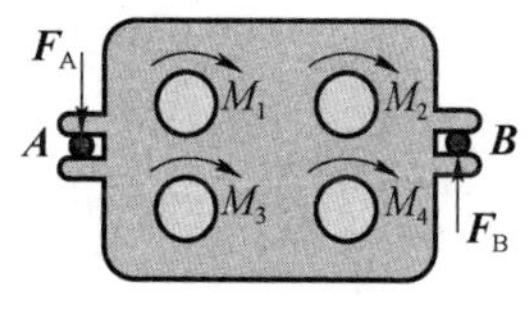

图 1-32　工件受力示意图

解：

1）各力偶的合力偶矩为

$$\begin{aligned} M &= M_1 + M_2 + M_3 + M_4 \\ &= 4 \times (-15) \\ &= -60\text{N} \cdot \text{m} \end{aligned}$$

2）由力偶只能与力偶平衡的性质，力 $\boldsymbol{F}_A$ 与力 $\boldsymbol{F}_B$ 组成一力偶。

根据平面力偶系平衡方程有

$$F_B \times 0.2 - M_1 - M_2 - M_3 - M_4 = 0$$

$$F_B = \frac{60}{0.2} = 300(\text{N})$$

$$F_A = F_B = 300(\text{N})$$

任务小结

1）力矩的概念：力对具有转动中心的物体所产生的转动效应称为力对点之矩，记作

$$M_O(F) = \pm Fh$$

2）合力矩定理：平面汇交力系的合力对平面内任一点的矩，等于力系中各分力对于同一点力矩的代数和，即

$$M_O(F) = M_O(F_1) + M_O(F_2) + \cdots + M_O(F_n) = \sum M_O(F_i)$$

3）力偶及力偶矩：力偶为一对等值、反向且不共线的平行力，它对物体的作用是产生单纯的转动效应。力偶有 3 个要素，即力偶矩的大小、力偶在平面内的转向与力偶的作用面。力偶矩可以记作

$$M(F,F') = M = \pm Fd$$

4）平面力偶系平衡的必要与充分条件：力偶系中所有各力偶矩的代数和等于零，即

$$\sum M = 0。$$

拓展提高

力偶的三要素和特性

因为力偶对物体的转动作用取决于力偶矩，所以在同一平面内凡是力偶矩相同的力偶，它们一定是等效力偶。由此推出：力偶可以在其作用面内任意移动和转动，而不改变它对物体的作用；在不改变力偶矩的大小和转向的条件下，可以同时改变力偶中力的大小和力偶臂的大小，而不改变它对物体的转动作用效果。可见，力偶对物体的作用效果，由以下 3 个要素决定：

1）力偶矩的大小。

2）力偶在作用平面内的转向。

3）力偶的作用面。

由此可知，力偶的特性：

1）力偶没有合力，因此力偶不能与一个力平衡，它必须用力偶来平衡。

2）力偶对物体的转动效果可用力偶矩来度量。

3）凡是三要素相同的力偶都是等效力偶，它们可以互相代替。

应注意，力矩与力偶是有区别的。力矩与力偶都能使物体转动状态改变，这是它们的共性。但力矩使物体的转动效应与矩心的位置有关，而力偶对其作用面内任一点的矩为一常数，即等于其力偶矩。

力和力偶是两个基本力素。

任务四　平面任意力系

任务介绍

平面任意力系是工程实际中最常见的一种力系，工程计算中的许多实际问题都可以简化

为平面任意力系问题来进行处理。平面任意力系是指位于同一平面内的各力的作用线既不汇交于一点，又不互相平行的情况。

学习目标

1. 理解力线平移定理的内容。
2. 能够应用平衡方程解决平面任意力系的平衡问题。

相关知识

一、力线平移定理

图 1-33 中力 **F** 作用于刚体上 *A* 点，根据加减平衡力系原理，可在其上任一点 *O* 加上一对平衡力 **F**、**F'**，如图 1-33（b）所示，并使它们与 **F** 平行且大小相等，这样并不影响原力 **F** 对刚体的作用效果。取 **F** 与 **F''**为一对等值、反向、不共线的平行力组成一个力偶，称为附加力偶，其力偶矩等于原力 **F** 对 *O* 点的力矩，即

$$M=M_O(F)=\pm Fd$$

于是原来作用在 *A* 点的力 **F** 就与作用在 *O* 点的平移力 **F** 和附加力偶 *M* 的联合作用等效，如图 1-33（c）所示。

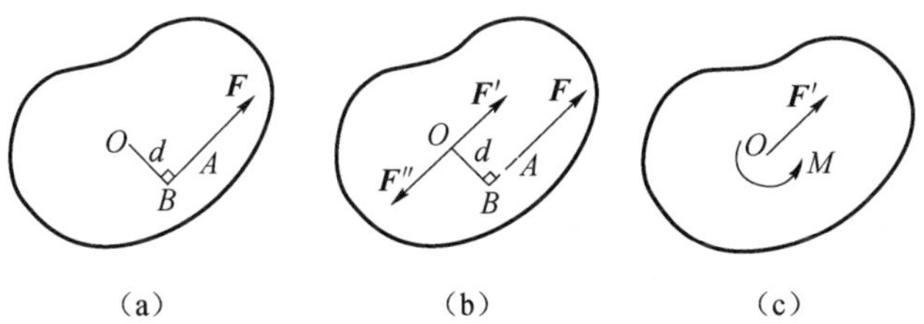

图 1-33　力线平移定理

由此可得力线平移定理：作用在刚体上的力 **F**，可以平移至刚体任一点 *O*，但必须附加一力偶，此附加力偶的矩，等于原力 **F** 对新作用点 *O* 的力矩。

力线平移定理表明了力对绕力作用线外的中心转动的物体有两种作用，一是平移力的作用；二是附加力偶对物体产生的旋转作用。

如图 1-34 所示，圆周力 **F** 作用于转轴的齿轮上，为观察力 **F** 的作用效应，将力 **F** 平移至轴心 *O* 点，则有平移力 **F'**作用于轴上，同时有附加力偶 *M* 使齿轮绕轴旋转。

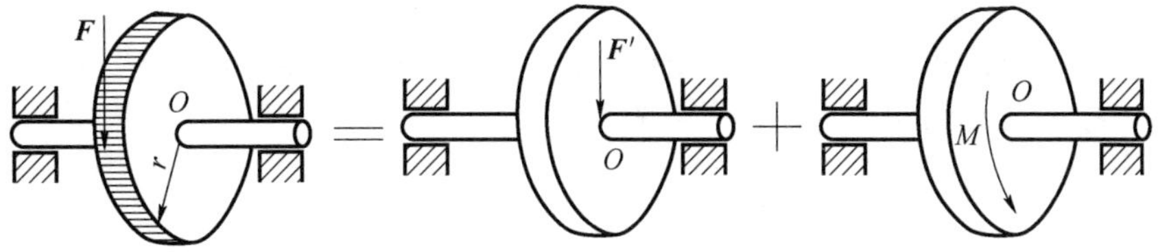

图 1-34　齿轮

二、平面任意力系向一点的简化

设在刚体上作用着一个平面任意力系 $\boldsymbol{F}_1$、$\boldsymbol{F}_2$、$\boldsymbol{F}_3$、…、$\boldsymbol{F}_n$，如图 1-35（a）所示。在此力系的平面内任取一点 O，称为简化中心。应用力线平移定理，分别将各力平移到 O 点后便可得到一个汇交于 O 点的平面汇交力系 $\boldsymbol{F}'_1$、$\boldsymbol{F}'_2$、$\boldsymbol{F}'_3$、…、$\boldsymbol{F}'_n$，和一个矩为 M_1、M_2、M_3、…、M_n 的附加平面力偶系，如图 1-35（b）所示。

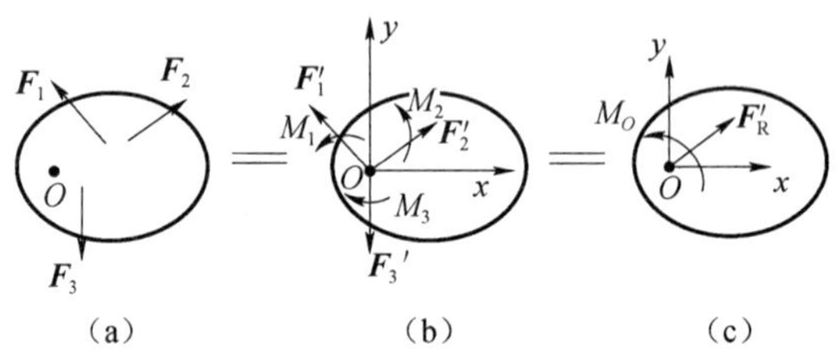

图 1-35　平面任一力系向一点简化

1）平面汇交力系 $\boldsymbol{F}'_1$、$\boldsymbol{F}'_2$、$\boldsymbol{F}'_3$、…、$\boldsymbol{F}'_n$，可以合成为一个作用于 O 点的合矢量 $\boldsymbol{F}'_{\mathrm{R}}$，如图 1-35（c）所示。

$$F'_{\mathrm{R}} = \sum F' = \sum F \tag{1-11}$$

它等于力系中各力的矢量和。显然，单独的 $\boldsymbol{F}'_{\mathrm{R}}$ 不能和原力系等效，它被称为原力系的**主矢**。将式（1-11）写成直角坐标系下的投影形式：

$$\left.\begin{aligned} F'_{\mathrm{R}x} &= F_{1x} + F_{2x} + \cdots + F_{nx} = \sum F_x \\ F'_{\mathrm{R}y} &= F_{1y} + F_{2y} + \cdots + F_{ny} = \sum F_y \end{aligned}\right\}$$

因此主矢 $\boldsymbol{F}'_R$ 的大小及其与 x 轴正向的夹角分别为

$$\left.\begin{aligned} F'_{\mathrm{R}} &= \sqrt{F_{\mathrm{R}x}^2 + F_{\mathrm{R}y}^2} = \sqrt{\left(\sum F_x\right)^2 + \left(\sum F_y\right)^2} \\ \theta &= \arctan\left|\frac{F_{\mathrm{R}y}}{F_{\mathrm{R}x}}\right| = \arctan\left|\frac{\sum F_y}{\sum F_x}\right| \end{aligned}\right\} \tag{1-12}$$

2）附加平面力偶系 M_1、M_2、M$_3$、…、M_n 可以合成为一个合力偶矩 M_O，即

$$M_O = M_1 + M_2 + \cdots + M_n = \sum M_O(F) \tag{1-13}$$

显然，单独的 M_O 也不能与原力系等效，因此它被称为原力系对简化中心 O 的**主矩**。

综上所述，得到如下结论：平面任意力系向平面内任一点简化可以得到一个力和一个力偶，这个力等于力系中各力的矢量和，作用于简化中心，称为原力系的主矢；这个力偶的矩等于原力系中各力对简化中心之矩的代数和，称为原力系的主矩。

原力系与主矢 $\boldsymbol{F}'_{\mathrm{R}}$ 和主矩 M_O 的联合作用等效。主矢 $\boldsymbol{F}'_{\mathrm{R}}$ 的大小和方向与简化中心的选择无关。主矩 M_O 的大小和转向与简化中心的选择有关。

三、任意力系的平衡条件和平衡方程

1. 平面任意力系的平衡方程

由上述讨论知，若平面任意力系的主矢和对任一点的主矩都为零，则物体处于平衡；反之，若力系是平衡力系，则其主矢、主矩必同时为零。因此，平面任意力系平衡的充要条件是

$$\left.\begin{aligned} &F_R' = \sqrt{\left(\sum F_x\right)^2 + \left(\sum F_y\right)^2} = 0 \\ &M_O = \sum M_O(F) = 0 \end{aligned}\right\} \tag{1-14}$$

故得平面任意力系的平衡方程为

$$\left.\begin{aligned} &\sum F_x = 0 \\ &\sum F_y = 0 \\ &\sum M_O(F) = 0 \end{aligned}\right\} \tag{1-15}$$

式（1-15）满足平面任意力系平衡的充分和必要条件，所以平面任意力系有 3 个独立的平衡方程，可求解最多 3 个未知量。

2. 平面任意力系平衡方程的解题步骤

1）确定研究对象，画出受力图。应取有已知力和未知力作用的物体，画出其分离体的受力图。

2）列平衡方程并求解。适当选取坐标轴和矩心。若受力图上有两个未知力互相平行，可选垂直于此二力的坐标轴，列出投影方程。若不存在两未知力平行，则选任意两未知力的交点为矩心列出力矩方程，先行求解。一般水平和垂直的坐标轴可画可不画，但必须画出倾斜的坐标轴。

例 1-9　绞车通过钢丝牵引小车沿斜面轨道匀速上升，如图 1-36（a）所示。已知小车重 P=10kN，绳与斜面平行，α=30°，a=0.75m，b=0.3m，不计摩擦，求钢丝绳的拉力及轨道对车轮的约束反力。

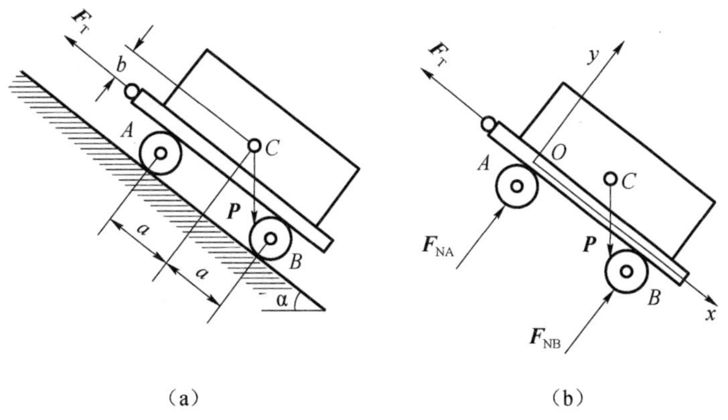

图 1-36　绞车通过钢丝牵引小车

解：

1）取小车为研究对象，画受力图［图 1-36（b）］。小车上作用有重力 $\boldsymbol{P}$，钢丝绳的拉力 $\boldsymbol{F}_{\mathrm{T}}$，轨道在 A、B 处的约束反力 $\boldsymbol{F}_{\mathrm{NA}}$ 和 $\boldsymbol{F}_{\mathrm{NB}}$。

2）取图 1-36（b）所示坐标系，列平衡方程为

$$\sum F_x = 0\text{，}\quad -F_{\mathrm{T}} + P\sin\alpha = 0$$

$$\sum F_y = 0\text{，}\quad F_{\mathrm{NA}} + F_{\mathrm{NB}} - P\cos\alpha = 0$$

$$\sum M_O(F) = 0\text{，}\quad F_{\mathrm{NB}} \times 2a - Pb\sin\alpha - Pa\cos\alpha = 0$$

解得 $F_{\mathrm{T}} = 5\ \mathrm{kN}$，$F_{\mathrm{NB}} = 5.33\mathrm{kN}$，$F_{\mathrm{NA}} = 3.33\mathrm{kN}$。

例 1-10 悬臂梁如图 1-37 所示，梁上作用有均布载荷 q，在 B 端作用有集中力 $F=ql$ 和力偶为 $M=ql^2$，梁长度为 $2l$，已知 q 和 ql（力的单位为 N，长度单位为 m），求固定端的约束反力。

解：

1）取 AB 梁为研究对象，画受力图，如图 1-37（b）所示，均布载荷 q 可简化为作用于梁中点的一个集中力 $F_{\mathrm{Q}}=q\times 2l$。

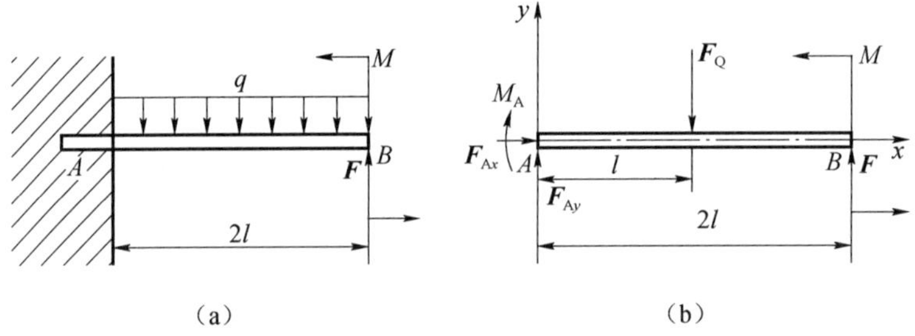

图 1-37 悬臂梁的受力情况

2）列平衡方程，有

$$\sum F_x = 0\text{，}\quad F_{\mathrm{A}x} = 0$$

$$\sum M_{\mathrm{A}}(F) = 0\text{，}\quad M - M_{\mathrm{A}} + F \times 2l - F_{\mathrm{Q}} \cdot l = 0\text{，}$$

故

$$M_{\mathrm{A}} = M + 2Fl - F_{\mathrm{Q}}l = ql^2 + 2ql^2 - 2ql^2 = ql^2$$

$$\sum F_y = 0\text{，}\quad F_{\mathrm{A}y} + F - F_{\mathrm{Q}} = 0$$

解得

$$F_{\mathrm{A}y} = F_{\mathrm{Q}} - F = 2ql - ql = ql$$

任务小结

1）力的平移定理：作用于刚体上的力 F 可以平移到刚体内任一点 O，但必须附加一力偶，此附加力偶的力偶矩等于原力 F 对点 O 之矩。

2）平面任意力系的简化结果

主矢：$\boldsymbol{F}'_{\mathrm{R}} = \sum \boldsymbol{F}' = \sum \boldsymbol{F}$

主矩：$M_O = \sum M_O(F)$

3）平面任意力系的平衡方程为

$$\left.\begin{aligned}\sum F_x = 0 \\ \sum F_y = 0 \\ \sum M_O(F) = 0\end{aligned}\right\}$$

拓展提高

平面任意力系平衡方程的其他形式

除用解析式表示平衡条件外，平衡方程式的形式还有二矩式和三矩式两种形式。

（1）二矩式

$$\left.\begin{aligned}\sum F_x = 0 \\ \sum M_A(F) = 0 \\ \sum M_B(F) = 0\end{aligned}\right\} \quad (1\text{-}16)$$

附加条件：AB 连线不得与 x 轴相垂直。

（2）三矩式

$$\left.\begin{aligned}\sum M_A(F) = 0 \\ \sum M_B(F) = 0 \\ \sum M_C(F) = 0\end{aligned}\right\} \quad (1\text{-}17)$$

附加条件：A、B、C 三点不在同一直线上。

式（1-16）和式（1-17）是物体取得平衡的必要条件，但不是充分条件，读者可自行推证。

课 后 自 测

一、填空题

1．在力的作用下形状和大小都保持不变的物体称为________。

2．平面汇交力系的合力在平面内任一坐标轴上的投影，等于力系中________在同一坐标轴上投影的________。

3．平面汇交力系是指力的作用线在________，且________一点的力系。

4．平面汇交力系平衡的必要和充分条件是________，表达式为 $\sum F_x =$ ________，$\sum F_y =$ ________。

5. 某刚体受平面汇交力系作用，其力多边形分别如图 1-38（a）、（b）所示，则图________表示平衡力系；图________表示有合力，其合力 $F_{\mathrm{R}} =$ ________。

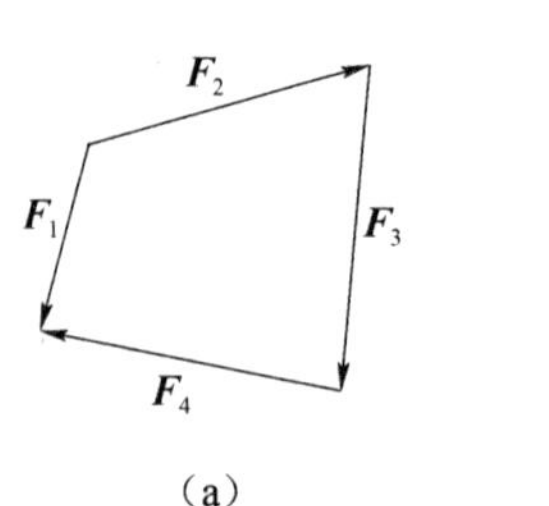

（a）

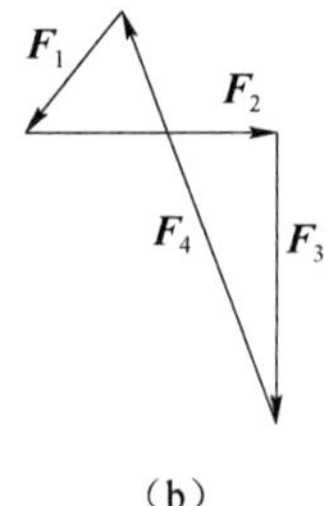

（b）

图 1-38　力的多边形

6．如图 1-39 所示，力 $\boldsymbol{F}$ 在 x、y 轴上投影 $F_x =$________、$F_y =$________。

7．平面刚架在 B 处受一水平力 $\boldsymbol{F}$ 作用，如图 1-40 所示，刚架自重不计，设 F=20kN，L=8m，h=4m，则求 A、D 处的约束反力，可以按以下步骤进行：

（1）以刚架为研究对象，进行受力分析，请画出刚架的受力分析图。

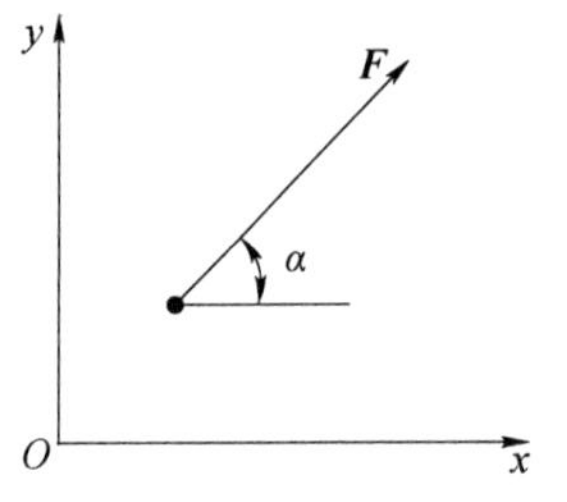

图 1-39　力的分解

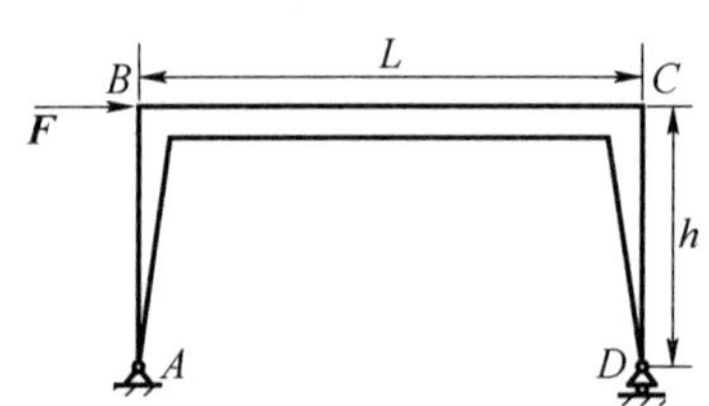

图 1-40　平面刚架

（2）作用在刚架上的力（主动力和约束力）构成的力系属________力系。

（3）列出刚架的平衡方程（坐标如图 1-41 所示）

$\sum F_x = 0$：____；

$\sum F_y = 0$：____。

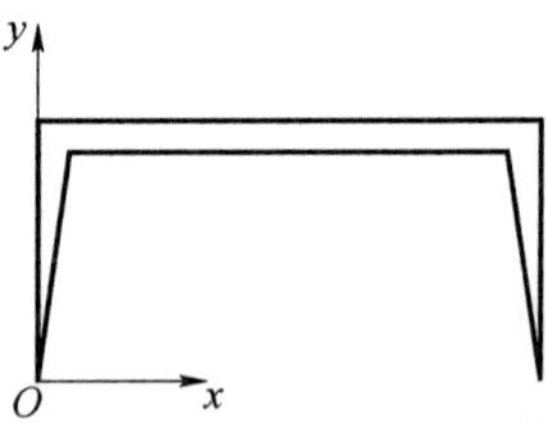

图 1-41　平面刚架

（4）解方程计算 A、D 处的约束反力。

$F_A =$________；$F_D =$________。

二、选择题

1．平面汇交力系的独立平衡方程数目为（　　）。

A．6　　B．4　　C．3　　D．2

2．如图 1-42 所示，结构受力 $\boldsymbol{F}$ 作用，杆重不计，则 A 支座约束力的大小为（　　）。

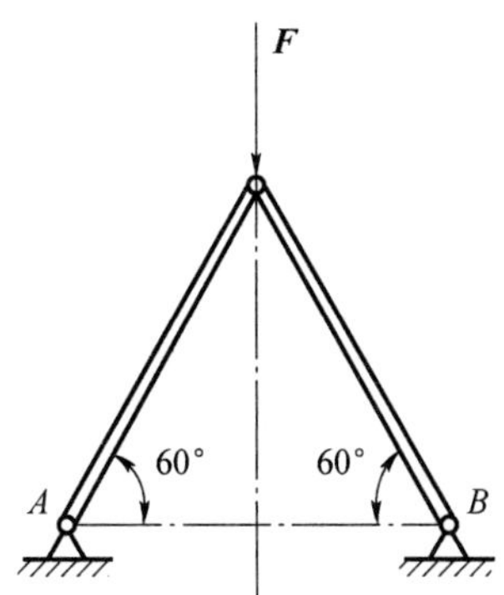

图 1-42　三角支架

A．$\frac{F}{2}$　　B．$\frac{\sqrt{3}F}{3}$　　C．$\boldsymbol{F}$　　D．0

3．某力 $\boldsymbol{F}$ 在某轴上的投影的绝对值等于该力的大小，则该力在另一任意与之共面的轴上的投影为（　　）。

A．一定等于零　　B．不一定等于零

C．一定不等于零　　D．仍等于该力的大小

4．如图 1-43 所示，三铰刚架受力 $\boldsymbol{F}$ 作用，则 A 支座反力的大小为（　　），B 支座反力的大小为（　　）。

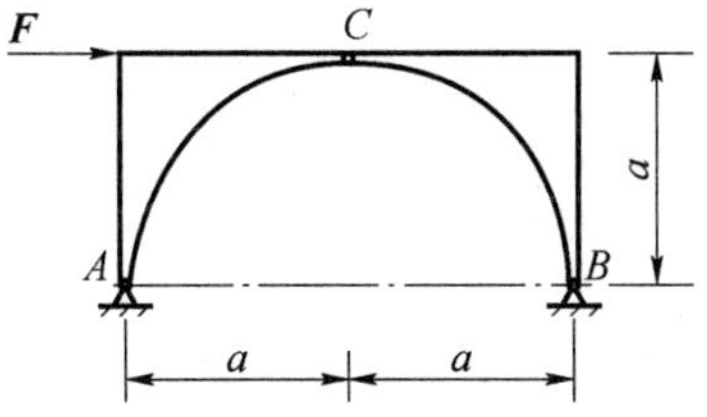

图 1-43　三铰刚架

A．$\frac{F}{2}$　　B．$\frac{F}{\sqrt{2}}$　　C．F

D．$\sqrt{2}F$　　E．$2F$

5．下列不属于平面任意力系的为（　　）。

A．平面汇交力系　　B．平面力偶力系

C．平面平行力系　　D．三维平行力系

6．如图 1-44 所示吊灯，已知灯重为 G，悬绳长 $AB=BC=2$m，$BD=1$m，则悬绳所受拉力为（　　）。

A．$T_{AB}=T_{BC}=G$　　B．$T_{AB}=T_{BC}=G/2$　　C．$T_{AB}=T_{BC}=0.732G$

7．小车受力情况如图 1-45 所示，已知 $F_1=30$N，$F_2=50$N，$\alpha=30°$，其合力为（　　）。

A．80N　　B．77N　　C．20N

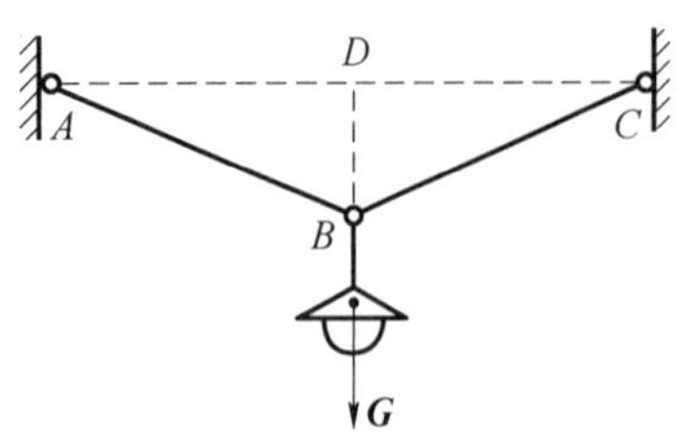

图 1-44　吊灯受力

图 1-45　小车受力情况

8．指出图 1-46 各组力偶中的等效力偶组（　　）。

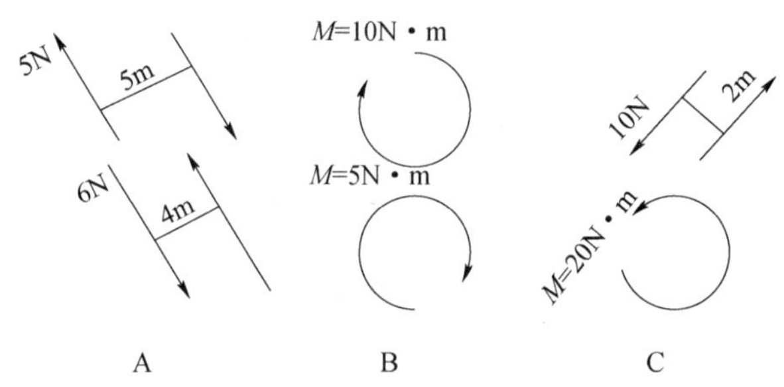

图 1-46　　题 8 图

9．平行四边形公理的矢量表达式为（　　）。

A．$F_1=F_2$　　B．$F_1+F_2=0$　　C．$F=F_1+F_2$　　D．$F=F_1-F_2$

10．下列不属于静力学公理的是（　　）。

A．二力平衡公理　　B．力的可传递性原理

C．胡克定律　　D．三力汇交定理

11．平面任意力系的平衡方程不包括（　　）。

A．$\sum F_x=0$　　B．$\sum F_y=0$　　C．$\sum M_O(F)=0$　D．$\sum F=0$

12．下列不属于力的三要素的是（　　）。

A．方向　　B．速度　　C．大小　　D．作用点

13．工程中一种的常见约束是（　　），它限制了被约束物体的任意方向的位移。

A．柔性约束　　B．光滑接触　　C．固定铰链

14．一个重量为 **G** 的物体，放在光滑的水平地面上，物体对地面的压力为 **N**，地面支承物体的力为 **N′**（图 1-47），这 3 个力中（　　）是一对平衡力，（　　）是作用力与反作用力。

A．**G** 和 **N**　　B．**G** 和 **N′**　　C．**N** 和 **N′**

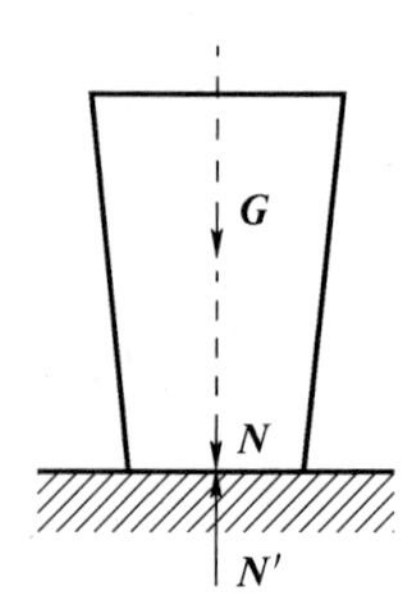

图 1-47　题 14 图

15．当平面一力（　　）时，力对点的距为零。

A．垂直于过矩心的轴

B．通过矩心

C．平行于过矩心的轴

D．沿其作用线移动到离矩心最近

三、判断题

1．作用在一个刚体上任意两个力平衡的必要与充分条件是两个力作用在一条直线上，大小相等、方向相反。（　）

2．钳工师傅用铰丝锥攻螺纹时，可以单手操作。（　）

3．力偶不能用一个力来代替，也不能用一个力来平衡。（　）

4．平面汇交力系的平衡解析法：力系中所有力在两个坐标轴中每一个轴上投影的代数和相等。（　）

5．作用在刚体上的力平行移动的等效条件是必须附加一个力偶，附加力偶矩等于原来力对新作用点之矩。（　）

6．凡是受二力作用的直杆就是二力杆。（　）

7．若两个力在同一轴上的投影相等，则这两个力的大小必相等。（　）

8．平面汇交力系平衡的几何条件是力的多边形自行封闭。（　）

9．用解析法求平面汇交力系平衡问题时，所选取的两个轴必须相互垂直。（　）

10．两个大小相等的力，在同一轴上的投影也相等。（　）

11．某力在某轴上的投影为零，则该力不一定为零。（　）

12．用解析法求平面汇交力系的平衡问题时，投影轴的方位不同，平衡方程的具体形式不同，但计算结果不变。（　）

四、作图题

1．对图 1-48 中的构件 *AC* 和构件 *BC* 进行受力分析（不计重力）。

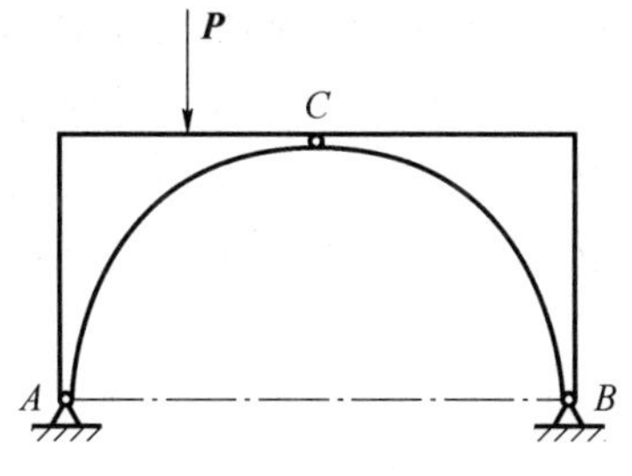

图 1-48　三铰拱示意图

2．分别画出图 1-49 中标有 *A* 或 *AB* 物体的受力图（杆件不计重力）。

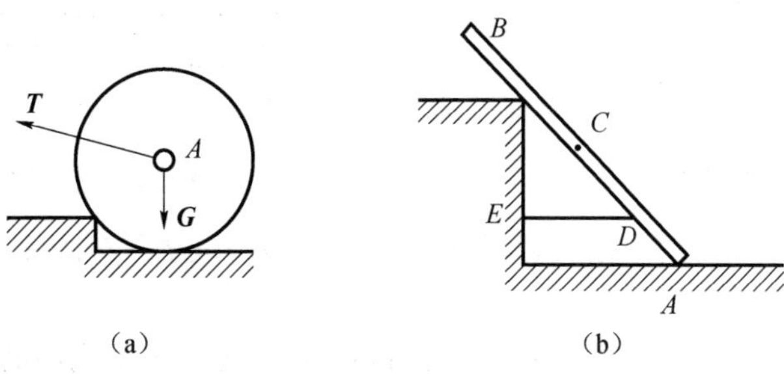

图 1-49　受力图

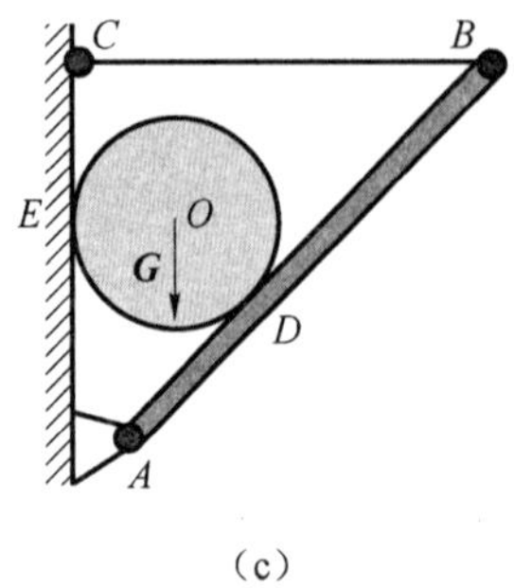

（c）

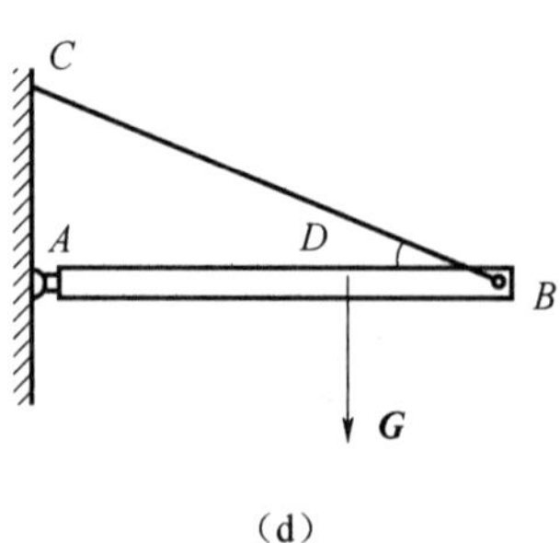

（d）

图 1-49　受力图（续）

3．如图 1-50 所示，画出杆件 *AB* 的受力图，其中杆件的自重为 ***G***。

4、画出图 1-51 中 *AB* 构件的受力图，*AB*、*CD* 构件均不考虑自重。

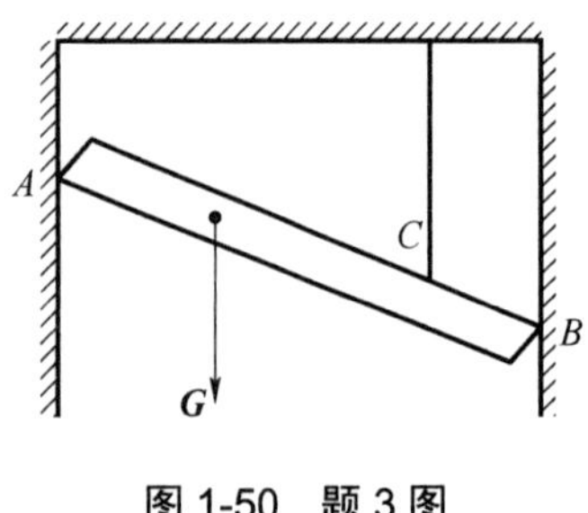

图 1-50　题 3 图

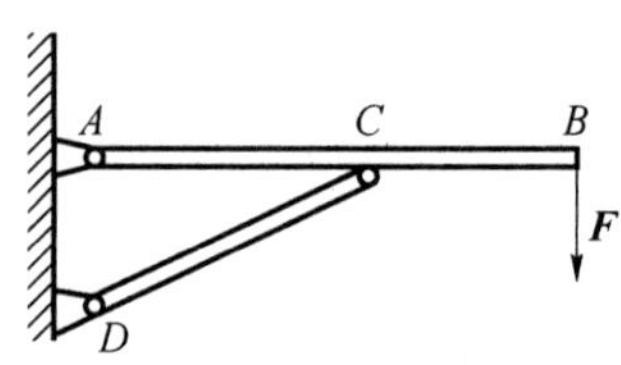

图 1-51　题 4 图

五、计算题

1．如图 1-52 所示，三角架由杆 *AB* 和 *AC* 组成，*A*、*B*、*C* 3 处均为铰链，*A* 点悬挂重为 ***Q*** 的物体。试求在图 1-52 所示情况下，杆 *AB* 和 *AC* 所受的力。

2．如图 1-53 所示，构件 *ABD* 受重力 *G*=1kN。其中构件 *AB* 与 *CD* 在 *D* 处铰接，*B*、*C* 两点均为固定铰链支座。如不计构件自重，试求构件 *CD* 所受的力与支座 *B* 处的约束反力。

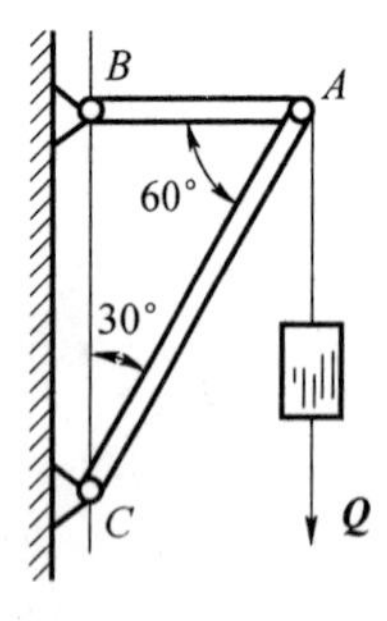

图 1-52　三角架

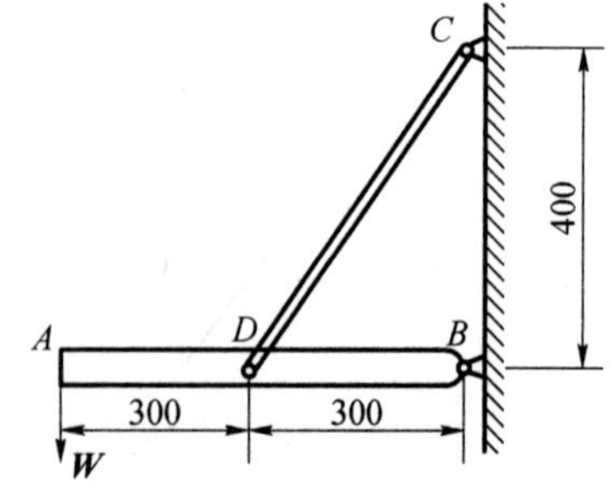

图 1-53　铰链结构

3．如图 1-54 所示，已知 *AB* 梁中点 *O* 处作用一力 *F*=2*P*，不计梁的重力，求 *A*、*B* 处的约束反力。

4．如图 1-55 所示简易吊车，*A*、*C* 处为固定铰支座，*B* 处为中间铰链。已知 *AB* 梁重 *P*=4kN，重物重 *Q*=10kN。求拉杆 *BC* 和支座 *A* 的约束反力。

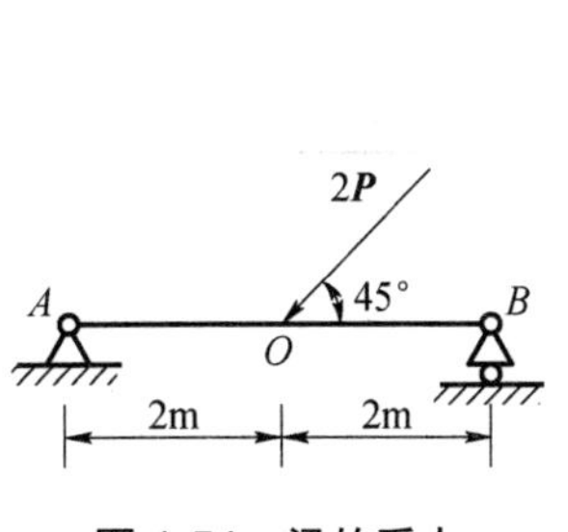

图 1-54　梁的受力

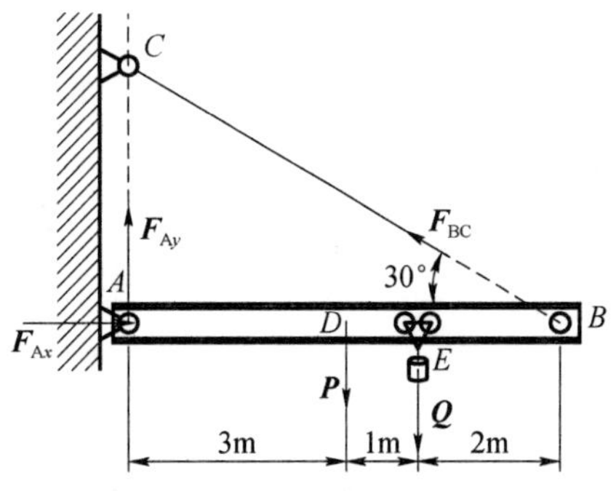

图 1-55　铰链结构

5．如图 1-56 所示，简支梁作用一矩为 M 的力偶，不计梁重，求二支座约束力（$AB=d$）。

6．在图 1-57 中，已知 M=20kN·m，F=1kN，L=1m，求固定端 A 处的约束反力。

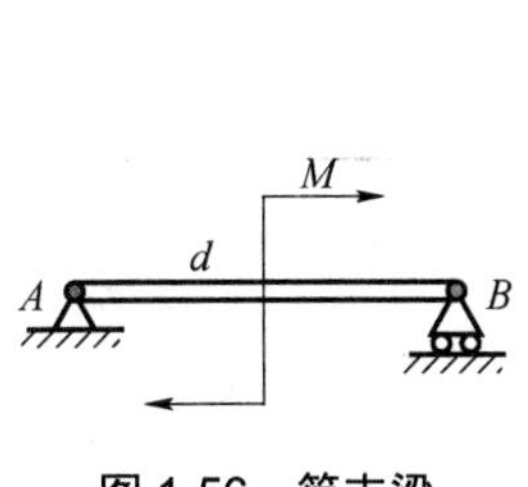

图 1-56　简支梁

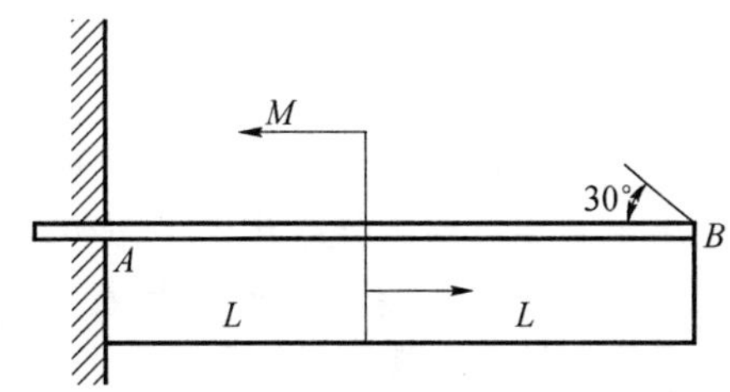

图 1-57　固定端

7．铆接薄板在孔心 A、B 和 C 处受三力作用，如图 1-58 所示。$F_1=100\text{N}$，沿铅直方向；$F_3=50\text{N}$，沿水平方向，并通过 A；$F_2=50\text{N}$，力的作用线也通过点 A。求此力系的合力。

8．如图 1-59 所示液压夹紧机构中，D 为固定铰链，B、C、E 为活动铰链。已知力 $\boldsymbol{F}$，机构平衡时角度如图 1-59 所示，求此时工件 H 所受的压紧力。

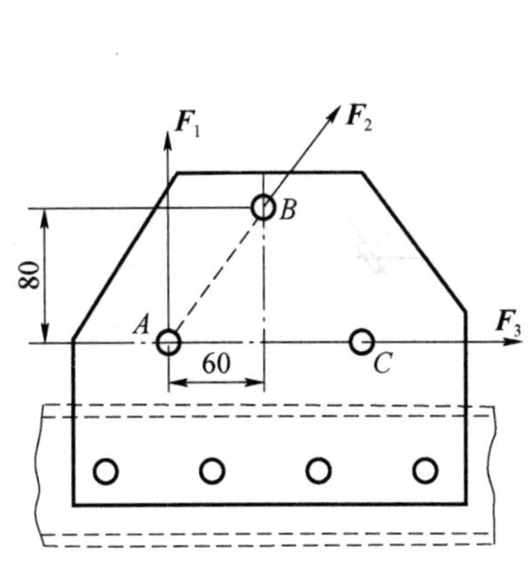

图 1-58　铆接板

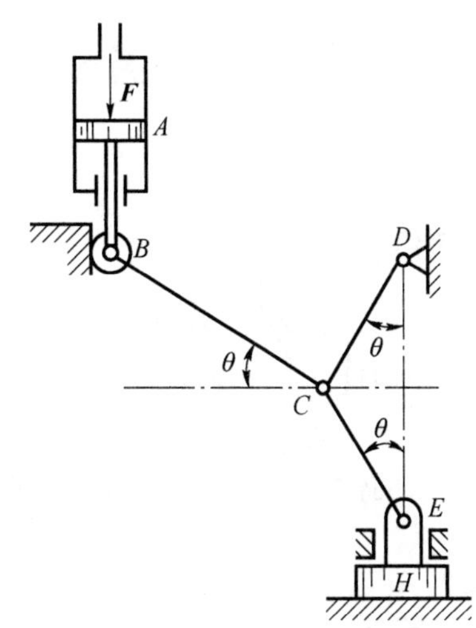

图 1-59　力的合成与分解

模块二　汽车常用材料

材料是人类生产和生活所必需的物质，人类社会的发展伴随着各种材料的不断开发和利用。

通常，一辆汽车由约 3 万个零部件组装而成。据统计，这些零部件采用了 4 千余种不同的材料加工制造，汽车行业的工程技术人员在设计选材、加工制造、使用维修等方面都必须懂得汽车用材。现代汽车要满足安全、舒适、自重轻、污染排放低、能耗小、价格低等要求，材料是首要考虑的方面。

汽车选用的材料的种类很多，层出不穷的新型材料也为现代汽车的更新提供了必要的条件。生产中用来制作汽车工程结构、零件和工具的固体材料，分为金属材料、非金属材料和复合材料三大类。其中，金属材料是最重要的工程材料，应用最广、最多，占整个用材的80%左右。金属材料中钢铁材料（如碳素钢、合金钢、铸铁）性能较好，价格不高，是汽车的主要用材，在现代轿车中钢铁材料超过$\frac{2}{3}$。非铁合金（铜、铝及其合金）等在汽车中使用不如钢铁普遍，但因其具有钢铁材料无法替代的特性，在汽车中的应用正在稳步上升。

非金属材料及复合材料也各有特点，与汽车的安全性、经济性、舒适性密切相关，在汽车中的应用越来越多。

任务一　金属材料的性能

任务介绍

汽车工业中主要应用的材料是金属材料，故本模块主要介绍金属材料的性能。金属材料的性能包括使用性能和工艺性能两大类。使用性能是指金属材料在正常使用条件下所表现出来的性能，主要包括力学性能、物理性能和化学性能；工艺性能是指金属材料在各种加工过程中表现出来的性能，主要包括铸造性能、锻造性能、焊接性能、切削加工性能和热处理工艺性能。

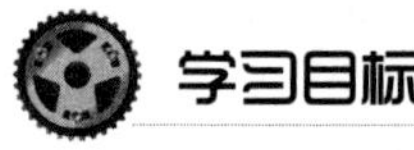

学习目标

1．了解金属材料物理、化学性能及工艺性能。

2．掌握金属材料的力学性能。

相关知识

一、金属的物理性能、化学性能及工艺性能

1．物理性能

金属材料的物理性能是指材料在物理方面的特性，主要包括密度、熔点、导热性、导电性、热膨胀性、导磁性等。

金属材料的密度为单位体积金属的质量，单位是 g/cm^3。密度是金属的特性之一，不同金属材料的密度是不同的，根据密度的大小将金属分为轻金属和重金属。密度小于 $5g/cm^3$ 的为轻金属；密度大于 $5g/cm^3$ 的为重金属。在常用的金属材料中，铜的密度为 $8.96g/cm^3$，铁的密度为 $7.87g/cm^3$，属重金属。铝的密度为 $2.7g/cm^3$，属轻金属。

在汽车工业中，为了增加有效载荷质量，钢铁占整车质量的67%左右；而某些高速运动的零件（如活塞），要求尽量减少质量，以减少其惯性力，宜采用强度较高、密度较小的金属材料（如铝合金）来制造。

熔点是指金属或合金在加热过程中由固体熔化为液体的温度，常以摄氏度（℃）来表示。每种金属都有自己的熔点。常用金属材料中钨的熔点最高，铅、锡等金属熔点较低。熔点低的铅、锡可以制造熔丝等，熔点高的钨、钼则用于制造灯丝、加热元件等。

导电性是指金属能够传导电流的性能。所有金属都是导电体，其中以银的导电性最好，其次是铜和铝，而且铜和铝价格较低，因此常用铜或铝制作导线。合金的导电性比纯金属差，某些合金如镍-铬合金具有很高的电阻率，常用作轿车仪表中的电阻元件。

导热性是指金属传导热的性能。所有金属都是导热体，其中以银的导热性最好，铜、铝次之。导热性好并具有较好耐蚀性的材料（如铝）常用来制造轿车的热交换器和散热器中的零件。

热膨胀性是指金属在温度升高时体积胀大的现象，它也是金属的一个重要特性，但一般在常温下使用的金属材料可不予考虑；在某些情况下，如千分尺、块规等测量工具，以及有精度配合的零件，对热膨胀性都有严格要求。

2．化学性能

化学性能是指在室温或高温条件下发生或抵抗各种化学作用的能力，包括抗氧化性和抗腐蚀性和化学稳定性。

金属在各种介质中及不同的温度下工作，不可避免地受到腐蚀及氧化。腐蚀对金属材料的危害很大，不仅使金属材料本身受到损失，严重时还使轿车零部件遭到破坏。因此，提高金属材料的耐腐蚀性能，可以减少金属消耗、延长材料使用寿命。

3．工艺性能

工艺性能是指金属材料接受加工成形的能力，它包括铸造性能、压力加工性能、焊接性能、切削加工性能及热处理性能等。

铸造是将熔融金属浇注、压射或吸入铸型型腔中，待其凝固后而得到一定形状和性能的零件的方法。铸造性能是指浇注时液态金属的流动性、凝固时的收缩性和偏析性等。在常用的金属材料中，灰铸铁和青铜有良好的铸造性能。

锻造是一种利用锻压机械对金属材料施加压力，使其产生塑性变形以获得具有一定力学性能、一定形状和尺寸的锻件的加工方法。可锻性好，表明容易进行锻造加工；可锻性差，表明该金属不宜选用锻压加工方法变形。与高碳钢和合金钢相比，低碳钢能承受锻造、轧制、冷拉、挤压等形变加工，表现出良好的可锻性。

焊接性能是指材料在通常的焊接方法和焊接工艺条件下，能否获得质量良好的焊缝的性能。焊接性能好的材料，焊缝中不易产生气孔、夹渣或裂纹等缺陷，其强度与母材接近。在常用的材料中低碳钢的焊接性能较好。

切削加工性能是指工件材料进行切削加工的难易程度。切削加工性能好的材料易于高效获得加工表面质量好的零件，且刀具寿命长；而加工性能不好的材料，不易获得高质量表面的工件，甚至不能切削加工。硬度过高或过低及韧性过大的材料，切削加工性能较差。

灰铸铁具有良好的切削加工性能。

二、材料的力学性能

汽车是用不同的材料制成各种零部件后组装而成的。这些零部件在使用过程中往往不可避免地受到各种外力的作用，这些外力作用对金属有一定的破坏性，因此要求材料具有抵抗外力作用而不被破坏的能力，这就是材料的力学性能。金属的力学性能主要有强度、塑性、硬度和韧性。

1. 强度

汽车零件在使用时将受到各种外力的作用。例如，汽车吊车的钢丝绳，其承受拉力并非无限大，应低于某一数值，在这一数值范围内，钢丝绳有抵抗外力而不被破坏的能力，这种金属在载荷（外力）作用下，抵抗永久变形和断裂的能力称为强度。

按载荷的不同，强度分为抗拉、抗压、抗剪、抗扭、抗弯等。其金属内部原子阻止变形的抗力称为内力，其大小和外力相等，方向相反。材料单位面积上的内力大小又称应力。因此，根据载荷类型不同，金属强度指标也不同。但实际应用中最为广泛的是抗拉强度指标，因为其他强度指标与抗拉强度指标有一定的关系，知道抗拉强度就可以近似地预测其他强度指标，而且测定金属抗拉强度的方法——拉伸试验法也最为简单。

拉伸试验是在拉伸试验机上进行的。试验前预先将退火状态的普通低碳钢，按国家标准（GB/T 228.1—2010）规定，制作成一定尺寸和形状的圆柱形标准试样，如图 2-1 所示。

试验时，将试样放到试验机上，匀速缓慢地向试样两端施加轴向静拉力，直至拉断。在整个过程中把外加载荷与试样的相应变形量画成曲线，如图 2-2 所示，这就是低碳钢的拉伸曲线图，又称应力-应变曲线。

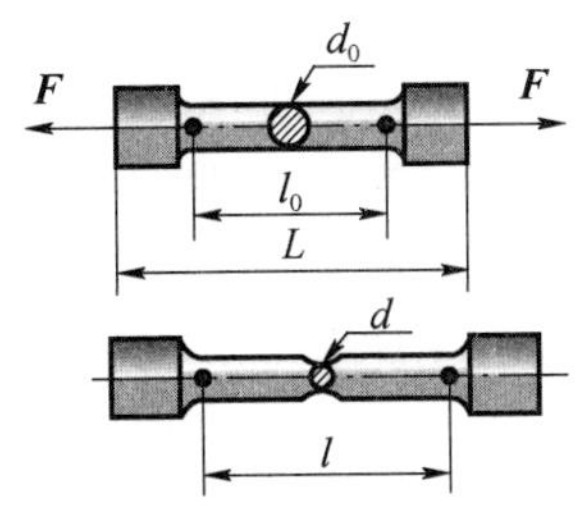

图 2-1　拉伸试样

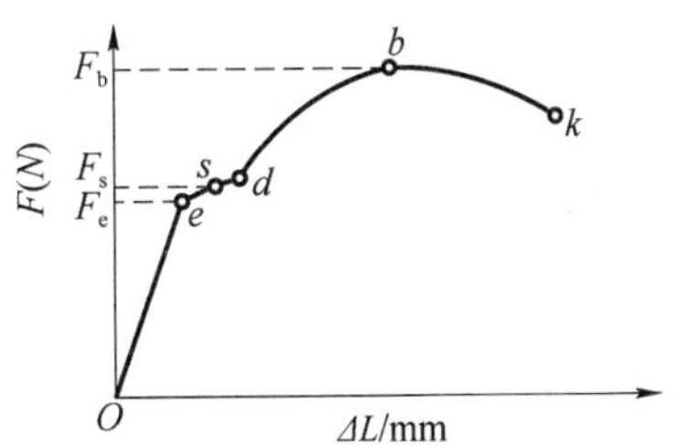

图 2-2　低碳钢的应力-应变曲线

该曲线实际分为 4 个阶段。

（1）*oe*——弹性变形阶段

这一阶段，试样变形量与载荷成正比。这时如果卸除载荷，试样便会恢复到试验前的原有状态，这种变形称为弹性变形。

（2）*es*——屈服阶段

在此阶段，尽管外载荷不增加或增加很少，但变形量仍继续增大，在拉伸图上出现水平线，这种现象称为屈服。

（3）*sb*——塑性变形阶段

当外载超过 F_s 后，尽管外载增加不大，但试样变形量却很大，直至 *b* 点，且 *b* 点的外载荷 F_b 为最大。

（4）*bk*——缩颈阶段

当载荷增大到 F_b 后，试样的某一部位截面面积开始急剧减小，产生“缩颈”现象，其抵抗外载的能力下降，此时再增加外载，试样可被拉断。工业上使用的金属材料多数是没有屈服现象的。有些脆性材料不仅没有屈服现象还不产生“缩颈”。

由上述各阶段的应力-应变关系，可以得出两个主要的力学性能的强度指标：**屈服强度和抗拉强度。**

在拉伸过程中，载荷不增加（保持恒定），试样仍继续伸长时的应力称为材料的**屈服强度**，用 σ_s 表示，单位为 MPa。其计算公式如下：

$$\sigma_s = \frac{F_s}{A_0} \tag{2-1}$$

式中：F_s——试样产生屈服现象时的载荷，N；

A_0——试样原截面面积，mm^2。

除低碳钢、中碳钢及少数合金钢有屈服现象外，大多数金属材料没有明显的屈服现象。因此，对于这些材料，规定产生 0.2%残余伸长时的应力作为条件屈服强度 $\sigma_{0.2}$ 可以替代 σ_s，称为条件（名义）屈服强度。

屈服强度标志着材料对起始塑性变形的抗力，是工程技术中重要的力学性能指标之一，设计零件时常以 σ_s 或 $\sigma_{0.2}$ 作为选用金属材料的依据。

抗拉强度是材料在拉断前所承受的最大应力，用 σ_b 表示，单位为 MPa。其计算公式如下：

$$\sigma_b = \frac{F_b}{A_0} \tag{2-2}$$

式中：F_b——试样断裂前所承受的最大载荷，N；

A_0——试样原截面面积，mm^2。

抗拉强度的物理意义是表征材料对最大均匀变形的抗力，表示材料抵抗在拉伸条件上下所能承受的最大的应力值，它是设计机械零件和选材的主要依据之一，是工程技术上的主要强度指标。

2. 塑性

塑性是指材料在载荷作用下，产生不可逆、永久变形的能力。材料具有良好的塑性，有利于金属的冲压成形加工。例如，汽车驾驶室的外壳、车厢板、油箱等在成形过程中，若金属材料塑性不好，则容易开裂。

塑性指标也是由拉伸试验测得的，常用断后伸长率δ和断面收缩率ψ来表示。

（1）断后伸长率

断后伸长率是指金属试样进行拉伸试验被拉断后标距长度的伸长量与原始标距长度之比的百分数，用δ表示。其计算公式如下：

$$\delta = \frac{l_1 - l_0}{l_0} \times 100\% \quad (2\text{-}3)$$

式中：l_1——试样原始标距长度，mm；

l_1——试样拉断后的标距长度。

（2）断面收缩率

断面收缩率是指金属试样进行拉伸试验拉断处横截面积缩小量与原始横截面积之比的百分数，用ψ表示。

$$\psi = \frac{A_0 - A_1}{A_0} \times 100\% \quad (2\text{-}4)$$

式中：A_0——试样的原始横截面积，mm^2；

A_1——试样断口处的横截面积。

δ和ψ越大，表示材料的塑性越好；反之，表示材料的塑性越差，脆性越大。

提示：强度与塑性是矛盾的两个力学指标，一般强度高的材料，塑性较差。

3. 硬度

硬度是指金属表面上局部体积内抵抗塑性变形和破坏的能力，它是金属材料的一个重要力学性能。

虽然硬度与强度间没有严格的对应关系，但是可以通过大量实验数据找出二者间粗略的换算关系。硬度试验设备简单，操作容易、迅速，性能测试时不损坏金属零部件，所以可以通过硬度试验来检验工具和零件的性能。

应用广泛的硬度试验有布氏硬度和试验洛氏硬度试验，此外，还有维氏硬度（HV）试验、肖氏硬度试验（弹性回跳法）、显微硬度试验和锤击式布氏硬度试验等。

（1）布氏硬度

布氏硬度试验原理如图 2-3 所示，采用直径为 D 的淬硬圆钢球以规定的载荷 $\boldsymbol{F}$ 压入被测试材料表面，保持一定时间后，卸除载荷，测量被测材料的表面压痕直径 d 和压痕表面积 A，计算平均压力 F/A 的大小作为材料的布氏硬度指标。布氏硬度试验时，钢球的直径 D 和载荷 $\boldsymbol{F}$ 是根据被测试材料的种类、性质和厚度，按国家标准规定选择的，试验后用专门的刻度放大镜测出压痕直径 D 的大小，再查布氏硬度值表即可得到布氏硬度值。d 越大，硬度越小；d 越小，硬度值越大。

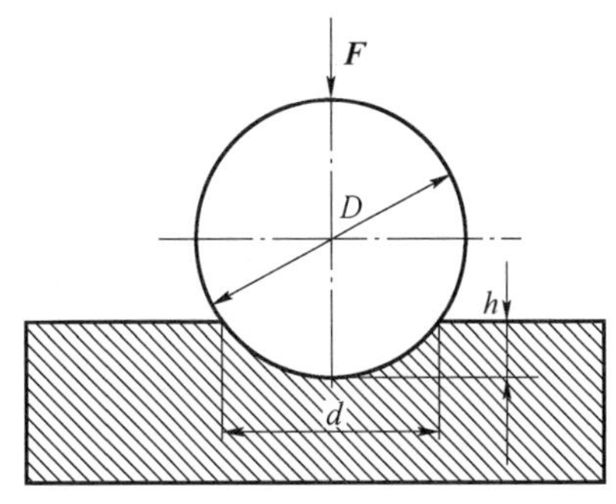

图 2-3　布氏硬度试验原理

布氏硬度用符号 HB 表示。当用淬火钢球为压头时，符号为 HBS，用于测量硬度值小于 450 的材料；当用硬质合金球为压头时，符号为 HBW，用于测量硬度值小于 650 的材料。

布氏硬度只适用于硬度较低、尺寸较大的金属材料，广泛应用于退火或调质后的钢件、灰铸铁和非铁合金等较软的材料。

因为布氏硬度是材料局部范围抵抗变形的能力，所以布氏硬度与材料的抗拉强度之间存在一定的换算关系，对一般的碳钢有如下近似关系：

当 HBS 值<175 时，$\sigma_b \approx 0.36$HBS。

当 HBS 值>175 时，$\sigma_b \approx 0.35$HBS。

（2）洛氏硬度

洛氏硬度试验和布氏硬度试验一样，也采用压入法测定硬度。两者的区别是洛氏硬度试验用的压头是一个 120° 的圆锥形金刚石或淬火钢球压头，施加相应载荷后，测定金属材料压痕的深度，以压痕深度来表示硬度值。洛氏硬度用 HR 表示，如图 2-4 所示。

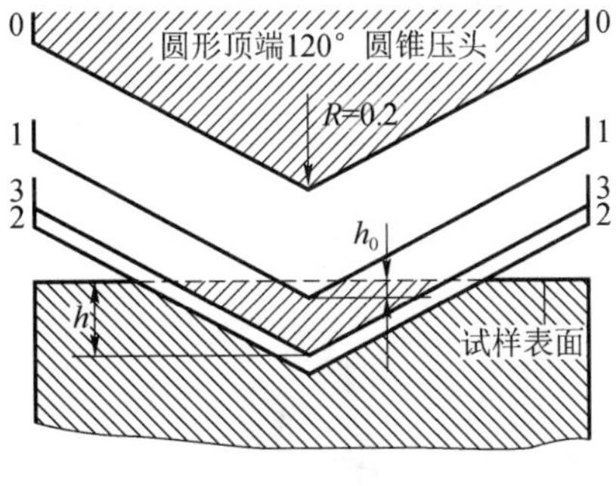

图 2-4　洛氏硬度试验原理

在初试验力和总试验力的作用下，先后压入金属表面，经规定保持时间后卸除主试验力，以测量的压痕深度来计算洛氏硬度值。洛氏硬度试验操作简单、迅速，无损于工件表面，可以直接从刻度盘上读取硬度值；压痕小，可测定成品及薄的工件；测量的硬度范围大，可以测极软或极硬的金属材料。但有时洛氏硬度的测量值不够准确，所以，同一试样应测 3 点以上，取其平均值。洛氏硬度用实际压入试件产生塑性变形的压痕深度 bd 来表示。bd 越大，硬度越低；bd 越小，硬度越高。

根据试验材料硬度的不同，可分为以下 3 种不同标度来表示：

1）HRA 是采用 60kg 载荷和钻石锥压入器求得的硬度，用于硬度较高的材料，如硬质合金。

2）HRB 是采用 100kg 载荷和直径 1.58mm 淬硬的钢球求得的硬度，用于硬度较低的材料，如退火钢、铸铁等。

3）HRC 是采用 150kg 载荷和钻石锥压入器求得的硬度，用于硬度很高的材料，如淬火钢等。

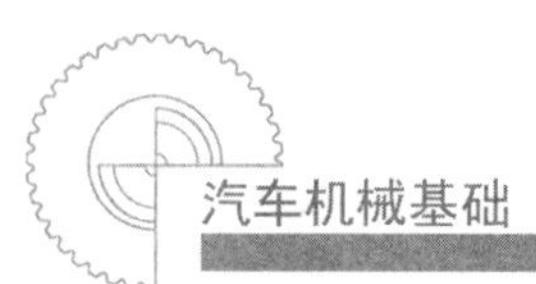

洛氏硬度中 HRA、HRB、HRC 中的 A、B、C 为 3 种不同的标准，称为标尺 A、标尺 B、标尺 C。3 种标尺的初始压力均为 98.07N（10kgf），最后根据压痕深度计算硬度值。标尺 A 使用的是球锥菱形压头，加压至 588.4N（60kgf）；标尺 B 使用的是直径为 1.588mm（1/16in）的钢球作为压头，加压至 980.7N（100kgf）。

标尺 C 用于测试淬火钢、回火钢、调质钢和部分不锈钢。这是金属加工行业应用最多的硬度试验方法。标尺 B 用于测试各种退火钢、正火钢、软钢、部分不锈钢及较硬的铜合金。标尺 A 用于测试纯铜、较软的铜合金和硬铝合金。尽管标尺 A 也可用于大多数黑色金属，但是在实际应用时其一般只限于测试硬质合金和薄硬钢带材料。

提示：布氏硬度和洛氏硬度的试验原理不同，其大小不能直接进行比较。

4. 冲击韧性

以上讨论的是在静载荷作用下的力学性能指标，对于承受冲击载荷的材料，如汽车运行时，许多零件要受到一些突然施加的外力作用，如发动机曲轴、弹簧钢板、大梁、前工字梁等在汽车起动、制动及速度突然改变时，都会受到突然施加的力的作用。这种突然作用的力称为冲击载荷。

冲击载荷作用的零件不仅要有较高的强度和一定的硬度，还要有足够的韧性，以防止零件受冲击载荷作用而破坏。**韧性**是指金属在断裂前吸收变形能量的能力，它表示了金属材料抗冲击的能力。韧性的判据是通过冲击试验确定的。目前，衡量材料韧性的常用方法是摆锤式一次能量冲击试验。

把带有缺口的试样放在一次摆锤试验机上，测定金属承受冲击载荷的能力，如图 2-5 所示。在实际应用中，直接从试验机上读出摆锤打断试样所做的冲击功 A_k，然后将冲击功 A_k 的值除以试样缺口处的横截面积 A 便得到冲击韧性 α_k。

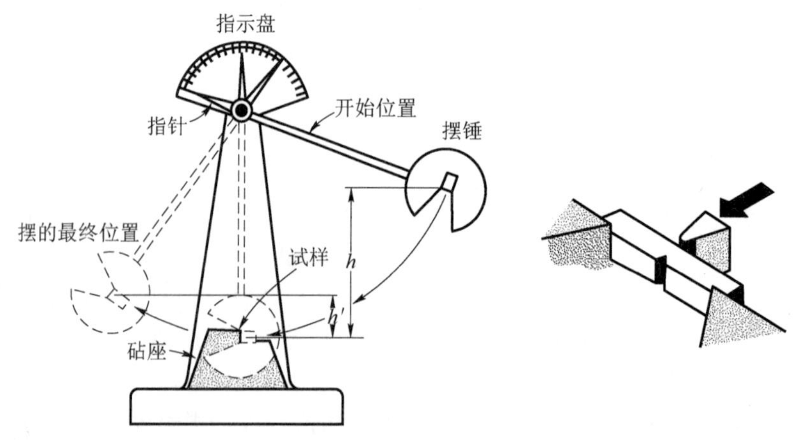

图 2-5　冲击试验原理示意图

冲击吸收功越大，材料韧性越好，在受到冲击时越不容易断裂。冲击韧度不能真正代表材料的韧性，而用冲击吸收功 A_k 作为材料韧性判据更为适宜。

任务小结

1）金属材料的工艺性能：铸造性能、锻造性能、焊接性能和切削加工性能。

2）力学性能包括强度、塑性、硬度和韧性。

3）强度：金属在载荷（外力）作用下，抵抗永久变形和断裂的能力。

塑性：材料在载荷作用下，产生不可逆、永久变形的能力。

硬度：金属表面上局部体积内抵抗塑性变形和破坏的能力。

韧性：金属在断裂前吸收变形能量的能力，它表示了金属材料抗冲击的能力。

拓展提高

疲劳强度

许多汽车零件，如齿轮、钢板弹簧、曲轴等在工作时承受的载荷所产生应力的大小和方向呈周期性变化，此应力称为交变应力。在这种应力作用下，零件在一处或几处产生局部永久性累积损伤，经一定循环次数后产生裂纹或突然发生完全断裂的过程，称为金属的疲劳或疲劳断裂。它与静载荷下的断裂不同，断裂前无明显塑性变形，因此，具有更大的危险性。

材料产生疲劳破坏的因素很多，大量疲劳破坏的分析和研究表明：疲劳断裂主要是材料的表面或内部的缺陷造成的。另外，疲劳断裂与零件受到交变应力的大小、应力循环次数和应力特性有关系，图 2-6 所示是实验测得的疲劳断裂前应力循环次数 N 与交变应力 σ 的关系曲线——疲劳曲线。

从曲线可以看出，应力值越低，则断裂前的循环次数越多。当应力降到一定值时，疲劳曲线与横轴平行，应力低于此值时，材料经无数次应力循环而不断裂，此应力值称为疲劳极限，又称疲劳强度。

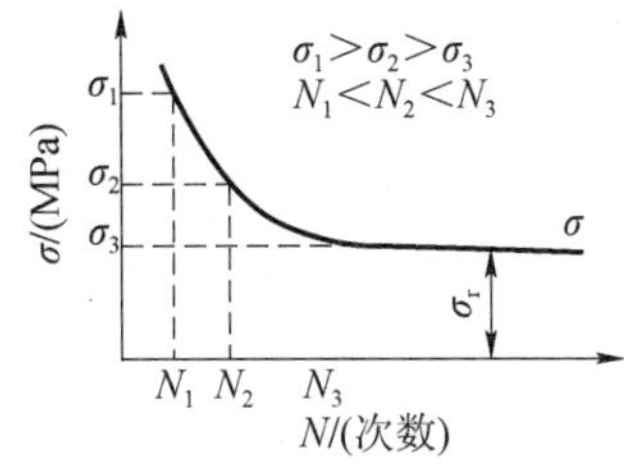

图 2-6　金属材料疲劳曲线示意图

要提高零件的疲劳强度，除改善结构形状，避免内外部应力集中外，还可以通过提高零件表面加工质量或采取各种表面强化的方法来达到，如在零件表面进行喷丸、滚压、抛光及表面热处理等。

一般，交变应力越小，断裂前所能承受的循环次数越多；交变应力越大，可循环次数越少。工程上常用的疲劳强度是指在一定的循环次数下不发生断裂的最大应力。

疲劳强度与抗拉强度有一定联系，抗拉强度高，疲劳强度也高。

任务二　金属结构与钢的热处理

任务介绍

一切物质都是由原子组成的，根据原子在固体物质内部聚集状态的不同，可将物质分为晶体和非晶体两类。晶体物质的原子在三维空间呈现有规律的周期性重复排列，而非晶体物质不具有这一特点。不同的金属材料具有不同的性能，即使是同一种金属材料，由于所处的状态不同，力学性能也不同，这主要是由于金属材料的原子排列方式不同。因此，掌握金属的内部结构及热处理方法对其性能的影响，对加工和选用金属材料具有非常重要的意义。

学习目标

1．了解金属晶体结构、铁碳合金相图及应用。
2．掌握金属材料的热处理方法及应用。

相关知识

一、纯金属的晶体结构

1. 晶体结构的基本概念

在物质内部，凡原子呈无序堆积状况的物质称为非晶体，如普通玻璃、松香、树脂等。相反，凡原子呈有序、有规则排列的物质称为晶体。汽车上使用的金属材料都是晶体。

晶体内部原子是按一定规律排列的，为了形象地表示晶体中原子的排列规律，可以将原子简化为一个点，用假想的线将这些点连接起来，构成有明显规律性的空间格架。这种表示原子在晶体中排列规律的空间格架称为晶格。能够反映晶格特征的最小几何单元称为晶胞。

2. 金属的晶体结构

金属的晶格类型很多，但绝大多数金属（占 85%）的晶格类型是表 2-1 所示 3 种晶格中的一种。

表 2-1　晶格示意图及典型金属

种类	体心立方晶格	面心立方晶格	密排六方晶格
晶格特点	晶胞是一个立方体，原子位于立方体的 8 个顶角上和立方体的中心	晶胞是一个立方体，原子位于立方体的 8 个顶角上和立方体 6 个面的中心	晶胞是一个正六棱柱体，原子排列在柱体的每个顶角上和上、下底面的中心，另外 3 个原子排列在柱体内

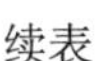

续表

种类	体心立方晶格	面心立方晶格	密排六方晶格
晶胞			
模型			
晶胞原子数			
典型金属	α-Fe、Cr、Mo、W、V、Nb、β-Ti	γ-Fe，Ni，Cu，Al，Au，Ag 等	Mg，Zn，Cd，Be 等

二、铁碳合金相图

碳钢和铸铁是现代汽车工业生产中使用广泛的金属材料，它们主要由铁和碳两种元素组成的合金，一般又称铁碳合金。

1. 合金结构的基本概念

合金是指由两种或两种以上的金属或金属与非金属，经过熔炼、烧结或其他方法组合而成并具有金属特性的物质。通常把组成合金的最简单、最基本而且能独立存在的物质称为组元，简称元。根据组元数目的多少，可以将合金分为二元合金、三元合金和多元合金，如普通黄铜就是由铜和锌组成的二元合金。

根据合金中各组元之间的结合方式，合金的组织可以分为固溶体、金属化合物和混合物3类。

2. 纯铁的同素异晶转变

金属在固态下，随温度的改变由一种晶格转变为另一种晶格的现象称为同素异晶转变。纯铁具有同素异晶转变的特性，因此生产中才能通过不同的热处理方法来改变钢的组织和性能。

纯铁的同素异构转变可概括如下：

$$\delta\text{-Fe} \xrightleftharpoons{1394℃} \gamma\text{-Fe} \xrightleftharpoons{912℃} \alpha\text{-Fe}$$

（体心立方晶格）　　（面心立方晶格）　（体心立方晶格）

3. 铁和碳相互作用构成的基本相及组织

1）液相：铁碳合金在熔化温度以上形成的铁碳均匀溶体，用符号 L 表示。

2）铁素体：碳溶入α-Fe 中的间隙固溶体，用符号 F 表示。其力学性能是强度、硬度较低，但具有良好的塑性与韧性。

3）奥氏体：碳溶入γ-Fe 中的间隙固溶体，用符号 A 表示。其力学性能是强度、硬度较低，具有良好的塑性和低的变形抗力，适于进行压力加工。

4）渗碳体：化学式为 Fe_3C 的金属化合物。其碳的质量分数为 6.69%，硬度极高（约 800HBW），脆性大，塑性几乎为零，是一个硬而脆的相。

5）珠光体：铁素体和渗碳体两相组成的机械混合物，用 P 表示。

6）莱氏体：奥氏体和渗碳体两相组成的机械混合物，用 Ld 表示。

4. Fe-Fe_3C 相图及其分析

Fe-Fe_3C 相图是表示在缓慢冷却（或加热）条件下（即平衡状态）不同成分的钢和铸铁在不同温度下所具有的组织状态的一种图形。它表明了铁碳合金的成分、温度与组织变化规律之间的关系，是研究钢和铸铁及制定其焊接、热处理、铸造和锻造等热加工工艺的重要依据。图 2-7 为简化的 Fe-Fe_3C 相图。

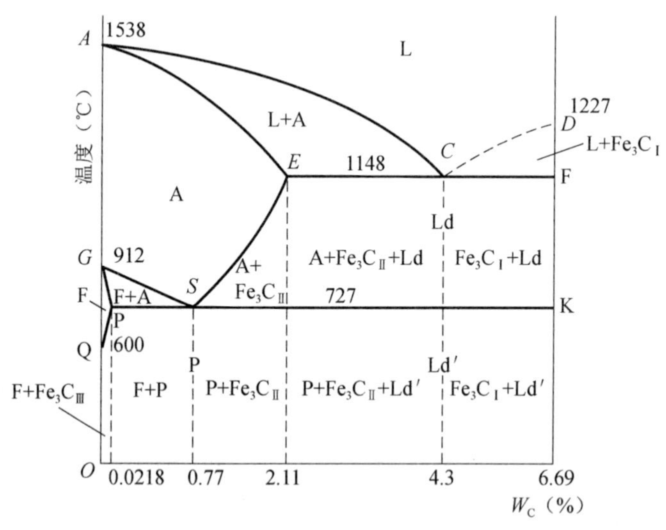

图 2-7　简化的 Fe-Fe_3C 相图

1）Fe-Fe_3C 相图的主要特性点如表 2-2 所示。

表 2-2　Fe-Fe_3C 相图的主要特性点

特性点	温度（℃）	碳的质量分数（%）	特性点的含义
A	1538	0	纯铁的熔点
C	1148	4.30	共晶点
D	1227	6.69	渗碳体的熔点
E	1148	2.11	碳在γ-Fe 中的最大溶解度
G	912	0	α-Fe→γ-Fe 同素异构转变点
P	727	0.0218	碳在α-Fe 中的最大溶解度
S	727	0.77	共析点

2）Fe-Fe_3C 相图的主要特性线如表 2-3 所示。

表 2-3　Fe-Fe_3C 相图的主要特性线

特性线	特性线的含义
ACD	液相线
AECF	固相线
GS	奥氏体向铁素体转变开始温度线（A3）或铁素体向奥氏体转变终了线
ES	碳在奥氏体中的溶解度曲线（A_{cm}）
ECF	LC→AE+Fe3C 共晶转变线
PSK	AS→FP+Fe3C 共析转变线（A1）

5. 铁碳合金的分类

根据铁碳合金中碳的质量分数及室温组织不同，可将铁碳合金相图中所有合金分成三大类：工业纯铁、钢和白口铸铁。

工业纯铁是碳的质量分数 W_C 小于 0.0218%的铁碳合金。

钢是碳的质量分数 W_C 在 0.0218%～2.11%的铁碳合金。钢可细分为亚共析钢（0.0218%<W_C<0.77%）、共析钢（W_C= 0.77%）、过共析钢（0.77%<W_C<2.11%）

白口铸铁是含碳量 W_C 在 2.11%～6.69%的铁碳合金。白口铸铁可细分为亚共晶白口铸铁（2.11%≤W_C<4.3%）、共晶白口铸铁（W_C=4.3%）、过共晶白口铸铁（4.3%<W_C<6.69%）。

6. 碳的质量分数对铁碳合金性能的影响

由图 2-8 可知，碳的质量分数越高，钢的强度和硬度越高，而塑性和韧性越低。这是由于碳的质量分数越高，钢中的硬脆相 Fe_3C 越多的缘故，但当碳的质量分数超过 0.9%时，二次渗碳体呈明显网状，使钢的强度有所降低。

为了保证汽车材料使用的钢具有足够的强度，并具有一定的塑性和韧性，钢中的碳的质量分数一般不超过 1.4%。

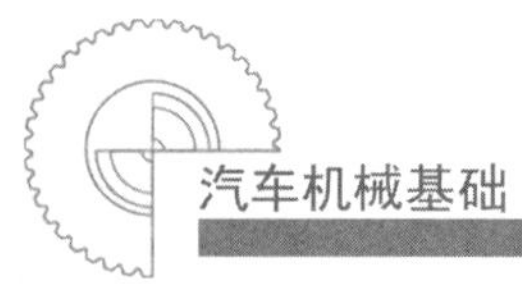

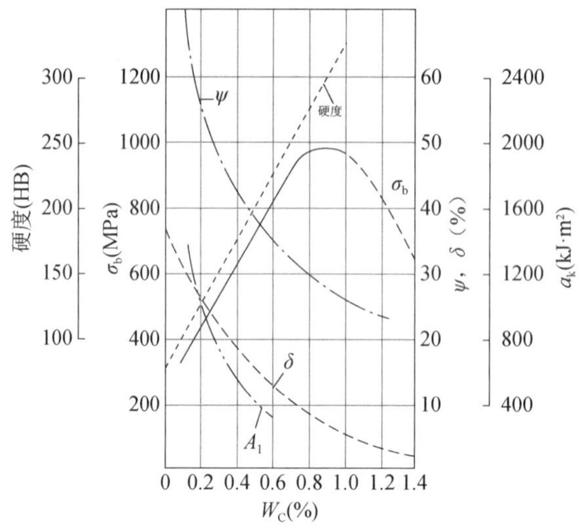

图 2-8　碳的质量分数对钢力学性能的影响

三、钢的热处理

钢的强化及表面改性技术是钢材研究与应用领域重要的技术之一。它不仅可以用来提高材料的力学性能，充分发挥材料的性能潜力，还可以获得一些特殊的性能，以满足特殊条件下工作零件的使用要求。

钢的热处理是通过加热、保温和冷却工序改变钢的内部组织结构，从而获得预期性能的工艺。热处理只改变材料的组织和性能，不改变其形状和尺寸，是提高金属使用性能和改善工艺性能的重要的加工工艺方法。在汽车等制造业中，80%的零件要进行热处理，而工具模具及轴承几乎 100%要进行热处理。

根据加热和冷却方法的不同，热处理工艺分类如下。

（1）整体热处理。整体热处理工艺有退火、正火、淬火、回火等。

（2）表面热处理。表面热处理工艺有表面淬火和回火等。

（3）化学热处理。化学热处理工艺有渗碳、碳氮共渗、渗氮等。

根据热处理在零件加工过程中工序位置及作用的不同，热处理还可分为预备热处理和最终热处理。

虽然热处理方法很多，但是任意一种热处理工艺都是由加热、保温和冷却 3 个阶段组成的。

（一）钢的热处理原理

钢的热处理主要利用钢在加热和冷却时内部组织发生转变的基本规律来确定加热温度、保温时间和冷却介质等参数，以达到改善材料性能的目的。

由 $Fe\text{-}Fe_3C$ 相图可知，非合金钢在缓慢加热和冷却过程中，经过 PSK 线、GS 线和 ES 线时都要发生组织转变。因此，将 PSK 线、GS 线和 ES 线称为组织转变的临界点，分别记

为 A_1 线、A_3 线和 A_{cm} 线。A_1、A_3 和 A_{cm} 上的点都是新相与旧相相等的平衡温度点。在实际转变过程中，由于加热和冷却速度较快，转变温度会偏离平衡温度点。加热和冷却速度越快，偏离平衡温度点越远。为方便起见，通常将实际加热转变点和实际冷却转变点分别加注下脚 c 和 r，成为 A_{c1}、A_{c3}、A_{ccm} 和 A_{r1}、A_{r3}、A_{rcm}。

在加热时，非合金钢的室温组织基本上由铁素体和渗碳体两个相组成，只有在奥氏体状态下才能通过不同冷却方式使钢转变为不同组织，获得所需要的性能。所以，热处理时须将钢加热到一定温度，使其组织全部或部分转变为奥氏体。

钢的冷却过程是钢热处理的关键工序，其冷却转变温度决定了冷却后的组织和性能。实际生产中采用的冷却方式主要有连续冷却（如炉冷、空冷、水冷等）和等温冷却（如等温淬火）。

钢在铸造、锻压、焊接以后，要经过由高温到室温的冷却过程。此过程虽然不作为热处理的一道工序，但实质上其也是一个冷却转变过程，应加以正确控制，否则会形成某种组织缺陷。所以，钢在冷却时的转变规律不仅是制定热处理工艺的基本依据，还是制定热加工后的冷却工艺的理论依据。

热处理有两种冷却方式：一种是等温冷却，即将钢由加热温度迅速冷却到临界点 A_{r1} 以下的既定温度，保温一定时间进行恒温转变，然后冷却到室温；另一种是连续冷却，即将钢由加热温度连续冷却到室温，在临界点以下进行连续转变。

（二）钢的热处理工艺对其性能的影响

根据钢在加热和冷却过程中组织和性能的变化规律，常规热处理常用工艺可分为退火、正火、淬火、回火等。

1. 退火

将钢加热到适当温度，保温一定时间，然后缓慢冷却（随炉冷却）的热处理工艺称为退火。退火的目的是降低硬度、提高塑性、改善切削加工性能、消除钢的内应力、细化晶粒、均匀组织，为以后的热处理做好准备。

由于钢的成分和退火的目的不同，退火可分为完全退火、球化退火、去应力退火等几种。

（1）完全退火

完全退火即将钢加热到 Ac_3 以上 30～50℃，保温一段时间，然后随炉冷却到 500℃以下出炉空冷的退火方式。完全退火的目的是细化晶粒、消除内应力，以降低硬度、利于切削加工。完全退火主要用于亚共析钢铸锻件的热处理。

（2）球化退火

球化退火即将钢加热到 Ac_1 以上 20～30℃，保温足够时间，随炉缓冷或用等温冷却方式冷却，将渗碳体球化的退火方式。球化退火的目的是降低硬度、提高塑性、改善切削加工性能。这种退火方式主要用于共析钢和过共析钢。

（3）去应力退火

去应力退火又称低温退火，即将钢加热到 500～600℃，保温后随炉缓冷至 200～300℃出炉空冷的退火方法。这种退火方式主要用于消除铸件、焊件及切削加工件的应力。其适用于所有的钢。

提示：退火一般作为预备热处理，为以后加工或处理做准备。

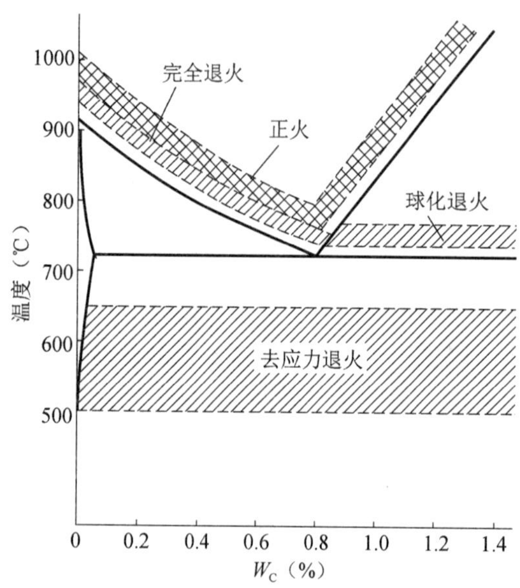

图 2-9　碳钢的各种退火和正火加热温度范围

2. 正火

正火是将钢加热到 A_{c3} 或 A_{cm} 以上 30～50℃，保温后再在空气中冷却的热处理工艺。碳钢的各种退火和正火加热温度范围如图 2-9 所示。

正火和退火的明显区别是正火冷却速度较快，所以生产周期比退火短，又因为正火后材料强度、硬度、塑性和韧性比退火高，所以大多数低碳钢不做退火处理，而采用正火处理。对于力学性能要求不高的中碳钢零件，常采用正火作为最终热处理。高碳钢经正火处理后可以消除网状渗碳体，为球化退火做组织准备。

3. 淬火

将亚共析钢加热到 A_{c3} 以上的温度，将共析钢与过共析钢加热到 A_{c1} 以上（低于 A_{cm}）的温度，保温烧透后快速冷却，使奥氏体迅速转变成马氏体或下贝氏体的热处理工艺称为钢的淬火。

淬火的主要目的是提高工件的力学性能，它是强化钢材最重要的热处理方法。例如，对于工具钢，淬火的主要目的是提高钢的硬度，以保证刀具的切削性能和工具的耐磨性；对于中碳钢，淬火的主要目的是提高强度和韧性，获得综合的力学性能；以及改善某些特殊钢的物理性能或化学性能，如提高不锈钢的耐磨性。但要注意，对于低碳钢，淬火后其强度、硬度提高不大，故对其进行一般的淬火没有意义。经过淬火处理的零件或工具不仅要有高的强度和硬度，还要求有足够的塑性和韧性相配合，因此淬火后需进行回火。淬火为回火做好了组织准备，而回火决定了零件的使用性能和寿命。

钢在淬火时获得淬硬层深度的能力称为淬透性。淬透性是衡量材料热处理性能的重要指标之一。大多数工件淬火时，希望表面和芯部都能得到高硬度。若表面硬度已达到要求，而芯部的硬度偏低，这种情况表示零件“未淬透”。淬透性越好，淬硬层越深。淬硬性是指材料在淬火后所能达到的最高硬度。材料的淬硬性取决于碳的质量分数，碳的质量分数越高，淬硬性越好。

淬火时，工件的冷却速度是由冷却介质所决定的。常用的冷却介质有水、油、盐水、碱水溶液。水具有价格低廉、使用安全、无燃烧和腐蚀危险等特点，是应用最广泛的冷却介质。一般碳钢零件用水作冷却介质，硬度都能达到要求，但水的冷却速度太快，使零件内外温差大，易产生严重变形，甚至开裂。故水冷却适用于低合金钢及碳素工具钢的淬火。为了提高水的冷却能力，常在水中加入某种盐或碱（氯化钠或氢氧化钠）形成水溶液。水溶液冷却适用于低碳钢和中碳钢的淬火。油也是广泛应用的冷却介质。常用的淬火油有柴油、机油、变压器油等。油类的冷却能力较弱，冷却速度较慢，零件不易变形和开裂，但也不易淬硬、淬透，所以不适用于超过 5～8mm 厚的碳素钢。油被广泛用作各种合金钢和碳素钢小型零件的淬火冷却介质。盐水、碱溶液指熔化的 $NaNO_3$、NaOH 等，其冷却能力在水和油之间，常用于截面面积不大、形状复杂、对控制变形要求严格的碳素工具钢、合金工具钢。

4. 回火

回火是把淬火以后的钢重新加热到 A_{c1} 以下某一温度，保温一段时间，再以适当的冷却速度冷却到室温的热处理工艺。

回火的目的在于降低或消除内应力，以防止工件开裂和变形；减少或消除残余奥氏体，以稳定工件尺寸；调整工件的内部组织和性能，以满足工件的使用要求。

淬火钢回火的性能，与回火时加热温度有关，硬度和强度随回火温度的升高而降低。按回火时加热温度的高低，可将回火分为以下 3 种：

1）低温回火。回火温度是 150～250℃。目的是保持较高的硬度和耐磨性，降低内应力，减少脆性。这种回火方式主要适用于刃具、量具、模具和轴承等要求高硬度、高耐磨性的工具和零件。

2）中温回火。回火温度是 350～500℃。目的是要获得较高的弹性和屈服极限，同时又有一定的韧性。这种回火方式主要用于弹簧、发条、热锻模等零件的处理。

3）高温回火。回火温度是 500～650℃。目的是要获得强度、塑性、韧性都较好的综合力学性能。生产中把淬火及高温回火的复合热处理工艺称为调质处理。调质处理广泛应用于受力构件，如螺栓、连杆、齿轮、曲轴等。调质处理后材料的硬度可达 25～35HRC、200～350HBS。

任务小结

1）金属的晶格类型：体心立方晶格、面心立方晶格和密排六方晶格。

2）铁碳合金的分类：

工业纯铁（W_C<0.0218%）、钢（W_C=0.0218%～2.11%）和白口铸铁（W_C=2.11%～6.69%）。

3）碳的质量分数对铁碳合金性能的影响：

当碳的质量分数小于 0.9%时，碳的质量分数越高，钢的强度和硬度越高，而塑性和韧性越低，但当含碳量超过 0.9%时，钢的强度有所降低。

4）钢的热处理：

常用方法有退火、正火、淬火、回火等。

拓展提高

表面热处理

在汽车零部件中，许多零件（如齿轮、活塞销、曲轴等）是在冲击载荷及表面摩擦条件下工作的。这类零件必须具有高硬度和耐磨性，并且其芯部要有足够的塑性和韧性。因此，对于这类零件，一般选用中碳钢、中碳合金钢、碳素工具钢、低合金工具钢和球墨铸铁，经表面淬火即可达到要求；也可选用低碳钢采用表面化学热处理。

常用的热处理方法有表面淬火及化学热处理两种。

1. 表面淬火

表面淬火是指仅对表面进行淬火的工艺。对于承受冲击载荷、交变载荷，同时又承受强烈摩擦的零件，如曲轴、齿轮轴、齿轮等，生产中常采用表面淬火进行热处理。

表面淬火的钢一般为中碳钢，这是因为碳的质量分数低淬火后表面硬度不足，碳的质量分数高淬火后芯部韧性不好。表面淬火零件在淬火前一般要进行正火或调质处理，表面淬火后要进行低温回火。

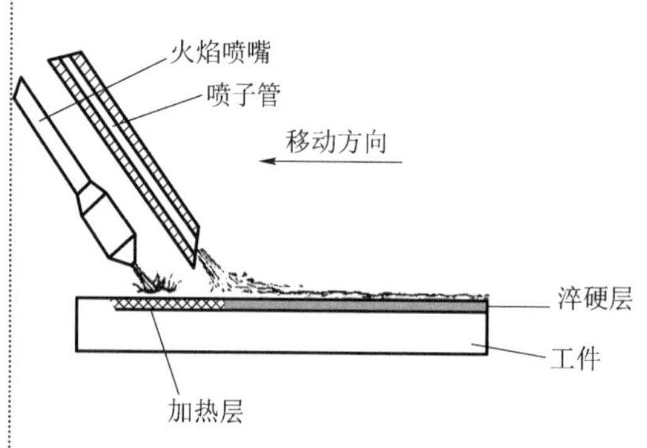

图 2-10　火焰加热表面淬火示意图

根据加热方法不同，淬火主要有火焰表面淬火、感应加热表面淬火等。

（1）火焰加热表面淬火

火焰加热表面淬火是利用氧-乙炔火焰（或其他可燃气体）将工件表面迅速加热到淬火温度后，立即喷水或用乳化液进行冷却的一种方法，如图 2-10 所示。

火焰表面淬火的淬硬层深度一般为 2 ~ 6mm。火焰表面淬火不需特殊设备，淬硬速度快、变形小，常用于中碳钢及中碳合金结构钢零件，适用于单件和小批量生产或对大型零件的局部热处理，如机床导轨、大型轴类、大模数齿轮等。此工艺对于特大工件的局部淬火更为经济。但这一工艺容易产生过热，淬火质量不稳定，生产率也较低，因此使用受到一定的限制。

（2）感应加热表面淬火

感应加热表面淬火是采用交变电磁场在零件表层产生涡流，将零件表层迅速加热到淬火温度，并迅速冷却的一种淬火热处理工艺。此法的原理如图 2-11 所示。

将工件放在空心铜管（内部有冷却水）绕成的线圈（感应器）内，线圈通以一定频率的交流电，工件表层便产生同频率的感应电流（涡流），这种电流主要集中在零件的表层。因为零件表层存在电阻，所以当感应电流通过表层电阻时便产生热量，从而使工件表层迅速加热到淬火温度（而工件心部温度仍接近室温），随即喷水冷却，从而达到表层淬火的目的。

这种表面淬火的优点是加热迅速、生产率高、

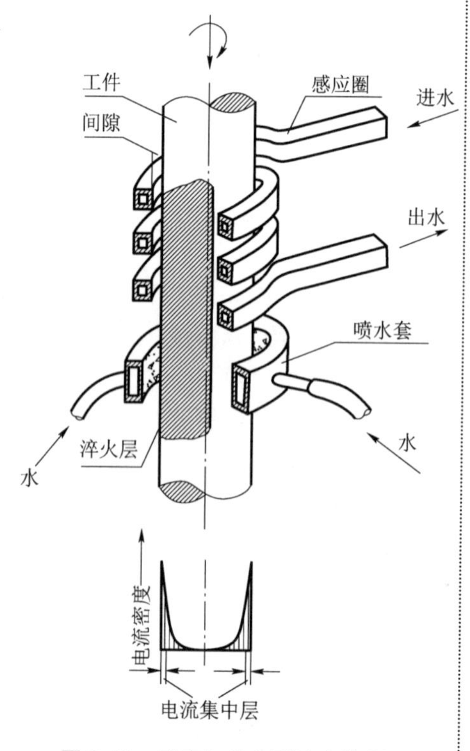

图 2-11　感应加热表面淬火的原理

淬硬的深度易于控制且硬度均匀。其缺点是对形状和尺寸不同的零件需不同的感应圈，设备较贵，只适宜用于大批量生产。

2. 化学热处理

化学热处理是将钢件放在某种化学介质中通过加热和保温，使介质中的某些元素渗入钢件表面层，以改变表面层的化学成分、组织和性能的热处理工艺。化学热处理均通过（分解、吸收、扩散）3个过程来实现。

分解即介质在一定温度下发生化学分解，产生渗入钢中的活性原子。吸收即活性原子被工件表面吸收。扩散即渗入表面的活性原子，从表面向中心扩散，形成一定厚度的扩散层（即渗层）。

化学热处理按照渗入元素的不同可以分为渗碳、渗氮、碳氮共渗等。

（1）渗碳

钢件表面层渗入碳原子的化学热处理操作称为渗碳。其目的是使工件在热处理后表面具有高的硬度和耐磨性，而芯部仍保持一定强度及较高的塑性和韧性。渗碳后还必须进行热处理，常用的是淬火后低温回火。

（2）氮化（气体氮化）

氮化是向钢件表面渗入氮原子的化学热处理。目的是提高零件表面硬度、耐磨性、疲劳强度和耐蚀性。

（3）碳氮共渗

碳氮共渗是向钢的表层同时渗入碳和氮的过程。目前以中温气体碳氮共渗和低温气体碳氮共渗应用较为广泛。工件经共渗后，须经淬火和低温回火才能提高表面硬度和芯部强度。

任务三　汽车常用金属材料

任务介绍

工业上常用的金属材料分为铁基金属材料（黑色金属）和非铁基金属材料（非铁合金）两大类。铁基金属指钢和铸铁，非铁基金属则包括钢铁以外的金属及合金。在汽车行业中应用最广的是铁基金属材料，即钢和铸铁。

以铁（Fe）为主要元素的铁碳合金统称为钢铁材料，它是由多种元素组成的多成分的复杂合金，但基本的两种元素是由铁和碳，因此通常称为铁碳合金。

以铁为主要元素，碳的质量分数小于2.11%，并含有其他杂质元素的金属材料称为钢。碳的质量分数大于2.11%的铁碳合金称为铸造生铁，简称铸铁。钢按化学成分可分为非合金钢（碳钢或碳素钢）、低碳钢和合金钢3类；按用途又可分为结构钢、工具钢和特殊性能钢。其中，非合金钢价格低廉，工艺性能好，力学性能能够满足一般工程和机械制造的使用要求，是机械工业中用量最大的金属材料。但工业生产不断对钢提出更高的要求，为了提高钢的力学性能，改善钢的工艺性能和得到某些特殊的物理、化学性能，通常有目的地向钢中加入某些合金元素，得到合金钢。

 学习目标

1. 掌握汽车常用钢的性能、牌号及应用。
2. 掌握铸铁的种类、性能及在汽车中的应用。

 相关知识

一、非合金钢

非合金钢是碳的质量分数大于 0.0218%小于 2.11%，且不含合金元素或含少量合金元素的铁碳合金，又称碳素钢或碳钢，在汽车、拖拉机行业中应用广泛。实际使用的碳素钢中，由于冶炼的原因，其都少量地含有硅（Si）、锰（Mn）、硫（S）、磷（P）等杂质元素，这些元素会对碳钢的性能产生一定的影响，因此对其在钢中的质量分数均有严格的控制。

1. 碳及几种杂质元素对非合金钢性能的影响

（1）碳

碳是决定钢性能的主要元素。碳的质量分数对钢的加工工艺性能也有较大的影响。碳的质量分数低的钢具有强度低、塑性好、容易锻造和冷加工成形等特点。并且碳的质量分数低的钢焊接性能良好，采用一般的焊接方法就能获得良好的焊接质量。反之，碳的质量分数高的钢，塑性变形抗力增加、塑性变形能力差、不易冷加工成形；钢中随着碳的质量分数增大其可焊接性能逐渐变差。

（2）硅

在一定范围内，硅在钢中也是一种有益元素。它能与钢液中的氧化合形成二氧化硅（SiO_2），再与其他氧化物（FeO、MnO、Al_2O_3）结合形成硅酸盐钢渣，降低钢的氧的质量分数，可使钢质致密。硅在碳钢中的质量分数一般小于 0.5%，它能溶于铁素体，使铁素体强化，从而使钢的强度、硬度、弹性提高，而塑性、韧性降低。

（3）锰

锰是炼钢时作为脱氧除硫元素，以锰铁合金形式加入钢中的。锰具有很好的脱氧能力，它与钢液中的氧结合，形成氧化锰（MnO）进入钢渣，降低钢中氧的质量分数，从而改善钢的质量。锰的另一个重要作用是与硫化合，形成硫化锰（MnS），以消除硫在钢中的有害作用。锰也能溶于铁素体和渗碳体形成（$(FeMn)_3C$），提高钢的强度和硬度，但也降低了钢的塑性。当碳素钢中锰的质量分数为 0.5%～0.8%时，锰在钢中为有益元素。锰的质量分数高于 0.8%，可使钢成为各种性能不同的合金钢。

（4）硫

硫是随同生铁、废钢和燃料进入钢中的有害元素。硫在钢中不溶于铁，而以 FeS 形式存在，其熔点为 1190℃，而 FeS 还会与 Fe 反应形成熔点只有 985℃的共晶硫化物（FeS-Fe）

分布在晶界上。当对钢铁材料进行轧制和锻造热加工时，由于钢材的热压加工温度高于共晶硫化物的熔点，从而造成共晶硫化物在晶界熔化引起钢材的开裂，这种现象称为热脆。

硫在钢中的质量分数应有严格的控制。普通钢中硫的质量分数不得大于 0.05%，优质钢和高级优质钢中硫的质量分数应分别小于 0.04%和 0.03%。

（5）磷

磷也是随同矿石、生铁和废钢进入钢中的有害元素。磷在钢中全部溶入铁素体中，可使钢的强度、硬度有所提高，但同时使室温下钢的塑性、韧性急剧降低，低温时下降得更为严重。这种在低温时使钢严重变脆的现象称为冷脆。因此，磷的含量也要严格控制，一般规定其含量不大于 0.05%。在易切削钢中适当地提高硫、磷的质量分数，增加脆性，可以提高切削效率，延长刀具寿命。

2. 非合金钢的分类

非合金钢的分类方法很多，可按碳的质量分数、冶炼质量及用途等进行分类。下面介绍几种主要的分类方法。

（1）按钢中碳的质量分数分类

低碳钢：碳的质量分数低于 0.25%，在建筑上应用很广，如钢筋、普通型钢等。

中碳钢：碳的质量分数为 0.25%～0.60%，可用于制造传动机件，如曲轴、连杆、凸轮轴等。

高碳钢：碳的质量分数高于 0.6%（一般不高于 1.3%），主要用于制造工具，如锉刀、斧子及锯等。

（2）按钢的冶炼质量分类

根据钢的冶炼质量即根据钢中有害杂质元素的质量分数的多少分类。碳钢通常分如下 3 类。

普通碳素钢：钢中硫、磷质量分数分别不高于 0.055%和 0.045%。

优质碳素钢：钢中硫、磷质量分数均小于 0.035%。

高级优质碳素钢：钢中硫、磷质量分数分别不高于 0.020%和 0.030%。

（3）按钢的用途分类

碳素结构钢：主要用于制造机械零件和工程构件（如齿轮、轴、螺钉、桥梁、建筑等的构件）。其碳的质量分数在 0.70%以下。

碳素工具钢：主要用于制造刀具、量具、模具。这类钢都是高碳钢，一般碳的质量分数为 0.7%～1.35%。

（4）按冶炼时的脱氧程度分类

沸腾钢：脱氧不完全的钢。

镇静钢：脱氧比较完全的钢。

半镇静钢：介于沸腾钢与镇定钢之间。

3. 汽车中常用的非合金钢

（1）普通碳素结构钢

普通碳素结构钢简称普通碳钢。普通碳钢的牌号由“屈”字的汉语拼音首字母 Q、屈服

强度数值、质量等级符号、脱氧方法符号等部分按顺序组成。其中，质量等级符号为 A、B、C、D，其硫和磷等杂质的质量分数依次降低；脱氧方法用 F（沸腾钢）、B（半镇静钢）、Z（镇静钢）、TZ（特殊镇静钢）表示，在牌号表示时 Z 与 TZ 代号可以省略不写。沸腾钢、半镇定钢、镇静钢、特殊镇静钢的区别在于脱氧程度不同。其中，沸腾钢脱氧程度最差、镇静钢脱氧程度中等、特殊镇静钢脱氧程度最好。脱氧程度越好的钢其组织更加致密均匀，但是制造成本也越高。

例如，Q215-AF，代表屈服强度 $\sigma_b \leqslant 215$MPa，质量为 A 级的沸腾碳素结构钢。

普通碳钢中含硫、磷及其他非金属杂质较多，但其价格低廉、产量高，所以大量用于金属结构或汽车上要求不高的零件。Q195、Q215、Q235 等几种钢的塑性较高，焊接性能良好，适用于金属构件的制造，如拉杆、连杆、转轴等；而 Q255、Q275 钢的强度较高，适用于制造承受中等载荷的机械构件，如建筑、桥梁等工程质量要求较高的焊接结构件，以及摩擦离合器、主轴、制动器钢带、吊钩等。

（2）优质碳素结构钢

优质碳素结构钢中有害杂质硫、磷的质量分数较低，既保证了钢的化学成分，又保证了钢的力学性能。这类钢多在热处理后广泛用于制造要求较高的零件。该类钢按冶金质量分为优质钢、高级优质钢（A）、特级优质钢（E）。

优质碳素结构钢的牌号表示为用两位数字代表钢中平均碳的质量分数，以 0.01%为单位，即这两位数字表示钢中平均碳的质量分数的万分数，锰的质量分数则不需表示。例如，15 钢，表示碳的质量分数大约为 0.15%的优质碳素结构钢。又如，40 钢，40 表示钢中平均碳的质量分数为 0. 40%，其钢号写成 40 钢。

当钢中锰的质量分数较高（0.7%～1.2%）时，牌号中用两位数字表示钢中平均碳的质量分数，以 0.01%为单位，并在这两位数字后面标上“锰”字或元素符号“Mn”。

例如，15Mn（或 15 锰），其中 15 表示该钢中平均碳的质量分数为 0.15%，并且锰的质量分数在 0.7%～1.2%范围内的优质碳素结构钢。

08F、08、10 等钢中碳的质量分数较低、塑性好，广泛应用于冲压成形构件，如汽车驾驶室外壳、油箱等。

15、20 等钢塑性好，有良好的冲压性能和焊接性能，用于冷冲压构件和需经过热处理（如渗硬、氮化），尺寸较小但需承受一定载荷的零件，如变速叉等。

30、35、40、45 等钢经调质处理后具有良好的综合力学性能，广泛应用于曲轴、齿轮、凸轮轴、从动轴等零件的制造。

60、65、65Mn 钢属于碳素弹簧钢，这类钢经过热处理后，可用于要求具有较高韧性和强度的弹性零件或耐磨零件。

（3）碳素工具钢

碳素工具钢中碳的质量分数为 0.65%～1.35%，一般需要热处理后使用。这类钢经热处理后具有较高的硬度和耐磨性，主要用于制作低速切削刃具，以及对热处理变形要求低的一般模具。其按质量分为优质碳素工具钢和高级优质碳素工具钢两种。

碳素工具钢的牌号由 T（“碳”字汉语拼音首字母）和数字组成。数字表示钢中平均碳的质量分数的千分数。例如，T8 钢，表示平均碳的质量分数为 0.8%的碳素工具钢。若牌号末尾加“A”，则表示为高级优质钢，如 T10A。

碳的质量分数稍低的 T7、T8 用于制作冲头、锤子、手锯等；碳的质量分数较高的 T9～T11 用于制作车刀、钻头、冲模等；碳的质量分数高的 T12、T13 用于制作量块、塞规、刮刀等。

（4）铸钢

铸钢又称铸造碳钢，其中碳的质量分数为 0.15%～0.60%，铸钢的力学性能有些已达到或接近轧制碳素钢的性能，而且随着铸造工艺的提高，铸件成品率也很高，并且锻造无法生产的形状复杂、尺寸大的工件，用铸造的方法却很容易实现，因此铸钢件在重型机械、冶金设备、运输机械等各个领域得到广泛应用。

铸钢牌号是用“铸钢”两字的汉语拼音首字母“ZG”代表。用化学成分表示时，在“ZG”后面标出一组数字，用以表示该铸钢中碳的平均质量分数，以 0.01%为单位（平均碳的质量分数大于 1%时不标出，平均碳的质量分数小于 0.1%时第一位数字为 0）；用力学性能表示时在“ZG”后面标出两组数字，以表示屈服强度和抗拉强度的最小值。例如，ZG230-450 表示屈服强度最小值为 230 MPa、抗拉强度最小值为 450MPa 的工程用铸钢。ZG15Cr1Mo1V 表示平均 w_{C}=0.15%、w_{Cr}=1%、w_{Mo}=1%、0.2%<w_{V}<0.3%的铸钢。

ZG200-400 和 ZG230-450 两类工程铸钢因塑性、韧性较好，并有一定的焊接性能，所以被应用于阀体、机架、大型减速器外壳等构件的制造。

ZG270-500、ZG310-570 强度和切削加工性能比较好，应用于制动轮、轧辊、轧钢机机架、大齿轮、曲轴、横梁等零件制造。

ZG390-640 强度与硬度较高、耐磨性好、焊接性差、裂纹倾向性大，一般用于需要耐磨的棘爪、叉头等零件的制造。

（5）易切削结构钢

在碳钢的基础上，加入一种或几种合金元素，使其具有易切削性能，以适应切削加工自动化、高速化和精密化的需要。目前常加入的合金元素有硫（S）、磷（P）、铅（Pb）、钙（Ca）、硒（Se）、碲（Te）等。易切削结构钢的牌号是在同类结构钢牌号前冠以“Y”以区别其他结构钢。例如，Y20 表示平均碳的质量分数为 0.2%的易切削结构钢。

易切削结构钢主要用于采用高效专用自动机床加工的零件，如汽车中大量应用的螺栓、螺母、小型销轴等标准件，也可用于轻型汽车的轴、齿轮、曲轴等。

二、合金钢

碳素钢的冶炼、加工简单，价格低廉，但是碳素钢淬透性差，缺乏良好的综合性能，无法满足一些重要零件的要求。此外，碳素钢缺乏一些特殊的性能，如耐热性、耐蚀性等。因此，现代工业汽车制造中仍广泛使用合金钢。

合金钢就是在碳钢的基础上，为使钢的力学性能提高或获得某些特殊的物理化学性能而特意加入含量在一定范围的一种或多种元素而形成的一类钢。加入的元素称为合金元素。常用的合金元素有铬（Cr）、锰（Mn）、镍（Ni）、硅（Si）、铝（Al）、硼（b）、钨（W）、钼（Mo）、钛（Ti）、钒（V）、钴（Co）及稀土元素（RE）等。

1. 合金元素对合金钢性能的影响

合金元素在钢中的作用是非常复杂的，而且各种不同合金元素对合金钢性能的影响也不相同。但总括起来，合金元素对合金钢的性能产生以下几个方面的影响：合金元素的质量分数适当时，可使钢的韧性提高；合金元素可提高合金钢的硬度和耐磨性；合金元素能细化晶粒，改善钢的淬透性和力学性能。因此，在获得同样淬硬层深度的情况下可以采用冷却能力较低的淬火冷却介质，这样可减少形状复杂零件在淬火时的变形和开裂；在淬火条件相同的条件下，合金钢可获得较深的淬硬层，从而得到较高的力学性能；与碳素钢相比，在相同的回火温度下，合金钢比同样碳的质量分数的碳素钢具有更高的硬度和强度。因此，在相同强度要求下，合金钢可在更高的温度下回火，以充分消除内应力，使韧性更好。

但应注意，使用合金钢时要进行热处理，以便充分发挥合金元素的作用。另外，合金钢的优点虽多，但也存在一些缺点，如合金钢的冲压、切削性能一般比较差；成本较高，价格较贵。因此，使用金属材料时，在满足零件性能要求的前提下应尽量使用碳钢。

合金钢按合金元素的质量分数分为低合金钢、合金钢；按用途又可分为结构钢、工具钢、特殊性能钢。

2. 汽车中常用的合金钢

（1）低合金结构钢

低合金结构钢虽然是一种低碳（W_C为 0.1%～0.25%）、低合金（一般合金元素总的质量分数小于 3%）的钢，但由于合金元素的强化作用，这类钢比相同碳的质量分数的碳素结构钢的强度（特别是屈服强度）要高得多，并且具有良好的塑性、韧性和焊接性，在大气和海水中的耐蚀性也比碳素钢好。

合金结构钢主要用于制造工程结构，如桥梁、船舶、汽车和大型钢结构等。对于汽车上的零件，如汽车大梁、球头销、活塞销、汽油箱托架、半轴齿轮及气缸盖螺栓等，要求具有良好的综合力学性能。若用低合金结构钢代替普通碳素结构钢，在同样的承载能力下，至少可使结构零件的质量减小 20%～30%。常用低合金结构钢有 Q235、Q345、Q460 等。

（2）合金结构钢

合金结构钢的牌号用“两位数字（碳的质量分数）+合金元素符号+数字”来表示。前两位数字表示钢的平均碳的质量分数的万分数，元素符号表明钢中含有的主要合金元素，后面的数字表示该合金元素平均质量分数的百分数。当平均质量分数小于 1.5%时，不标该合金的质量分数。如果质量分数为 1.5%～2.5%、2.5%～3.5%、3.5%～4.5%等，则相应地用平均质量分数 2、3、4 等表示。例如，40Cr 表示平均碳的质量分数为 0.4%，平均铬的质量分数小于 1.5%的合金结构钢。60Si2Mn 表示平均碳的质量分数为 0.6%，平均硅的质量分数为 2%（即 1.5%～2.5%），平均锰的质量分数小于 1.5%的合金结构钢。

1）合金渗碳钢。合金渗碳钢是用来制造既要有优良的耐磨性、耐疲劳性，又要承受冲击载荷的作用而有足够高的韧性和足够高强度的零件。例如，汽车上传动系的齿轮、万向节十字轴、活塞销、气门挺杆及凸轮轴等一般用合金渗碳钢制造。

合金渗碳钢的碳的质量分数为 0.10%～0.25%，以保证芯部有足够高的塑性和韧性，加

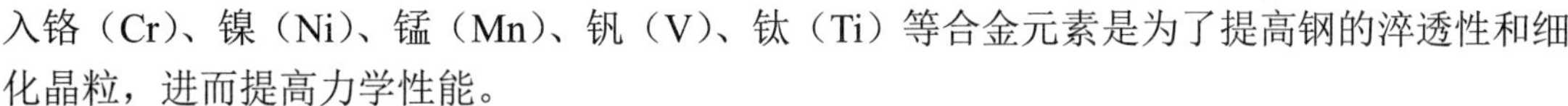

入铬（Cr）、镍（Ni）、锰（Mn）、钒（V）、钛（Ti）等合金元素是为了提高钢的淬透性和细化晶粒，进而提高力学性能。

20CrMnTi 是应用最广泛的合金渗碳钢，用于制造汽车的变速齿轮、轴、活塞销等零件。

2）合金调质钢。合金调质钢是用来制造一些受力复杂的重要零件（如汽车上的半轴、连杆、万向节叉及变速器二轴等），它们既要有很高的强度，又要有良好的塑性和韧性。

合金调质钢的碳的质量分数一般为 0.25%～0.50%。碳的质量分数过低，则硬度不足；碳的质量分数过高，则韧性不好。加入合金元素的目的也是增加钢的淬透性、细化晶粒以提高强度和综合力学性能。

合金调质钢的热处理工艺是调质，故称为合金调质钢。调质后零件有良好的综合性能。若零件表面有耐磨性要求，调质后再进行表面淬火或化学热处理。

40Cr、40MnB 适用于中等截面的结构件，如汽车连杆螺栓、后桥半轴等；40CrNiTi、37CrNi3 适用于大截面、承受大载荷的重要构件，如中间轴、曲轴等。

3）合金弹簧钢。弹簧利用弹性变形吸收能量以缓和振动和冲击，或依靠弹性储能来起驱动作用的。因此，用于制造弹簧的材料应具有高的弹性极限、高的疲劳强度、抗拉强度及足够的塑性和韧性。

合金弹簧钢碳的质量分数一般为 0.45%～0.75%。若碳的质量分数过高，则塑性和韧性降低，疲劳极限下降。加入锰（Mn）、硅（Si）、铬（Cr）等元素主要是为了提高淬透性和增强弹性。对于有重要用途的合金弹簧钢，必须加入铬（Cr）、钒（V）、钨（W）等，它们不仅可提高钢的淬透性，还可减少钢在加热时的过热敏感性，使钢具有更高的高温强度和韧性。此类钢的热处理一般为淬火加中温回火。

65Mn、55Si2Mn 用于制造截面直径不大于 25mm 的各种螺旋弹簧和钢板弹簧。

4）滚动轴承钢。滚动轴承钢是用来制造各种滚动轴承的滚动体和套圈的，也用来制造各种工具（如丝锥、板牙、铰刀等）和耐磨零件（如一些量具、柴油机上的喷油泵柱塞、喷油嘴的针阀等）。

GCr15 表示滚动轴承钢（G 是“滚”字的汉语拼音首字母），铬的质量分数为 1.5%，碳的质量分数均在 0.95%～1.15%。这里应注意牌号中铬元素后面的数字是表示铬的质量分数的千分数，其他元素仍按百分数表示。GCr15 是轴承钢中应用最多的钢，主要用于制造壁厚小于 12mm、外径小于 50mm 的套圈，直径为 25～50mm 的钢球。

（3）合金工具钢

合金工具钢是在碳素工具钢的基础上为了提高钢的一些特有性能再加入适量合金元素形成的钢。合金工具钢按用途可分为刃具钢、模具钢和量具钢。

合金工具钢的牌号和合金结构钢的区别仅在于碳的质量分数的表示方法。当碳的质量分数小于 1%时，首部只用一位数字表示平均碳的质量分数的千分数；当碳的质量分数不小于 1%时，不予标出。例如，9SiCr 表示平均碳的质量分数为 0.9 %，平均硅的质量分数小于 1.5%，平均铬的质量分数小于 1.5%的合金工具钢。

但应注意，高速钢（是一种高合金工具钢）和其他一些高合金钢，即使碳的质量分数小于 1%，也不标注碳的质量分数。例如，W18Cr4V 表示碳的质量分数小于 1.0%（0.7%～0.8%），钨的质量分数为 18%，铬的质量分数为 4%，钒的质量分数小于 1.5%的高速钢。

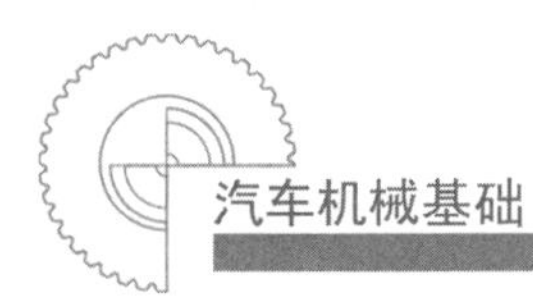

高速钢又称白钢或锋钢，属于高碳合金钢。加入大量碳及合金元素，使它具有较高的硬度、强度和耐磨性。常用的高速钢有 W18Cr4V 和 W6Mo5Cr4V2。前者通用性强，能满足一般要求，但热硬性较差且价格高，主要用于制造截面较小的刀具和普通钻头；后者的特点是价格相对较低，用来制造钻头、滚刀、铣刀及大截面的刀具。

一般 SCrNiMo、SCrMnMo、4CrW2Si 等常用于制作热锻模，3Cr2W8V 钢常用于制作挤压模和压铸模。

量具如游标卡尺、千分尺、塞规、样板等，是测量工件的工具。它们的工作部分要求高硬度、高耐磨性和高的尺寸稳定性及足够的韧性。常用的合金量具钢有 CrMn、CrWMn 等。

（4）特殊性能钢

特殊性能钢是指具有特殊物理、化学性能的钢，用来制造有特殊性能要求的零件。这类钢种类很多，常用的有不锈钢、耐热钢和耐磨钢。

特殊性能钢牌号的表示方法与合金工具钢牌号的表示方法基本相同。首部的数字表示平均碳的质量分数的千分数，当平均碳的质量分数小于千分之一时，用 0 表示。例如，3Cr13 表示碳的质量分数为 0. 3%，铬的质量分数为 13%。0Cr18Ni9 表示碳的质量分数小于 0.1%，平均铬的质量分数为 18%，平均镍的质量分数为 9%。

此外，还有一些特殊专用钢，为表示钢的用途，在钢的牌号前冠以汉语拼音首字母，而不标碳的质量分数（因其碳的质量分数一般不小于 1.0%），合金元素的质量分数的标注也特殊。

1）不锈钢。不锈钢是指在腐蚀介质（空气、水、酸、碱类溶液或其他介质）中具有高的抗腐蚀能力的钢。常用的有铬不锈钢和铬镍不锈钢。

铬不锈钢中铬的质量分数在 12%以上，碳的质量分数一般为 0.18%～0.40%。铬的质量分数越高，耐蚀性越好，碳的质量分数越高，强度和硬度越高。常用的铬不锈钢有 1Cr13、2Cr13、3Cr13、4Cr13 等。1Cr13、2Cr13 适用于制造在大气、海水、蒸气等介质中工作的零件，塑性和韧性好。3Cr13、4Cr13 硬度可达 50 HRC 左右，用于制造弹簧、轴承、医疗器械及在弱酸腐蚀条件下工作并有较高强度的零件。

铬镍不锈钢中铬的质量分数在 18%左右，含 9%～10%的镍，碳的质量分数低甚至极微。这类钢具有良好的耐蚀性、塑性、焊接性和低温韧性及高温强度。常用的铬镍不锈钢有 1Cr18Ni9、0Cr18Ni9 等，主要用于制造强腐蚀介质（硝酸、磷酸、有机酸及碱水溶液等）中工作的设备，如吸收塔、储存槽、管道及容器等。

2）耐热钢。耐热钢是指在高温下不发生氧化并有较高强度的钢，可分为抗氧化钢和热强钢两类。

常用的抗氧化耐热钢有 3Cr18Mn12Si2N、2Cr20Mn9Ni2Si2N，它们有较好的铸造性，用来制造铸件。另外，4Cr9Si2、1Cr13SiAl 也是常用的抗氧化耐热钢。

常用热强钢有 4Cr1OSi2Mo、SCr21Mn9Ni4N 等，主要用于制造发动机排气门，可长期在 600℃以下工作。4Cr14Ni14W2Mo 钢可以制造工作温度大于 650℃的航空、船舶、载重汽车的内燃机排气阀。

3）耐磨钢。耐磨钢是指具有较高耐磨性能的钢。目前多采用高锰钢来制造高冲击负荷下的耐磨零件。高锰钢的牌号主要有 ZGMn13，碳的质量分数为 1.0%～1.3%，锰的质量分数为 11%～14%。ZG 表示铸钢，后附元素符号 Mn 及其含量百分数。因为高锰钢机械加工性能差，但有良好的铸造性能，所以常用铸造的方法制造零件。

三、铸铁

铸铁是碳的质量分数大于 2.11%的铁碳合金，并且含有比普通碳素钢较多的硅（Si）、锰（Mn）、硫（S）、磷（P）等元素。铸铁具有良好的铸造性能、切削性能及一定的力学性能，所以在机械制造中应用很广。按质量计算，汽车、拖拉机中铸铁零件占 50%～70%。

在铸铁中，碳可以以两种形式存在：一种是石墨，它很软，强度极低；另一种是渗碳体（用 Fe_3C 表示），它是化合物，硬度达 800HB 并且脆性很大，几乎无塑性和韧性。根据碳的存在形式，铸铁可分为白口铸铁、灰铸铁、可锻铸铁、球墨铸铁。另外，还有一种合金铸铁，它是在灰铸铁或球墨铸铁中有目的地加入一些合金元素形成的铸铁。

1. 白口铸铁

白口铸铁中碳主要以渗碳体形式存在，其断口呈亮白色，故称为白口铸铁。这类铸铁的性能既硬又脆，很难进行切削加工，所以往往直接铸造耐磨零件，如轧辊犁等铸件。白口铸铁一般不用来制造机械零件，而主要用作炼钢原料。

2. 灰铸铁

这类铸铁中碳大部分或全部以片状石墨形式存在，其断口呈暗灰色，故称为灰铸铁。灰铸铁是由金属基体和片状石墨两部分组成的，而片状石墨硬度和强度都极低，这就相当于在钢基体中存在着许多细小的裂缝，从而使灰铸铁的抗拉强度、疲劳强度降低，并且塑性、韧性很差，不能承受冷加工塑性变形，也不能锻造和轧制。尽管石墨降低了铸铁的力学性能，却使铸铁获得了许多钢所不及的优良性能，如良好的切削加工性、耐磨性、润滑性、减振性等。此外，灰铸铁还有良好的铸造性，它的熔点比钢的熔点低，流动性好，冷却收缩率小。

灰铸铁的牌号用“灰铁”两字的汉语拼音首字母“HT”和一组数字表示。数字表示抗拉强度。例如，HT200，其中“HT”表示灰铸铁；200 表示最低抗拉强度为 200MPa。

灰铸铁是应用最广泛的一种铸铁，一般用于制造力学性能要求不高而形状复杂的零件。HT200 适合用于制造承受大载荷的重要零件，如汽车的气缸体、气缸盖、制动器轮等；HT300、HT350 适合用于制造承受高载荷、要求耐磨和高气密性的重要零件，如大型发动机的气缸体、气缸盖、气缸套、泵体、阀体等。

3. 可锻铸铁

锻铸铁又称玛钢、马铁或韧铁。它是白口铸铁经长时间石墨化退火，使渗碳体在固态下分解，而获得的具有团絮状石墨的铸铁。在退火过程中，随着组织转变时的冷却速度不同，可形成黑芯可锻铸铁和珠光体可锻铸铁。前者具有较高的塑性和韧性，后者具有较高的强度、硬度和耐磨性，但塑性与韧性较低。应注意的是，因可锻铸铁的塑性和韧性比灰铸铁好，故称为可锻铸铁，但可锻铸铁并非可以锻造。

可锻铸铁的牌号由字母和数字表示，字母为“KT”（即“可铁”两字汉语拼音首字母），

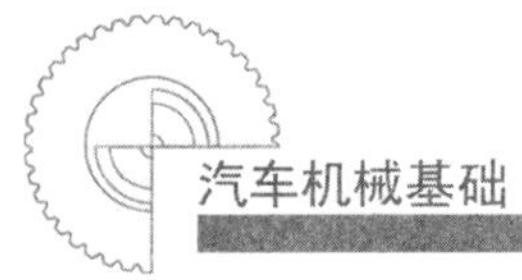

其后的两组数字分别表示最低抗拉强度和最小伸长率。例如，KT350-10，其中，“KT”表示可锻铸铁；350 表示抗拉强度不低于 350MPa，10 表示伸长率不小于 10%。

可锻铸铁质量稳定、低温韧性好，适用于制造一些形状复杂、强度和韧性要求较高的薄截面零件，如汽车上的后桥壳、轮毂、制动踏板、钢板弹簧支架等。

4. 球墨铸铁

铁液经过球化处理而使石墨大部分或全部呈球状（有时为团絮状）的铸铁，称为球墨铸铁。因为球墨铸铁中的石墨呈球状，对基体的割裂作用降低，可以充分发挥基体金属的性能，所以球墨铸铁的力学性能比灰铸铁和可锻铸铁的力学性能好，其强度、塑性、韧性与相应组织的铸钢差不多。球墨铸铁在某些方面的性能比钢好，如屈强比（屈服强度与抗拉强度之比）比钢高，疲劳强度大致与中碳钢相同，耐磨性优于表面淬火钢。石墨的存在，使它具有与灰铸铁同样良好的切削加工性、耐磨性、减振性和铸造性能。

球墨铸铁的牌号由“球铁”两字的汉语拼音首字母“QT”及两组数字组成，两组数字分别代表其最低抗拉强度和最小伸长率。例如，QT400-18 中“QT”表示球墨铸铁，400 表示最小抗拉强度为 400MPa，18 表示最小伸长率值为 18%。

因为球墨铸铁的某些性能与钢相似，价格比钢低，又具有灰铸铁的优点，所以其在汽车制造中得到了广泛应用。例如，QT450-10 适合用于制作汽车前后轮毂、转向器壳及盘、制动蹄、制动室支架、牵引钩、前后承座及弹簧衬套等；QT600-13 适合用于制作曲轴、摇臂、钢板弹簧侧垫板及滑块、后过牵引钩支承座等。

5. 合金铸铁

在灰铸铁或球墨铸铁中加入一定量合金元素的铸铁称为合金铸铁。加入合金元素后可使铸铁具有某些特殊性能，如耐热、耐酸、耐磨等。

耐热铸铁：在铸铁中加入 Al、Si、Cr 等合金元素，可以在铸件表面形成致密的保护性氧化膜（如 Al_2O_3、SiO_2、Cr_2O_3），使铸铁在高温下具有抗氧化的能力，这种铸铁称为耐热铸铁。在汽车上，耐热铸铁可用于制造进、排气门座及排气管密封环等。

耐磨铸铁：当灰铸铁的磷的质量分数提高到 0.4%～0.6%，再加入 Cr、W、Cu、Ti 等合金元素则构成合金高磷铸铁。它的强度、韧性和耐磨性都较高。这类铸铁属于耐磨合金铸铁。汽车的气缸套和活环一般用耐磨合金铸铁制造，而主要以高磷系列的合金铸铁为主；活塞环一般用含钨、铬、锰的高磷耐磨铸铁制造，

高强度铸铁：在球墨铸铁中加入少量铜（Cu）、钼（Mo）等合金元素，可得到高强度合金铸铁，在汽车中可用来制造柴油机曲轴、连杆及主轴承盖等。

任务小结

1. 碳素钢分类

1）按钢中碳的质量分数分：低碳钢碳的质量分数低于 0.25%，中碳钢碳的质量分数为 0.25%～0.6%，高碳钢碳的质量分数高于 0.6%（一般不高于 1.3%）。

2）按质量分（S、P 含量）：普通碳素钢、优质碳素钢和高级优质碳素钢。

3）按用途分：碳素结构钢和碳素工具钢。

2. 汽车中常用的非合金钢

1）普通碳素结构钢：Q235。

2）优质碳素结构钢：45 钢。

3）碳素工具钢：T10A。

4）铸钢：ZG230-450。

5）易切削结构钢：Y20。

3. 常用的合金钢

1）低合金结构钢：Q460。

2）合金结构钢：20CrMnTi。

3）合金工具钢：W6Mo5Cr4V2。

4）特殊性能钢：不锈钢、耐热钢、耐磨钢。

4. 铸铁

碳的质量分数大于 2.11%的铁碳合金，铸铁可分为白口铸铁、灰铸铁、可锻铸铁、球墨铸铁。

拓展提高

合　金　铸　铁

在灰铸铁或球墨铸铁中加入一定量合金元素形成的铸铁称为合金铸铁。加入合金元素后可使铸铁具有某些特殊性能，如耐热、耐酸、耐磨等。

耐热铸铁：在铸铁中加入 Al、Si、Cr 等合金元素，可以在铸件表面形成致密的保护性氧化膜（如 Al_2O_3、SiO_2、Cr_2O_3），使铸铁在高温下具有抗氧化能力，这种铸铁称为耐热铸铁。在汽车上，耐热铸铁可用于制造进、排气门座及排气管密封环等。

耐磨铸铁：当灰铸铁中磷的质量分数提高到 0.4%～0.6%时，再加入 Cr、W、Cu、Ti 等合金元素构成合金高磷铸铁。它的强度、韧性和耐磨性都较高。这类铸铁属于耐磨合金铸铁。汽车的气缸套和活环一般用耐磨合金铸铁制造，而主要以高磷系列的合金铸铁为主；活塞环一般是用含钨、铬、锰的高磷耐磨铸铁制造。

高强度铸铁：在球墨铸铁中加入少量铜（Cu）、钼（Mo）等合金元素，可得到高强度合金铸铁。在汽车中可用其来制造柴油机曲轴、连杆及主轴承盖等。

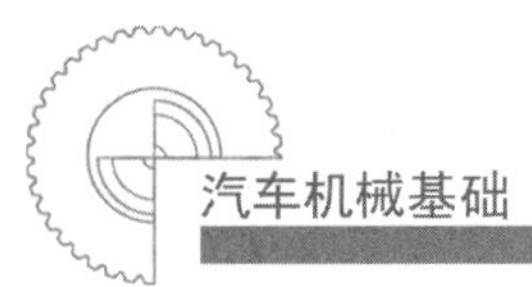

任务四　非铁基金属材料

任务介绍

非铁基金属材料即非铁合金材料。通常把铁和铁碳合金称为黑色金属，把黑色金属以外的金属及其合金称为非铁合金。与钢铁材料相比，非铁基金属材料价格高，产量低，但由于其具有许多优良的特性，容易满足汽车上某些零件的特殊要求，成为不可缺少的汽车材料，常用的非铁合金主要有铝、铜及其合金。随着汽车工业的不断发展，对减少排放污染的要求逐年提高，非铁基金属在汽车上的应用越来越广泛，钛、镁、锌等合金的应用也越来越受到重视，在汽车上的用量也越来越多。

学习目标

1. 掌握铝、铜及其合金的应用。
2. 了解钛、镁、锌及其合金的应用。

相关知识

一、铝及铝合金

纯铝是银白色金属，熔点为675℃，密度小，为2.72g/cm^3，仅为铁的1/3；导电、导热性较好，抗大气腐蚀性好，但不耐酸、碱和盐；塑性好，可压力加工成各种型材；无铁磁性，即磁化率极低。纯铝主要用来替代贵金属制电线，配制各种铝合金，或用于要求质轻、导热或耐大气腐蚀但抗拉强度要求不高的场合。纯铝因其强度低、切削加工性差、可焊性差等特点，在汽车工业中使用较少。而铝合金因其具有强度高、质量小等优点，在汽车行业得到广泛应用。铝合金就是在铝中加入适量的硅（Si）、铜（Cu）、镁（Mg）、锰（Mn）等元素后组成的合金。按其成分和工艺特点，铝合金可分为变形铝合金和铸造铝合金两类。

1. 变形铝合金

变形铝合金的特点是塑性好，可进行冷热状态下的压力加工，一般分为防锈铝、硬铝、超硬铝和锻铝等。防锈铝属于铝-锰系和铝-镁系合金，其强度适中，塑性、韧性优良，耐蚀性好，具有较好的抛光性，光泽可长期保持，主要用于制造耐蚀性好的容器及汽车装饰，以及受力小的结构件、铆钉等。硬铝分铝-铜-镁和铝-铜-锰两类合金。这类合金通过淬火、时效处理可以显著提高强度。因其密度小，强度与密度的比值较高，故名硬铝，常用于制作铆钉、蒙皮等。硬铝的耐蚀性比纯铝差，故常在表面包一层纯铝，以提高其耐蚀性。超硬铝是在硬铝中再加入锌形成的铝-铜-镁-锌系合金。经淬火、时效处理，其硬度超过硬铝，故称

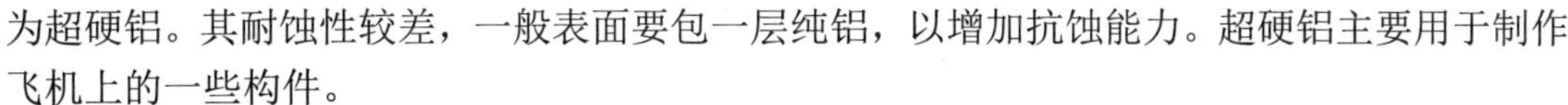

为超硬铝。其耐蚀性较差，一般表面要包一层纯铝，以增加抗蚀能力。超硬铝主要用于制作飞机上的一些构件。

2. 铸造铝合金

铸造铝合金简称铸铝，其种类很多，常用的有铝-硅系、铝-铜系、铝-镁系和铝-锌系等合金。铝-硅系合金是最常用的铸造铝合金，俗称硅铝。这种合金有着优良的铸造性能，同时具有密度小、抗蚀能力好、力学性能较好等优点，所以广泛用来制造形状复杂、要求有较高强度和耐蚀性的零件。铸铝的牌号用“ZL”及 3 位数字表示。其中，第一位表示铝合金的类别（1 表示铝-硅系、2 表示铝-铜系，3 表示铝-镁系，4 表示铝-锌系）；第二、三位表示合金的顺序号，如 ZL102、ZL401。

汽车上应用的铝合金以铸铝为主，发动机部分气缸体是大尺寸的铝铸件。另外，采用铝铸件的还有曲轴箱、气缸盖、活塞、滤清器、发动机架等。另外，底盘上采用铝铸件的零件也较多，如离合器壳、变速器壳等；车轮毂也有用铝合金铸造的。

二、铜及铜合金

纯铜呈紫红色，又称紫铜，具有良好的导电性、导热性、耐蚀性和塑性，但纯铜的强度不高，硬度较低，且价格高，故一般不直接制作各种构件；常用的是铜合金。在汽车上只有个别场合应用纯铜，如气缸垫、进排气管垫、轴承垫片、某些管接头、制动管、散热管、油管和电气接头等。

常用的铜合金可分为黄铜（铜锌合金）、青铜（铜锡合金）和白铜（铜镍合金）3 类，下面仅介绍前两种合金。

1. 黄铜

黄铜是以锌为主加元素的铜合金。按化学成分的不同，黄铜又分为普通黄铜和特殊黄铜。

普通黄铜仅由铜和锌两种元素组成。其牌号用“黄”字的汉语拼音首字母“H”加数字表示。其中，数字表示铜的质量分数的百分数，其余为锌。例如，H68 表示铜的质量分数为 68%，其余为锌的普通黄铜。普通黄铜常用来制作汽车上的散热器分水管、汽油滤清器滤芯、化油器零件、管接头、垫圈、螺钉等。

在普通黄铜中加入其他合金元素所组成的合金称为特殊黄铜。常加入的合金元素有锡、硅、锰、铅和铝等，分别称为锡黄铜、硅黄铜、锰黄铜、铅黄铜、铝黄铜等。

特殊黄铜的牌号用“H+元素符号+若干组数字”表示。其中，第一组数字表示铜的质量分数的百分数，第二组表示主加元素的质量分数的百分数，数字用半字线分隔。例如，HPb59-1 表示含铜 59%、铅 1%，其余为锌的铅黄铜。

特殊黄铜在汽车上用于耐磨损的零件，如转向节衬套、钢板弹簧衬套、离合器与制动蹄支轴衬套，也可用于制作散热器冷凝器、冷却管，还可用于制作装饰件、供水排水管等。

2. 青铜

除黄铜和白铜（铜和镍的合金）外，所有的铜基合金都称为青铜。按化学成分的不同，青铜可分为锡青铜和无锡青铜。根据加工工艺和用途的不同，青铜可分为加工青铜和铸造青铜。

锡青铜是以锡作为主加元素的铜合金。它有良好的强度、硬度、耐腐蚀性和铸造性。它的铸造收缩率是合金和非铁合金中最小的。因此，它适用于铸造形状复杂、壁厚较大的零件，常用作轴承材料。其牌号由“青”字的汉语拼音首字母“Q”和几组数字组成。其中，第一组数字为主加元素质量分数的百分数，后几组数字为其他添加元素质量分数的百分数。例如，QSn4-4-2.5 表示锡的质量分数约 4%，含锌约 4%，含铅约 2.5%的锡青铜。锡的价格较高，所以出现了在铜中不加锡元素，而是添加铝、镍、锰、硅、铍、铅等元素，这些青铜称为无锡青铜或特殊青铜。无锡青铜具有高的强度、耐磨性及良好的耐蚀性，有的无锡青铜还有高的导电性、导热性和热强性，因而是锡青铜很好的代用品。

锡青铜用作水箱盖出水阀弹簧等弹性件，也可用作发动机摇臂衬套、连杆衬套、轴套垫及轴承垫等耐磨件。无锡青铜各有特点，应用也不同，如硅青铜可制作弹簧，铝青铜可制作轴套、齿轮、蜗轮，铅青铜可制作轴承、曲轴止推垫圈。

三、轴承合金

轴承是机器上的重要零件，是支承轴并保证其正常运转的零件。目前，机器中使用的轴承有滚动轴承和滑动轴承两类。在滑动轴承中，用于制造轴瓦和内衬的合金材料称为轴承合金。

轴承合金的牌号用“轴”字汉语拼音首字母“Z”加基本元素符号与主加元素符号及其质量分数的百分数表示。例如，ZSnSb4Cu4，Cu 后的 4 表示平均铜的质量分数为 4%，Sb 后的 4 表示平均锑的质量分数为 4%，ZS”表示锡基轴承合金。

1. 轴承合金性能的要求

对轴承合金性能的要求：足够的强度和硬度，以承受轴颈较大的单位压力；足够的塑性、韧性、疲劳强度，以承受轴颈的周期性载荷，并抵抗冲击和振动；良好的磨合能力，使其与轴能较快地紧密配合；高的耐磨性，与轴的摩擦系数小，并能保留润滑油，减轻磨损；良好的耐蚀性、导热性、较小的膨胀系数，防止摩擦升温而发生咬合。

2. 锡基和铅基轴承合金

这两类轴承合金广泛应用于汽车，统称为巴氏合金，均系低熔点合金，牌号为“ZCh+基体元素符号+主加元素符号+主加元素百分含量+辅加元素百分含量”。其中，“Z”“CH”为“铸”“承”两个汉语拼音字母的首字母。

（1）锡基轴承合金

特点：这种合金具有良好的减摩性、导热性、耐蚀性和韧性、膨胀系数小。

缺点：抗拉强度及疲劳强度较低，工作温度不高于 150℃，且锡稀缺，价高。

适用：制作重要的轴承和轴瓦，如发动机、压缩机等高速轴承。

（2）铅基轴承合金（铅基巴氏合金）

特点：这种合金硬度、强度、韧性均较锡基轴承合金好。

缺点：摩擦因数较大，工作温度不能超过 120℃。

适用：其价格低廉，常用于制造受中低载荷的中速轴承，如汽车、工程机中的曲轴轴系、连杆轴承及电动机轴。

3. 铜基轴承合金（铅青铜）

铜基轴承合金常用牌号为 ZQPb30 的铅青铜，含铅量为 27%～33%，余量为含铜量。其属于硬基体软质点组织。

优点：与巴氏合金比，承载能力大、抗拉强度高、具有良好的耐磨性，能在较高的温度（如 300℃）下工作，价格低。

缺点：铅加入后使抗拉强度下降，铜和铅密度相差大，易偏析，抗蚀能力下降。

应用：用于高温高压下工作的轴承，如航空发动机、变速柴油机和轴承等。

4. 铝基轴承合金

铝基轴承合金为新型减摩材料，具有密度小、导热性好、疲劳及抗拉强度高、耐蚀性好、原料丰富、价低等优点。但其膨胀系数大，运转易咬合，故主要用于在高温、高负荷下工作的轴承。

任务小结

1）铝及铝合金：铝合金可分为变形铝合金和铸造铝合金两大类。

2）铜合金：铜合金可分为黄铜（锌为主加元素的铜合金）、白铜（铜和镍的合金）、青铜（除黄铜和白铜外所有的铜基合金）。

3）巴氏合金：锡基和铅基轴承合金，这两类轴承合金广泛应用于汽车，通称为巴氏合金。

拓展提高

其他合金材料

1. 锌合金

以锌为基加入其他元素组成的合金。常加的合金元素有铝、铜、镁、镉、铅、钛等。锌合金熔点低，流动性好，易熔焊、钎焊和塑性加工，在大气中耐腐蚀，残废料便于回收和重熔；但易发生自然时效引起尺寸变化。锌合金通常采用熔融法制备，压铸或压力加工成材。按制造工艺，锌合金可分为铸造锌合金和变形锌合金。

锌合金的主要添加元素有铝、铜和镁等。锌合金按加工工艺可分为形变锌合金与铸造锌合金两类。铸造锌合金流动性和耐蚀性较好，适用于压铸仪表、汽车零件外壳等。

锌合金的特点有密度大；铸造性能好，可以压铸形状复杂、薄壁的精密件，铸件表面光滑；可进行表面处理，如电镀、喷涂、喷漆；融化与压铸时不吸铁，不腐蚀压型，不粘模；有很好的常温力学性能和耐磨性；熔点低，在 385℃熔化，容易压铸成型。目前，应

用最广的锌合金是 ZZnAl4Cu1Mg，其主要用于压铸大尺寸、高强度、高耐蚀性零件，如汽车机油泵体，仪器、仪表外壳及零件等。

2. 钛合金

钛是银白色金属，外观似钢，熔点达 1677℃，属难熔金属。钛在地壳中含量较丰富，远高于铜、锌、锡、铅等常见金属。

工业纯钛热膨胀系数小、导热性差、塑性好、强度低、容易加工成形。钛具有同素异构现象，在 882℃以下为密排六方结构的 α-Ti，882℃以上为体心立方结构的 β-Ti。

纯钛力学性能好、可塑性好、易于加工，如有杂质，特别是氧、氮、碳会提高钛的强度和硬度，但会降低其塑性，增加脆性。

钛是容易钝化的金属，且在含氧环境中，其钝化膜在受到破坏后还能自行恢复。钛和钛合金有优异的耐蚀性，只能被氢氟酸和中等浓度的强碱侵蚀。特别是钛在海水中稳定，将钛或钛合金放入海水中一段时间取出后，其仍光亮如初，性能远优于不锈钢。

钛的另一重要特性是密度小，为 4.508g/cm^3。其强度是不锈钢的 3.5 倍，铝合金的 1.3 倍，是目前所有工业金属材料中最高的。

液态的钛几乎能溶解所有的金属，形成固溶体或金属化合物等各种合金。合金元素如铝、钒、锆、锡、硅、钼和锰等的加入，可改善钛的性能，以适应不同部门的需要。例如，钛-铝-锡合金有很高的热稳定性，可在相当高的温度下长时间工作；以钛-铝-钒合金为代表的超塑性合金，可以 50%~150%地伸长加工成形，其最大伸长可达到 2000%，而一般合金的塑性加工的伸长率最大不超过 30%。

由于上述优异性能，钛享有“未来的金属”的美称。钛合金已广泛用于国民经济各部门，它是火箭、导弹和航天飞机不可缺少的材料。船舶、化工、电子器件和通信设备及若干轻工业部门中要大量应用钛合金。但是，钛及钛合金的加工条件复杂、成本较高，在很大程度上限制了其应用。

3. 镁及镁合金

镁的密度为 1.74g/cm^3，具有很高的化学活性，易在空气中形成疏松多孔的氧化膜。其电极电位低、耐蚀性很差。镁为密排六方晶格，强度和塑性不高，一般不直接用作结构材料。工业纯镁的牌号用“Mg+序列号”表示，如 Mg1 称为 1 号纯镁，Mg2 称为 2 号纯镁。

在镁中加入铝、锌、锰等合金元素后可形成镁合金。合金元素的质量分数一般为铝为 0.2%~9.2%，锌为 0.2%~6.0%，锰为 0.1%~2.5%。经热处理后（固溶时效处理），其硬度可达 300~350 HBS。

镁合金的密度很小，比铝小 1/3，但比强度高于铝合金；疲劳强度极高，能承受较大的冲击载荷；耐蚀性好（特别耐煤油、汽油等矿物油和碱类的腐蚀），有良好的切削加工性能。镁合金在航空、无线电通信、仪表等行业获得了广泛的应用。同时，镁合金是最有发展前景的汽车与工程机械轻量化材料之一，用镁合金替代铝合金制造汽车零部件，在当前汽车生产中已逐步实现。

镁合金根据加工方法分为变形镁合金（压力加工镁合金）和铸造镁合金两类。

镁是实际应用中最轻的金属，其吸振能力强、切削性能好、金属模铸造性能好，很适合制造汽车零件。镁合金大部分以压铸件的形式在汽车上应用，镁压铸件的生产效率比铝高 30%~50%。新开发的无孔压铸法可生产出没有气孔且可热处理的镁压铸件。

镁铸件在汽车上的最早应用实例是车轮。另外，在汽车上试用或应用镁合金的实例还有离合器壳体、离合器踏板、制动踏板固定支架、仪表板骨架、座椅、转向柱部件、转向盘轮芯、变速器壳体、发动机悬置、气缸盖和气缸盖罩盖等。与传统的锌制转向柱上的支架相比，镁制件质量可减轻 65%；与传统的钢制转向盘轮芯相比，镁制件质量可减轻 45%；与全铝气缸盖相比，镁制件质量可减轻 30%；与传统的钢冲压焊接结构制动踏板支架相比，整体镁铸件质量可减轻 40%，同时其刚性也得以改善。

镁基复合材料的研究也有一定的进展，以 SiC 颗粒为增强体，采用液态搅拌技术得到的镁基复合材具有很好的性能且生产成本较低。在 AZ91 合金中加入 25%的 SiC 颗粒增强的复合材料，与基体合相比，抗拉强度提高 23%，屈服强度提高 47%，弹性模量提高 72%。

4. 粉末冶金

粉末冶金是以金属粉末（或金属粉末与非金属粉末的混合物）为原料，通过成形、烧结或热成形制成金属制品或材料的一种冶金工艺技术。粉末冶金生产工艺与陶瓷制品的生产工艺类似，因此人们又常常称粉末冶金方法为金属陶瓷法。

粉末冶金在完成金属材料冶炼的同时，可获得形状大小合乎要求的机械零件，是一种精密的无屑或少屑加工方法，不仅能节约材料、简化加工、节省工时，还能获得传统材料所不具备的某些特殊性能。常用的粉末冶金材料有含油轴承材料与硬质合金。

任务五　非金属材料及其应用

任务介绍

非金属材料一般包括高分子材料、陶瓷材料、复合材料 3 类，具有金属材料所不能及的某些性能，如绝缘性、耐高温、抗腐蚀、质量小等，在汽车工业中得到了越来越广泛的应用。

学习目标

1. 理解塑料和橡胶的概念及应用。
2. 了解常用的陶瓷、玻璃及复合材料。

相关知识

一、高分子材料

高分子材料是以高分子化合物为主要组成部分的材料，又称聚合物或高聚物。高分子化合物主要含碳（C）、氢（H）、氧（O）、氮（N）等元素，所以密度小，为 0.9~2g/cm^3。

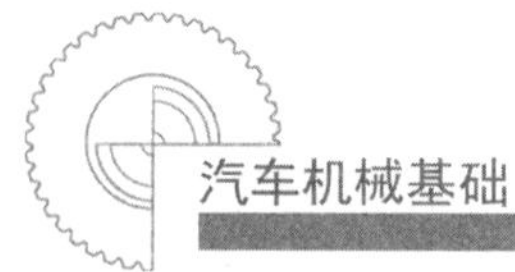

高分子材料分为天然和人工合成两大类。天然高分子材料有羊毛、蚕丝、淀粉等，工程上应用的高分子材料主要是人工合成的。人工合成的高分子化合物按工艺性质可分为塑料、橡胶、胶粘剂和纤维素。常用的高分子材料有塑料、橡胶等。

1. 塑料

塑料是一种以有机合成树脂为主要组成成分的高分子材料，在其中加入一些用以改善其使用性能和工艺性能的添加剂，经加热、加压后被注塑或固化成形产生的材料。汽车用工程塑料主要用于制造某些机器零件或构件，具有强度、韧度和耐磨性较好，价格低廉、耐腐蚀、降噪声、美观、质量小等特点。

树脂是决定塑料性能和使用范围的主要组成物，在塑料中，起粘结其他组分的作用。塑料中的合成脂质量分数一般为 30%～100%。根据使用要求，可在塑料中掺入一些添加剂，以改善塑料的性能，常用的添加剂有填充剂、增塑剂、稳定剂、着色剂及其他。

汽车用塑料按照用途可分为内饰用塑料、工程塑料和外装件用料。汽车内饰用塑料品种主要有聚氨酯（PU）、聚氯乙烯（PVC）、聚丙烯（PP）和苯乙烯树脂（ABS）等。它们用于制作坐垫、仪表板、扶手、头枕、门内衬板、顶棚衬里、地毯、控制箱、转向盘等内饰塑料制品。汽车上常用的工程塑料有聚丙烯（PP）、聚乙烯（PE）、聚苯烯、苯乙烯树脂（ABS）、聚酰胺、聚甲醛、聚碳酸酯、酚醛树脂等。汽车的外装件及结构件包括传动

轴、车架、发动机罩等，要求具备高强度，因而多采用纤维增强塑料复合材料制造。

2. 橡胶

橡胶是以生胶为原料，加入适量的配合剂，经硫化工艺处理以后得到的一种生产原材料。生胶是指未经硫化的天然或合成橡胶。

橡胶显著的特点是具有高的弹性和回弹性。同时，橡胶还有一定的强度，优异的抗疲劳性及良好的耐磨、绝缘、隔声、防水、缓冲、吸振等性能。

橡胶的组成：生胶、增塑剂、硫化剂、硫化促进剂、防老剂、填充剂（填料）等。

常用的橡胶有天然橡胶（NR）、丁苯橡胶（SBR）、氯丁橡胶（CR）等。

（1）天然橡胶

天然橡胶为聚异戊二烯混合体，来源于橡胶树的胶乳。

优点：耐磨性、耐蚀性、耐低温性、介电性好，易于加工成形。

缺点：耐油、耐溶剂性差，抗臭氧老化性差。

应用：轮胎、胶鞋、胶管等。

（2）丁苯橡胶

丁苯橡胶为合成橡胶，是产量最大、应用最广的通用橡胶，为丁二烯和苯乙烯共聚物。

优点：耐磨性、耐热性、耐油性、抗老化性都比较好，特别是耐磨性超过天然橡胶，且价格低廉。

缺点：强度低、成形性不佳。

应用：轮胎、胶板、胶布等通用制品。

（3）氯丁橡胶

氯丁橡胶为合成橡胶，俗称“万能橡胶”，是氯丁二烯聚合物。

优点：力学性能与天然橡胶相似，耐磨、耐热、耐油、抗老化等。

缺点：耐寒性差、密度大、成本高。

应用：三角带、运输带、腐蚀介质输送管、胶粘剂等。

二、陶瓷材料

陶瓷是经原材料配制、坯料成形高温烧结制成的无机非金属材料，是现代工业中非常有发展前途的一类材料。陶瓷材料、高分子材料、金属材料将构成固体材料的三大支柱。随着科学技术的发展，陶瓷在品种、制造技术、应用领域等方面都有了很大的突破，精细陶瓷已成为许多高新技术领域中不可缺少的关键材料，得到了非常迅速的发展，在汽车及工程机械上的应用越来越广，如用于制作耐高温高压的火花塞、陶瓷发动机等。

陶瓷材料具有熔点高（一般 2000℃以上）、硬度高、化学稳定性好、绝缘性好、耐高温、耐腐蚀等特点。工业上的陶瓷主要用于制作耐高温、耐磨元件、绝缘材料、高硬度耐磨材料及各种功能材料。常用陶瓷材料有普通陶瓷、氧化铝陶瓷、氮化硅陶瓷等。

1. 普通陶瓷

普通陶瓷是以黏土为原料，经配制烧结而成的陶瓷。这种陶瓷具有良好的耐蚀性、电绝缘性、成形性，且成本低廉，但强度低、易软化，故主要应用于耐腐蚀的容器和管道、电绝缘件等。

2. 氧化铝陶瓷

氧化铝陶瓷是以 Al_2O_3（占 45%以上）为主要成分的特种陶瓷。其优点是强度高（为普通陶瓷的 3～7 倍）、硬度高（90HRC）、耐磨性很好、电绝缘性好、可在高温下长期工作等。其缺点是脆性大、抗热振性差。其主要用来制造内燃机火花塞、金属拉丝模、切削冷硬铸铁和淬火钢的刀具、熔化金属的坩埚、导弹整流罩等。

3. 氮化硅陶瓷

氮化硅陶瓷是以 Si_3N_4 为主要成分的特种陶瓷，有反应烧结和热压烧结两种。其优点是化学稳定性好、耐腐蚀、硬度高、摩擦系数小且有自润滑作用，同时热膨胀系数低、抗热振性能好、绝缘性能好。其缺点是应用受氮化层深度的限制。氮化硅陶瓷用来制造石化用密封环、高温轴承、电硅泵管道/阀门（反应烧结），或简单的耐磨、耐高温刀具（热压烧结）等。

三、玻璃

现代汽车上应用玻璃的部位越来越多，采用玻璃能够提高驾驶的视野，可使汽车外观更加美观。将玻璃准确地安装在金属边框上，能够减小空气阻力，提高金属平整度，同时降低风噪，并可展示汽车圆滑、整洁的车身外表。玻璃是一种非晶态固体，它是以石英砂、纯碱、

长石、石灰石等为主要原料，并加入金属氧化物等辅料，在高温窑中煅烧至熔融后，经成形、冷却所获得的非金属材料。汽车玻璃分为安全玻璃、夹层玻璃、钢化玻璃、区域钢化玻璃。

（1）安全玻璃

汽车用安全玻璃是由无机材料或无机与有机复合材料所构成的产品，应用于汽车上时，可以减少车祸中严重伤人的危险，对其可见性、强度和耐磨性都有规定。

（2）夹层玻璃

夹层玻璃用于制造各种风窗玻璃。在构造上，这种玻璃由两片很薄的玻璃片及其中间夹有的一块塑料膜片或数层胶粘剂组成。破碎时，这类玻璃中间的塑料膜片能够粘住碎玻璃，可防止碎玻璃引起的伤害。这种玻璃一般用于制造前部风窗玻璃。

（3）钢化玻璃

钢化玻璃一般用于侧面和后风窗玻璃，很少用于前风窗玻璃。它仅由一片经过热处理的玻璃组成，用将玻璃加热到软化点附近后骤冷的方法制成，这可提高玻璃的强度和热稳定性。钢化玻璃比同样厚度的普通玻璃耐碰撞，一旦钢化玻璃被破坏，其碎片无尖锐棱角且很小，呈颗粒状。其破碎后呈现一种连接的结构，减少了透明度，这是这种玻璃不能用于前风窗玻璃的一个原因；另一个原因是这种玻璃并不是随处都有，而且在碰撞中会使驾驶人受到比较严重的头部损伤。

（4）区域钢化玻璃

它是分区域控制钢化程序的钢化玻璃，一旦破坏，总体上符合安全玻璃对碎片的要求，即当突然受到外力作用破碎时，有的部分碎片大，有的部分碎片小。这样，既保证了驾驶人和乘员的安全，又提供了一个不妨碍驾驶的视区。

汽车的前风窗玻璃为 A 类夹层玻璃、B 类夹层玻璃或区域钢化玻璃，它们在认证标志中的产品代号分别为 LA、LB、Z；其他部位的玻璃一般为 A 类夹层玻璃、B 类夹层玻璃或钢化玻璃。其中，A 类夹层玻璃的安全性能最好。

现代汽车玻璃的发展趋势是安全、美观、多功能、轻而薄，并出现了许多新品种，如减速玻璃、吸热玻璃、带有印制电路的防霜玻璃、带天线的玻璃等等。

任务小结

1. 塑料

汽车用塑料品种主要有聚氨酯（PU）、聚氯乙烯（PVC）、聚丙烯（PP）、苯乙烯树脂（ABS）、聚丙烯（PP）、聚乙烯（PE）、聚苯烯、聚酰胺、聚甲醛、聚碳酸酯、酚醛树脂等。

2. 橡胶材料

常用的橡胶有天然橡胶、丁苯橡胶、氯丁橡胶等.

3. 陶瓷材料

常用陶瓷材料有普通陶瓷、氧化铝陶瓷、氮化硅陶瓷等。

4. 玻璃

汽车用玻璃都是安全玻璃，包括夹层玻璃、区域钢化玻璃和钢化玻璃。

拓展提高

复合材料

复合材料是由两种或两种以上物理和化学性质不同的物质，经一定方法合成而得到的一种新的多相固体材料。它不仅具有各组成材料的优点，还具有比单一材料更优良的综合性能。

1. 复合材料的分类

复合材料的分类至今尚不统一，目前主要采用以下几种分类方法：

1）按材料的用途可分为结构复合材料（用于制造受力构件）和功能复合材料（具有如导电、导磁、阻尼、摩擦、屏蔽等特殊性能）两大类。

2）按增强材料的物理形态可分为纤维增强复合材料、粒子增强复合材料及层叠复合材料。

3）按基体类型可分为非金属基体复合材料及金属基体复合材料两大类。

2. 复合材料的性能

1）比强度（强度和密度的比值）和比模量（单位密度的弹性模量）高。

2）抗疲劳性能好。

3）减振性能好。

4）高温性能好。

5）工作安全性好。

6）成形工艺简便灵活及可设计性强。

3. 常用复合材料

1）纤维增强塑料（FRP）：纤维增强塑料是汽车轻量化的重要材料，主要由 3 部分组成，即纤维、树脂和填充料。纤维增强塑料基体是塑料，承受载荷的主要是增强相纤维，而增强相纤维处于基体之中，彼此隔离，其表面受到基体的保护而不易受到损伤；基体能阻止裂纹的扩展，并对纤维起到黏结的作用，使复合材料的强度得到很大提高。FRP 中比较典型的有玻璃纤维增强塑料和碳纤维增强塑料。

2）金属基复合材料（MMC）：增强金属基复合材料是由低强度、高韧性的基体和高强度、高弹性模量的纤维组成的。金属基复合材料的基体大多采用铝、铜合金、镁合金和镍合金，增强材料一般为要求具有高强度和弹性模量、高抗磨性与高化学稳定性的碳化硅、硼、氧化铝和碳纤维。

3）纤维增强陶瓷（FRC）：纤维增强陶瓷中利用增强纤维可以提高陶瓷断裂强度，并提高断裂韧性。目前，FRC 有碳纤维系、陶瓷纤维系和晶须纤维系，国外在汽车发动机上已有许多零件采用纤维增强陶瓷材料。

课 后 自 测

一、填空题

1. 金属材料的使用性能包括________、________和________等；工艺性能包括________、________、________、________和________等。

2. 材料的力学性能包括________、________、________、________等。

3. 强度是指金属材料在________作用下，抵抗________和________的能力。

4. 断裂前金属材料________的能力称为塑性。金属材料的________和________的数值越大，表示材料的塑性越好。

5. 硬度测试方法很多，最常用的有________试验法、________试验法和维氏硬度试验法 3 种。

6. 当共析钢冷却到此线时（727℃）将发生________转变，从奥氏体中同时析出________和________的复合组织，即________。

7. 纯金属的结晶是由晶核的________和________两个过程组成的。

8. 工程上常用的强度指标是________。

二、选择题

1. 拉伸试验时，试样拉断前所能够承受的最大应力称为材料的（　　）。

A. 弹性极限　　B. 抗拉强度　　C. 屈服强度

2. 用拉伸试验可测定材料的（　　）性能指标。

A. 强度　　B. 韧性　　C. 硬度

3. 滚动轴承钢 G15 中的平均铬的质量分数为（　　）%。

A. 0.15　　B. 1.5　　C. 15　　D. 0.015

4. 合金渗碳钢渗碳后必须进行（　　）热处理才能使用。

A. 淬火加高温回火　　B. 淬火加中温回火

C. 淬火加低温回火　　D. 高温回火

5. 铸铁中的碳以石墨形态析出的过程称为（　　）。

A. 石墨化　　B. 变质处理　　C. 球化处理　　D. 结晶

6. 选择下列材料的零件：汽车后桥外壳（　　），柴油机曲轴（　　）。

A. HT200　　B. KTH350-10　　C. QT500-05　　D. RuT420

7. 不是工业纯铝的特点的是（　　）。

A. 密度小　　B. 导电性好　　C. 强度高　　D. 抗腐蚀能力高

8. 在短时间内以较高速度作用于零件上的载荷是（　　）。

A. 静载荷　　B. 冲击载荷　　C. 交变载荷

9. 晶胞是一个立方体，原子位于立方体的 8 个顶角上和立方体 6 个面的中心是（　　）。

A. 体心立方晶格　B. 密排六方晶格　C. 面心立方晶格

10. 纯铁在 850℃时为（　　）晶格，在 1000℃时为（　　）晶格，在 1500℃时为（　　）晶格。

A．体心立方　　B．面心立方　　C．密排六方

11．被称为“万能橡胶”的是（　　）。

A．丁苯橡胶　　B．三元乙丙橡胶

C．氟橡胶　　D．氯丁橡胶

12．玻璃主要由（　　）和其他金属氧化物组成。

A．SiO_2　　B．MgO　　C．Al_2O_3　　D．CaO

13．安全性能最好的汽车玻璃为（　　）。

A．钢化玻璃　　B．区域钢化玻璃

C．A 类夹层玻璃　　D．B 类夹层玻璃

三、判断题

1．材料的屈服强度越低，则允许的工作应力越高。（　　）

2．洛氏硬度值是没有单位的。（　　）

3．布氏硬度试验法不适合于测量成品及较薄的零件。（　　）

4．铸铁的铸造性能比钢好得多，所以常用来铸造复杂的工件。（　　）

5．对钢进行热处理的目的是获得细小、均匀的奥氏体组织。（　　）

6．退火与正火的目的大致相同，它们主要的区别是保温时间的长短。（　　）

7．回火的目的主要是消除应力、降低硬度，便于进行切削加工。（　　）

8．碳素工具钢的碳的质量分数一般大于 0.7%。（　　）

9．渗碳的零件可以是低碳钢也可以是高碳钢。（　　）

10．从灰铸铁的牌号上可以看出它的抗拉强度和冲击韧度值。（　　）

11．灰口铸铁包括灰铸铁、球墨铸铁、可锻铸铁和蠕墨铸铁。（　　）

12．凡是在室温下处于玻璃态的高聚物都称为塑料。（　　）

13．陶瓷材料可以制作刀具材料，也可以制作保温材料。（　　）

14．陶瓷材料可以制作高温材料，也可以制作耐磨材料。（　　）

四、简答题

1．材料的力学性能有哪些？

2．什么是强度，其衡量指标是什么？

3．什么是塑性，其衡量指标是什么？

4．常用的布氏硬度的表示方法有哪些？

5．洛氏硬度的 3 种标尺如何表示？

6．拉伸变形有哪几个阶段？

7．什么是金属的疲劳破坏？

8．试述铁碳合金的分类。

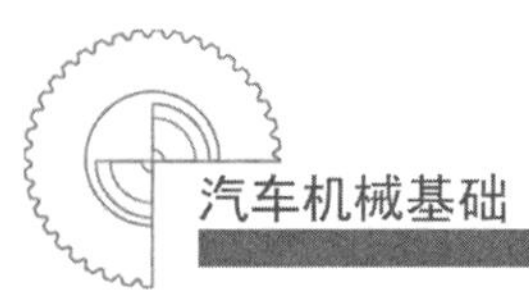

9．随碳的质量分数的增加，钢的组织和性能有什么变化？

10．热处理工艺由哪 3 个阶段组成？

11．名词解释：热处理、退火、正火、淬火、回火、表面淬火、化学热处理。

12．回火的目的是什么？常用的回火方法有哪几种？

13．碳素钢中的常存杂质元素有哪些？它们对钢的性能有哪些影响？

14．什么是碳素钢？试述碳素钢的分类。

15．说明下列牌号属于哪类钢，说明其符号及数字的意义，并举例说明它们的主要用途。

Q235-A　20　45　T8　T12 A　08F

16．45 钢、T12A 钢按碳的质量分数、质量、用途划分各属于哪一类？

17．说明下列各牌号的钢属于哪一类？它们的碳的质量分数和合金元素的质量分数大致为多少？

20CrMnTi　60Si2Mn　9SiCr　GCr15　W18Cr4V　1Cr18Ni9

18．什么是铸铁？试述铸铁的分类。

模块三　汽车轴系零部件

任务一　轴

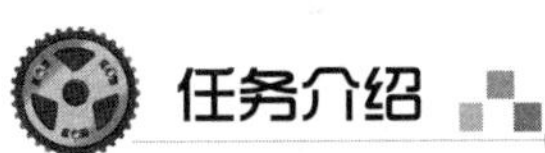

轴是组成机器的重要零件之一，所有回转零件，如带轮、齿轮和凸轮等都必须用轴来支承才能进行工作，并传递运动和动力。轴工作状况的好坏直接影响整台机器的性能和质量。

1．了解轴的分类及应用。

2．应能对轴进行结构分析。

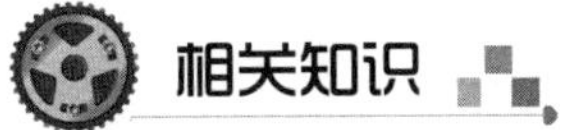

一、轴的作用及分类

1．轴的作用

轴的作用是支承回转零件，使其具有确定的位置，并传递运动和动力。

2．轴的分类

（1）按轴所受载荷性质分

根据轴的受载情况的不同，轴可分为传动轴、转轴和心轴 3 类。

1）传动轴：只承受转矩不承受弯矩，或承受很小的弯矩，如汽车的传动轴［图 3-1（a）］。

2）转轴：同时承受较大弯矩和转矩，如图 3-1（b）所示减速器轴。

3）心轴：只承受弯矩不承受转矩的轴。心轴又分为转动心轴，如列车车轴［图 3-1（c）］和固定心轴，如自行车前轴［图 3-1（d）］。

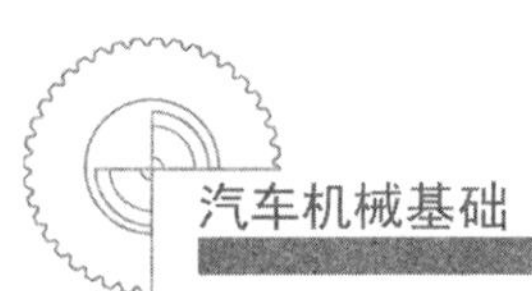

（a）　（b）

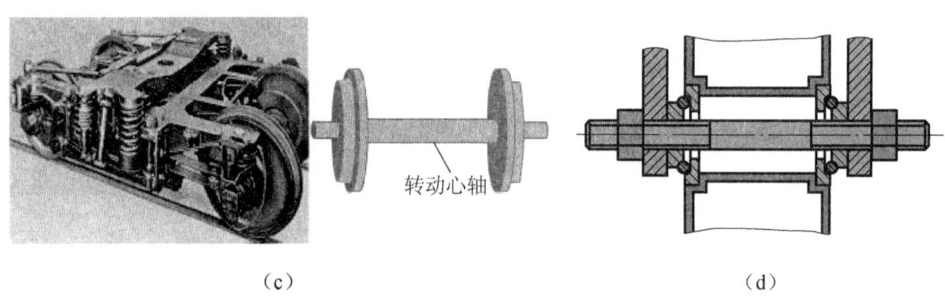

（c）　（d）

图 3-1　轴的分类

（a）传动轴；（b）转轴；（c）转动心轴；（d）固定心轴

（2）按轴线形状分

根据轴线形状的不同，轴又可分为直轴、曲轴和钢丝软轴。

1）直轴：一般机械中常用，如图 3-2（a）所示。直轴按外形不同又可分为光轴和阶梯轴。光轴形状简单、应力集中少、易加工，但轴上零件不易装配和定位。光轴常用于心轴和传动轴，如图 3-2（b）所示。阶梯轴特点与光轴相反，常用于转轴，如图 3-2（c）所示。

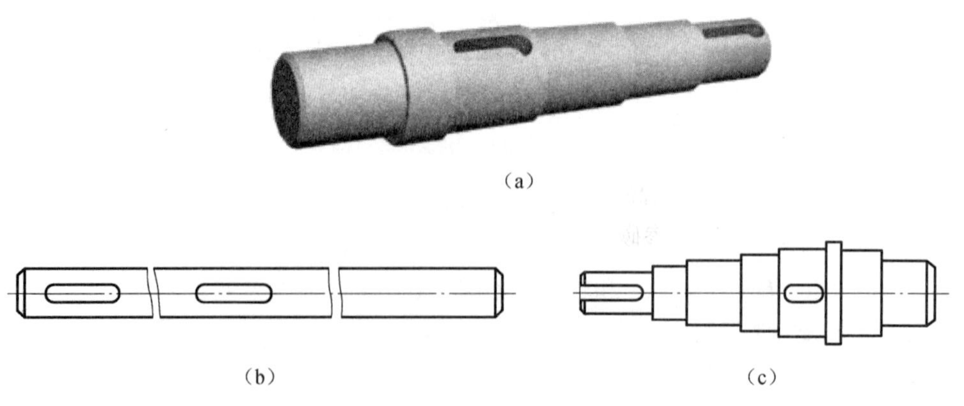

（a）

（b）　（c）

图 3-2　直轴

（a）直轴；（b）光轴；（c）阶梯轴

2）曲轴：各轴段轴线不在同一直线上，主要用于有往复式运动的机械中，常用于往复式机械（图 3-3），如内燃机等。

3）钢丝软轴：由多组钢丝分层卷绕而成，具有良好挠性，可将回转运动灵活地传到不开阔的空间位置，如图 3-4 所示。其常用于电动的手持小型机具，如铰孔机、刮削机及手持砂轮机等。

图 3-3　曲轴

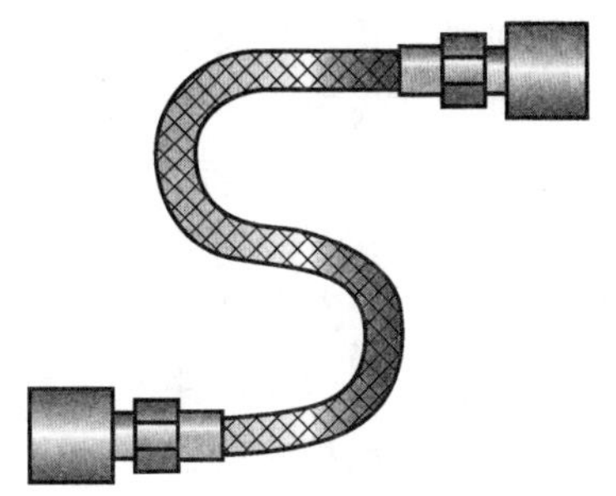

图 3-4　钢丝软轴

二、轴的材料及选择

轴的材料种类很多，选择时应主要考虑如下因素：①轴的强度、刚度及耐磨性要求；②轴的热处理方法及机加工工艺性的要求；③轴的材料来源和经济性等。

轴的常用材料是碳钢和合金钢。

碳钢比合金钢价格低廉，对应力集中的敏感性低，可通过热处理改善其综合性能，加工工艺性好，故应用最广，一般用途的轴，多用碳的质量分数为 0.25%～0.5%的中碳钢，如 30、40、45、50 等牌号的优质中碳钢制造，以 45 钢经调质处理最常用。一般机器中的不重要的轴或低速轻载的轴可选用 Q235、Q275 等普通碳素钢制造。

合金钢具有比碳钢更好的力学性能和淬火性能，但对应力集中比较敏感，且价格较贵，多用于对强度和耐磨性有特殊要求的轴。例如，20Cr、20CrMnTi 等低碳合金钢，经渗碳处理后可提高耐磨性；20CrMoV、38CrMoAl 等合金钢，有良好的高温力学性能，常用于在高温、高速和重载且要求尺寸小、质量小的轴。

值得注意的是，由于常温下合金钢与碳素钢的弹性模量相差不多，因此当其他条件相同时，如想通过选用合金钢来提高轴的刚度是难以实现的。

低碳钢和低碳合金钢经渗碳淬火，可提高其耐磨性，常用于韧性要求较高或转速较高的轴。

球墨铸铁和高强度铸铁因其具有良好的工艺性，不需要锻压设备，吸振性好，对应力集中的敏感性低，近年来被广泛应用于制造结构形状复杂的曲轴等，但铸件质量难以控制。

轴的毛坯多用轧制的圆钢或锻钢。锻钢内部组织均匀、强度较好，因此，重要的、大尺寸的轴，常用锻造毛坯。

三、轴的结构设计

1. 轴的结构

机械中常用的轴绝大多数是直轴，下面主要介绍直轴。

对于轴的结构，最简单的是光轴，即整个轴直径相同。但实际使用中，轴上总是需要安装一些零件，如齿轮、带轮、轴承等。所以，往往把轴做成阶梯轴，即轴被加工成几段，相邻段的直径不同，中间轴段的直径比两端轴段的直径大，如图 3-5 所示减速器轴就是阶梯轴。这种轴各个台阶都有一定的作用和目的，使轴的结构和各个部位都具有合理的形状和尺寸。下面结合图 3-5 讨论常用轴的结构的问题。

轴头：轴上与传动零件或联轴器、离合器相配的部分。

轴颈：与轴承相配的部分。

轴身：连接轴头和轴颈的部分。

轴肩或轴环：阶梯轴上截面发生变化的部位。

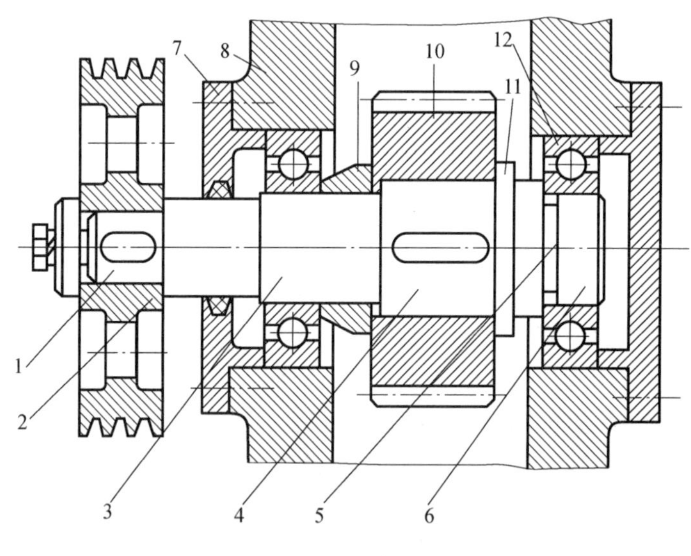

图 3-5　减速器轴

1、4—轴头；2—带轮；3、6—轴颈；5—越程槽；7—轴承盖；8—箱体；9—套筒；10—齿轮；11—轴环；12—滚动轴承

2. 轴上的零件的定位和固定

为了传递运动和动力，保证机械的工作精度和使用可靠性，零件必须可靠地安装在轴上，不允许零件沿轴向发生相对运动。因此，轴上零件必须有可靠的轴向定位措施。各轴段长度的确定，应尽可能使结构紧凑。对于不允许轴向滑动的零件，零件受力后不要改变其准确的位置，即定位要准确，固定要可靠。与轮毂相配装的轴段长度，一般应略小于轮毂宽 2～3mm。对轴向滑动的零件，轴上应留出相应的滑移距离。

定位是针对装配而言的，是为了保证轴上零件准确的安装位置。而固定是针对工件而言的，是为了使轴上零件在运转中保持原位不动。

（1）轴上零件的轴向定位和固定

轴向定位的目的是保证零件在轴上有确定的轴向位置，防止零件做轴向移动，并能承受轴向力。轴向定位常以轴肩或轴环来保证；轴向固定是以锁紧挡圈、套筒、圆螺母和止动垫圈、弹性挡圈、轴端挡圈及圆锥面等来保证的。

1）用轴肩和轴环固定。轴肩起轴向定位和单向固定轴上零件的作用。如图 3-5 所示，右端滚动轴承的内圈左端的定位，就是靠轴肩定位的。图 3-5 中齿轮右端是靠右端的轴环定位的。为了使定位可靠，零件能紧靠定位面，轴肩的过渡圆角半径 r 应小于轴上零件的倒角 C_1［图 3-6（a）］或圆角半径 R［图 3-6（b）］。轴肩高度 h 可在$(0.07d+3)$–$(0.1d+5)$范围内选取，或取 $h=(2\sim3)C_1$，轴环宽度 $b\approx1.4h$。安装滚动轴承处的定位轴肩或轴环高度必须低于轴承内圈高度，如图 3-7 所示。轴肩和轴环定位简单可靠，可承受较大的轴向力。

2）用轴套和圆螺母固定。当轴上两零件相距较近时，用轴套（又称套筒）做相对固定，可简化轴的结构，如图 3-5 所示，齿轮就是利用套筒和轴环做轴向定位的。套筒的结构简单、定位可靠，轴上不需要开槽、钻孔和切制螺纹，因而不影响轴的疲劳强度，一般用于轴上两个零件间的定位。若两零件的间距较大，不宜用套筒定位，以免增大套筒的质量及材料用量，因而套筒与轴的配合较松，轴的转矩很高时，不宜用此定位。当套筒太长时，可采用圆螺母做轴向固定（图 3-8），此时需要在轴上切制螺纹，因而引起应力集中，对轴疲劳强度影响较大。

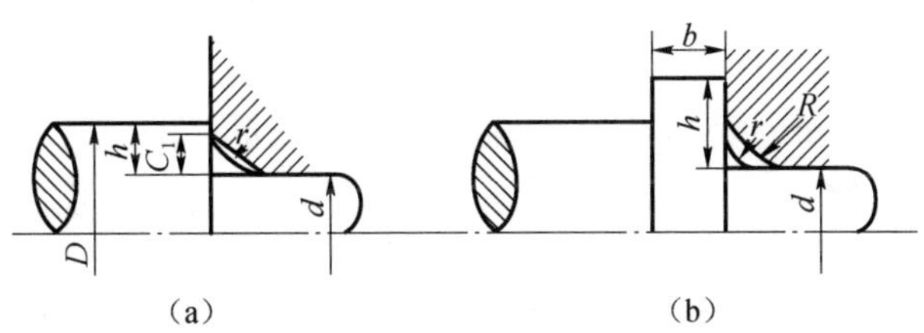

（a）　　（b）

图 3-6　轴肩

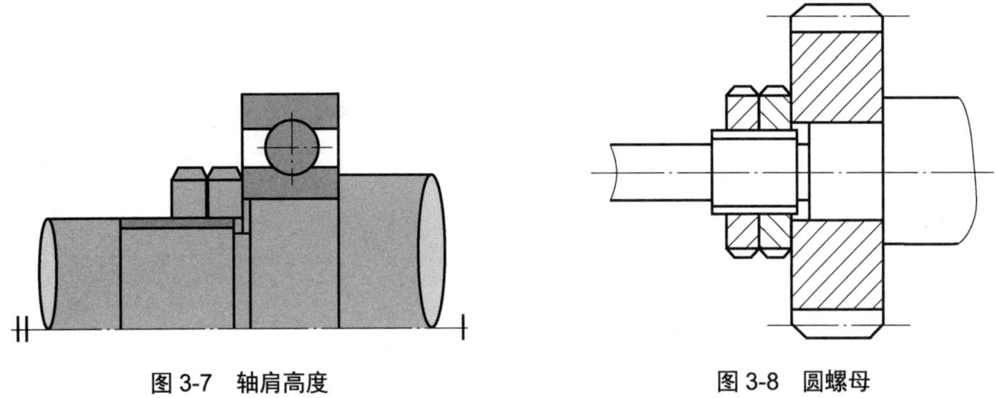
图 3-7　轴肩高度　　图 3-8　圆螺母

3）用弹性挡圈和紧定螺钉固定。如图 3-9 和图 3-10 所示，采用这两种紧固方法，结构简单，但只能承受较小的轴向力。

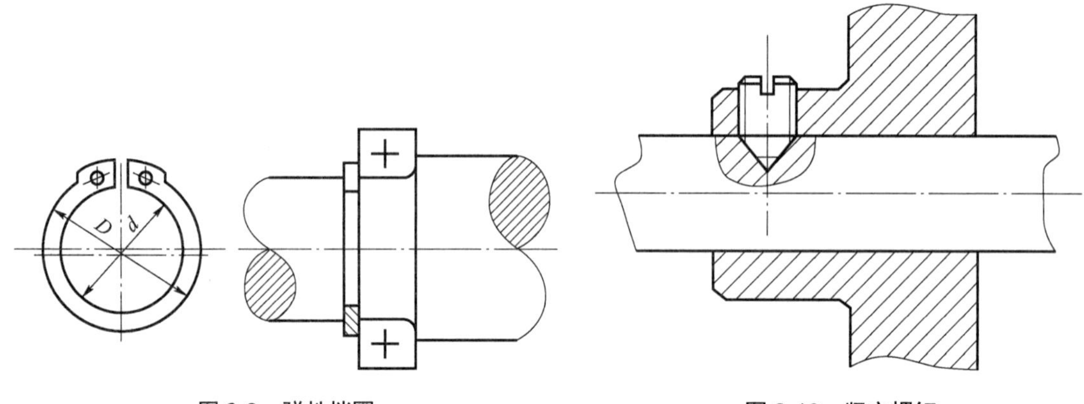

图 3-9　弹性挡圈　　　　图 3-10　紧定螺钉

4）用轴端挡圈固定。轴端挡圈用于轴端零件固定，可承受较大的轴向力。

（2）轴上零件的周向定位和固定

为了传递转矩，防止零件与轴产生相对转动，轴上零件还需要进行周向固定和定位。常用周向固定方法有键、花键连接和过盈配合等。当传递转矩很小时，可采用紧定螺钉或销等结构来实现轴向固定和定位。过盈配合连接是利用轴和毂孔间的过盈配合构成的连接，能同时实现周向和轴向固定。过盈配合连接结构简单、对轴削弱小，但装拆不便，且对配合面加工精度要求较高。

3. 轴的结构工艺性

轴应具有良好的制造和装配工艺性，故轴的形状应简单便于加工，一般的轴均为中间大、两端小的阶梯轴。为避免损伤配合零件，各轴端需倒角，并尽可能使倒角尺寸相同，以便于加工。为使左、右端轴承易于拆卸，套筒高度和轴肩高度均应小于滚动轴承内圈高度。

在保证工作性能的条件下，轴的形状要力求简单，减少阶梯数；轴上的圆角半径尽量取值一致；同一轴上有多个单键时，将各键槽布置在同一母线上，尺寸尽可能一致，以便于加工；轴上磨削和车螺纹的轴段应分别设有砂轮越程槽（图 3-11）和螺纹退刀槽（图 3-12）。

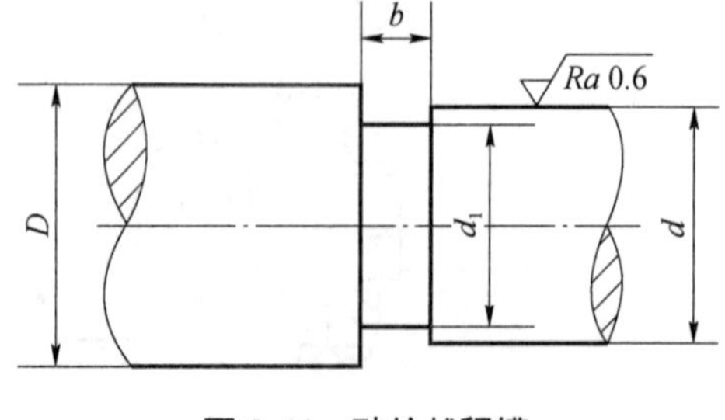

图 3-11　砂轮越程槽

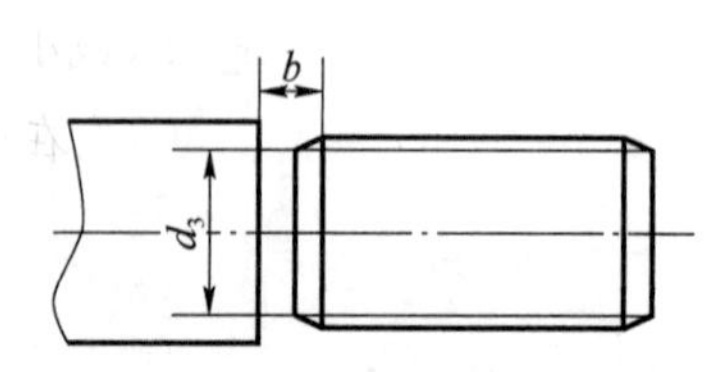

图 3-12　螺纹退刀槽

四、轴在汽车中的应用

在汽车中，几乎应用了上述所有轴的形式。汽车变速器中既有心轴，又有转轴。普通变速器的倒挡惰轮轴是用来支承惰轮的，并且与箱体通过半圆键相连，所以属固定心轴；普通变速器中的第一轴、第二轴及中间轴都是转轴；汽车中变速器到驱动桥间是通过传动轴连接的；汽车发动机、空气压缩机中，都用到曲轴。

任务小结

1）轴的分类。

① 按轴所受载荷性质分传动轴、转轴和心轴 3 类。

② 按轴线形状不同分为直轴、曲轴和钢丝软轴。

2）轴的常用材料是碳钢和合金钢。

3）轴的结构。

轴头：轴上与传动零件或联轴器、离合器相配的部分。

轴肩或轴环：阶梯轴上截面发生变化的部位。

轴身：连接轴头和轴颈的部分。

轴颈：与轴承相配的部分。

4）轴上零件的轴向定位是以轴肩或轴环来保证的；轴向固定是以锁紧挡圈、套筒、圆螺母和止动垫圈、弹性挡圈、轴端挡圈等来保证的。轴上零件的周向定位有键、花键连接和过盈配合等。当传递转矩很小时，可采用紧定螺钉或销等结构来实现轴向固定和定位。

拓展提高

提高轴疲劳强度的措施

减小应力集中和提高轴的表面质量是提高轴的疲劳强度的主要措施。

减小应力集中的方法有减小轴截面突变，阶梯轴相邻轴段直径差不能太大，并以较大的圆角半径过渡，尽可能避免在轴上开槽、孔及车制螺纹等，以免削弱轴的强度和造成应力集中源。

轴的表面质量对疲劳强度有显著的影响。提高轴表面质量除降低表面粗糙度外，还可采用表面强化处理，如碾压、喷丸、渗碳、渗氮或高频淬火等。

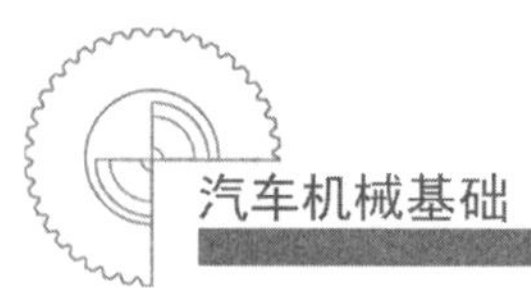

任务二　滑动轴承及其在汽车中的应用

任务介绍

轴承是用来支承轴和轴上回转零件的部件。根据轴承工作时摩擦性质的不同，轴承可分为滚动轴承和滑动轴承。滚动轴承为标准件，广泛用于各种机械中。滑动轴承适用于高速、高精度、重载和较大冲击的场合及不重要的低速机械中。

学习目标

1. 理解轴承的类型及应用。
2. 了解滑动轴承的结构。
3. 理解滑动轴承的润滑方式。

相关知识

一、滑动轴承的特点及应用

轴承是支承机器转动或摆动的零件。其作用有两个：一是支承轴及轴上零件，并保持轴的旋转精度；二是减少转轴与支承之间的摩擦和磨损，并承受载荷。

轴承按其工作的摩擦性质不同分为滑动轴承和滚动轴承两大类。虽然滚动轴承有着许多优点，在一般机械中获得了广泛的应用，但是在高速、高精度、重载、结构上要求剖分等场合中，滑动轴承就显示出其优异的性能：工作平稳、无噪声、耐冲击、承载能力大、径向尺寸小、可做成剖分式、转速及回转精度可以很高。正因为滑动轴承具有上述特点，所以在汽轮机、离心式压缩机、内燃机精密机床和重型机械中获得了广泛的应用。

二、滑动轴承的种类和结构

根据轴承所能承受载荷的方向，滑动轴承可分为径向滑动轴承和推力滑动轴承两类。

1. 径向滑动轴承

径向滑动轴承承受径向载荷。

（1）整体式径向滑动轴承

整体式径向滑动轴承主要由轴承座、整体轴套、油孔等组成，如图 3-13 所示。其具有结构简单、成本低；轴套磨损后，间隙无法调整；装拆不便（只能从轴端装拆）的特点。其常应用于低速、轻载或间歇工作的机器中，如手动机械、农业机械。

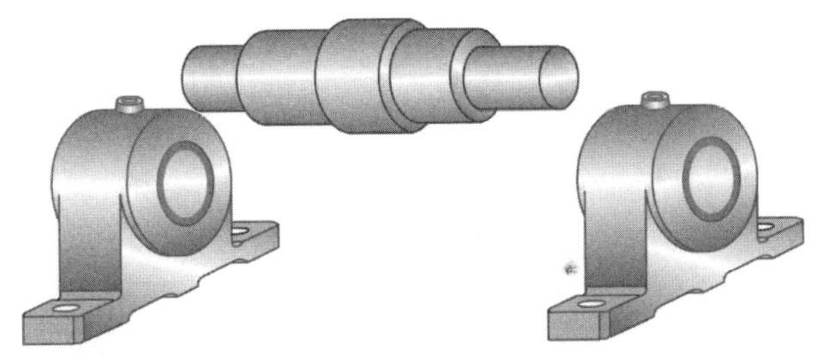

图 3-13　整体式径向滑动轴承

图 3-13 所示为具有独立轴承座的滑动轴承（JB/T 2560—2007），使用时将它用螺栓固定到机器上。这种轴承已标准化，轴承座通常采用铸铁材料，与轴颈接触的轴套通常用减摩材料制成。整体式径向滑动轴承结构简单，但装拆时要求轴或轴承做轴向移动，这对于某些机器结构是不允许的。整体式轴套磨损后，轴承间隙无法调整，因此，这种轴承常用于低速、轻载和间歇工作的机械上。

（2）剖分式径向滑动轴承

图 3-14 所示为剖分式径向滑动轴承，由轴承座、轴承盖、剖分轴瓦和连接螺栓等组成。在轴瓦剖分面上，配置调整垫片，当轴瓦磨损后，可以减少垫片厚度，以调整轴承径向间隙。

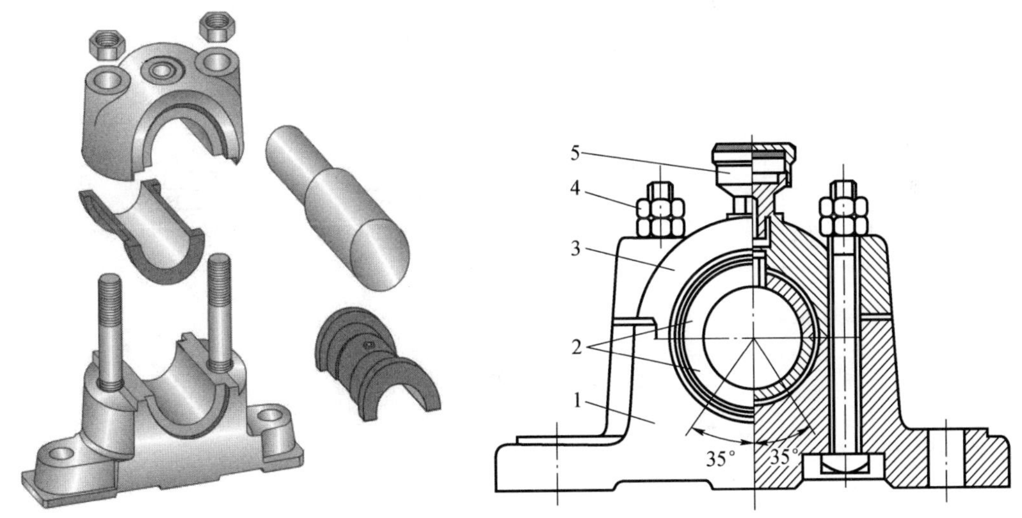

图 3-14　剖分式径向滑动轴承

1—轴承座；2—轴瓦；3—轴母承盖；4—螺栓螺母；5—油杯

轴承剖分面可以是水平的，也有倾斜的（斜滑动轴承座），如图 3-15 所示，载荷与剖分面垂线大于 35°，汽车柴油机中的连杆大头就采用此种轴承。

2. 推力滑动轴承

推力滑动轴承用于承受轴向载荷，如图 3-16 所示。按轴颈支承面的形式不同，推力滑动轴承分为实心［图 3-17（a）］、空心［图 3-17（b）］、单环形［图 3-17（c）］和多环形

[图 3-17（d）] 等几种。由图 3-17 可知，推力滑动轴承的工作表面可以是轴端面或轴上的环形平面。支承面上离中心越远，其相对滑动速度越大，磨损越快，所以实心轴端面上的压力分布极不均匀，靠近中心处的压强极高。因此，一般推力滑动轴承大多数采用环形支承面。多环轴颈能承受较大的双向轴向载荷。

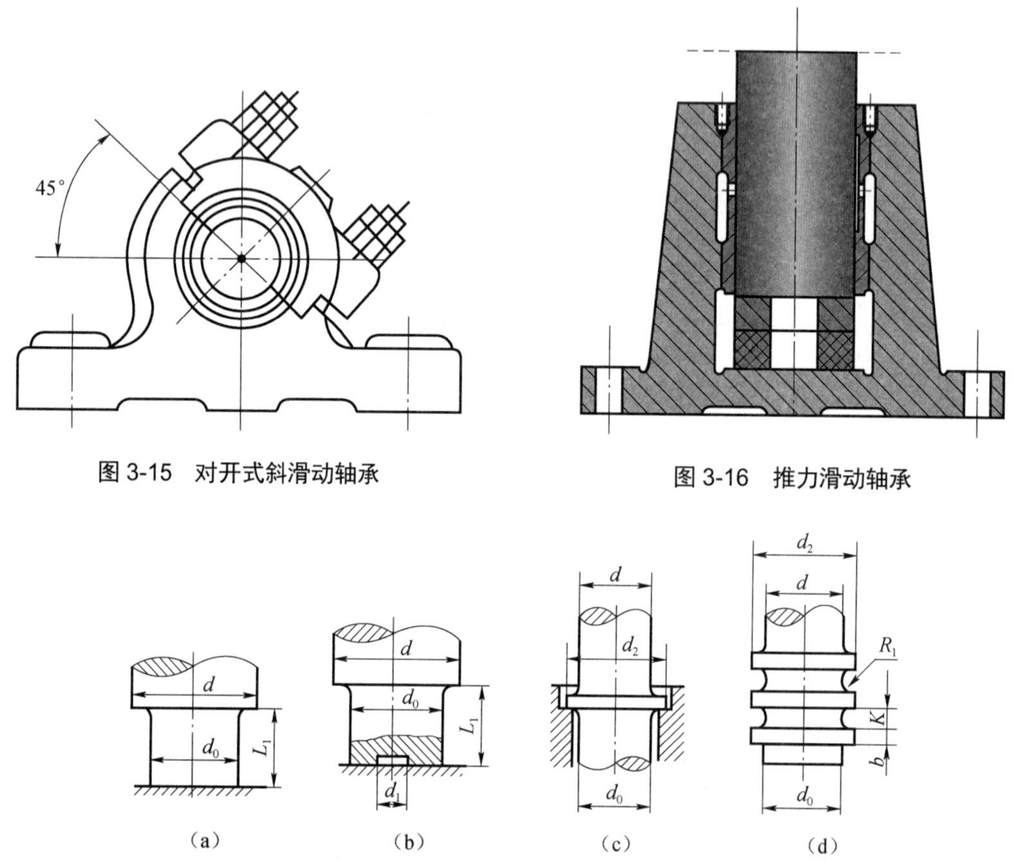

图 3-15　对开式斜滑动轴承

图 3-16　推力滑动轴承

图 3-17　止推轴承轴颈结构

三、轴瓦结构

1. 轴瓦的形式与结构

轴瓦是轴承中与轴颈直接接触的元件，是滑动轴承的主要组成部分，其结构对轴承性能有很大的影响。根据轴承的工作情况，要求轴瓦材料具备下述性能：①摩擦系数小；②导热性好，热膨胀系数小；③耐磨、耐蚀、抗胶合能力强；④要有足够的机械强度和可塑性。

轴瓦固定在轴承座上，其表面常浇注一层减摩性更好的材料，称为轴承衬，厚度从零点几毫米到 6mm。为使轴承衬固定可靠，可在轴瓦上作出沟槽，如图 3-18 所示。

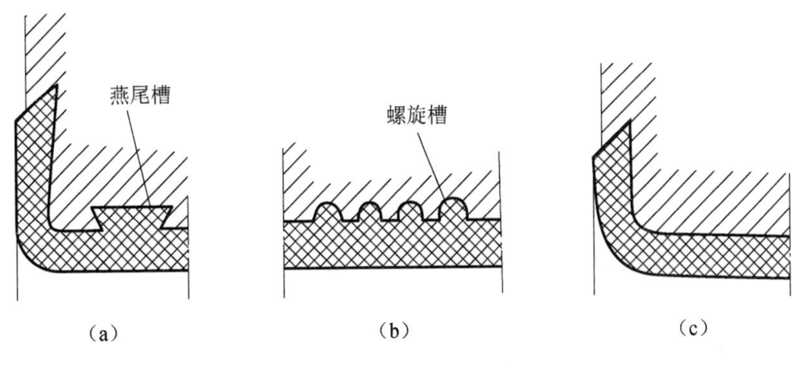

图 3-18　轴承衬的固定

轴瓦的结构也分为整体式和剖分式两种。整体式轴瓦是一个圆柱形轴套。剖分式轴瓦由上、下两半组成，两端的凸肩用于防止轴瓦轴向窜动，也用于螺钉或销钉定位。

2. 油孔、油槽和油室

油孔、油槽开设原则：

1）油槽（沟）开在非承载区，否则会破坏油膜的连续性，降低油膜的承载能力。

2）油槽轴向不能开通，以免油从油槽端部大量流失，轴向油沟的长度应稍短于轴瓦宽的 80%，如图 3-19 所示。

对一些重型机器轴承的轴瓦，其上常开设油室。它可使润滑空间增大，并有储油和保证润滑油稳定供应的作用，如图 3-20 所示。

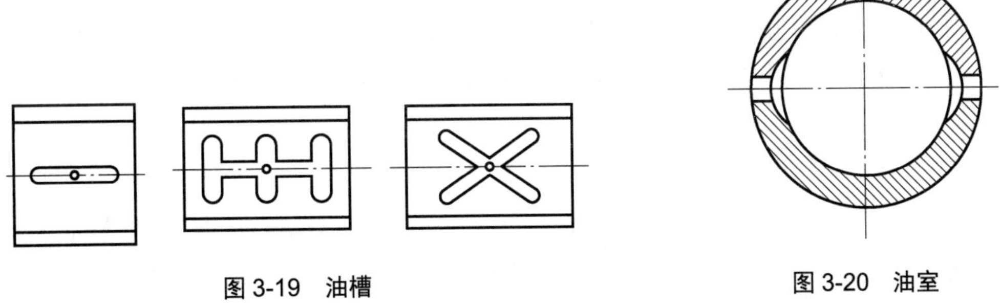

图 3-19　油槽

图 3-20　油室

四、滑动轴承的失效形式及材料

1. 主要失效形式

滑动轴承常见失效形式有轴瓦磨损、胶合（烧瓦）、疲劳破坏和由于制造工艺原因引起的轴承衬脱落。其中，主要的是轴瓦磨损和胶合。

2. 轴承材料的性能要求

1）具有足够的抗压强度、疲劳强度和抗冲击能力。

2）具有良好的减摩性。材料要有较低的摩擦阻力。

3）具有良好的耐磨性。抗黏着磨损和磨粒磨损性能较好。

4）具有良好的跑合性。能较容易消除接触表面不平度而使轴颈与轴瓦表面间相互尽快吻合。

5）良好的可塑性。具有适应因轴的弯曲和其他几何误差而使轴与轴承滑动表面初始配合不良的能力。

6）具有嵌入性。轴承材料具有容纳金属碎屑和灰尘的能力。

7）良好的工艺性和导热性，并应具有耐蚀性。

3. 常用轴承材料

轴承材料是指在轴承结构中直接参与摩擦部分的材料，如轴瓦和轴承衬的材料。

轴承合金：有锡基轴承合金和铅基轴承合金两类，特点是嵌入性和摩擦顺应性好，易于轴颈磨合，但强度低，价格较高。轴承合金常用于重载、中高速场合。

铜合金：有锡青铜、铅青铜和铝青铜等，特点是锡青铜减摩性和耐磨性最好，适用于重载、中速场合；铅青铜抗黏附能力强，适用于高速、重载场合；铝青铜强度及硬度较高，适用于低速、重载场合。

铸铁：有灰铸铁和耐磨铸铁。其特点是有一定的减摩性和耐磨性，价格低廉，但铸铁性脆、磨合性差，适用于低速、轻载和不受冲击的场合。

除上述常用的 3 种金属材料外，轴承材料还可采用多孔质金属材料和非金属材料。

五、滑动轴承的润滑

润滑目的是减少轴承中的摩擦、降低磨损、散热冷却、缓冲吸振、密封防锈。

润滑剂主要有固体润滑剂、润滑脂、液体润滑剂和气体润滑剂 4 种，其中常用的是润滑脂、液体润滑剂（润滑油）。

1. 润滑油

润滑油是滑动轴承中应用最广的一种润滑剂，最常用的润滑油是矿物油，对于特殊工况还可采用合成油。黏度是润滑油的主要质量指标，黏度值越高，油越稠，反之越稀；温度升高，黏度降低。

选择原则：

1）压力大、温度高、载荷冲击变动大——黏度大的润滑油。

2）滑动速度大——黏度较低的润滑油。

3）散热差，工作温度高——黏度较高的润滑油。

4）粗糙或未经跑合的表面——黏度较高的润滑油。

2. 润滑脂

润滑脂是由润滑油和稠化剂（钙、钠、铝、锂）及其稳定剂混合制成。润滑脂的主要质量指标是锥入度、滴点和耐水性。

锥入度是衡量润滑脂稠度和软硬程度的指标，是指用重量为 1.5N 的标准锥形针在 5s 内沉入温度为 25℃的润滑脂试样中的深度。滴点是指润滑脂在规定条件下加热熔化，开始滴下第一滴时的温度。耐水性是指在水中不溶解，不从周围介质中吸收水分和不被水洗掉的能力。

润滑脂的特点是无流动性，可在滑动表面形成一层薄膜，适合在要求不高、难以经常供油，或低速重载及做摆动运动的轴承中。

选择原则：

1）当压力高和滑动速度低时，选择锥入度小的品种；反之，选择锥入度大的品种。

2）所用润滑脂的滴点，一般应较轴承的工作温度高 20～30℃，以免工作时润滑脂过多地流失。

3）在有水淋或潮湿的环境下，应选择防水性能强的钙基或铝基润滑脂。在温度较高处应选用钠基或复合钙基润滑脂。

3. 润滑方式

为保证轴承良好的润滑状态，除合理选择润滑剂外，还应合理选择润滑方式和润滑装置。

（1）油润滑

润滑方法有间歇供油润滑和连续供油润滑两种。间歇供油润滑有手工油壶供油和油杯注油供油两种。这种润滑方法只适用于低速、不重要的或间歇工作的轴承。对于重要轴承，必须采用连续供油润滑。连续供油方法及装置主要有以下几种：

1）油杯滴油润滑。针阀油杯可调节滴油速度，以改变供油量，在轴承停止工作时，可通过油杯上部的手柄关闭油杯停止供油，如图 3-21 所示。

2）浸油润滑。浸油润滑是将部分轴承直接浸入油池中润滑，如图 3-22 所示。

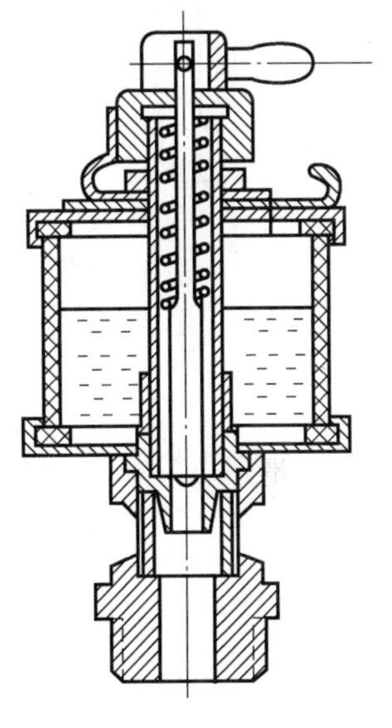

图 3-21　针阀油杯

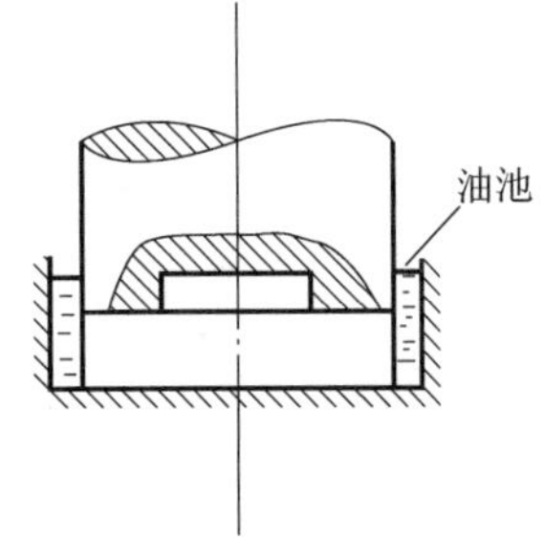

图 3-22　浸油润滑

3）飞溅润滑。飞溅润滑主要用于减速器、内燃机等机械中轴承的润滑。通常直接利用传动齿轮或甩油环将油池中的润滑油溅到轴承上或壁箱上，再经油沟导入轴承工作面以润滑轴承，如图 3-23 所示。

4）压力循环润滑。压力循环润滑是一种强制润滑。润滑油泵将具有一定压力的油经油路导入轴承，润滑油经轴承两端流回油池，构成循环润滑。这种供油方法的供油量充足，润滑可靠，并有冷却和冲洗轴承的作用。但润滑装置结构复杂，费用高，常用于重载、高速和载荷变化较大的轴承中，如图 3-24 所示。

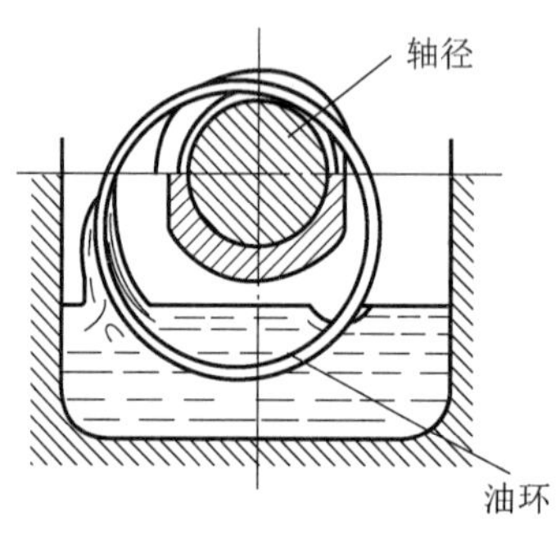

图 3-23　飞溅润滑

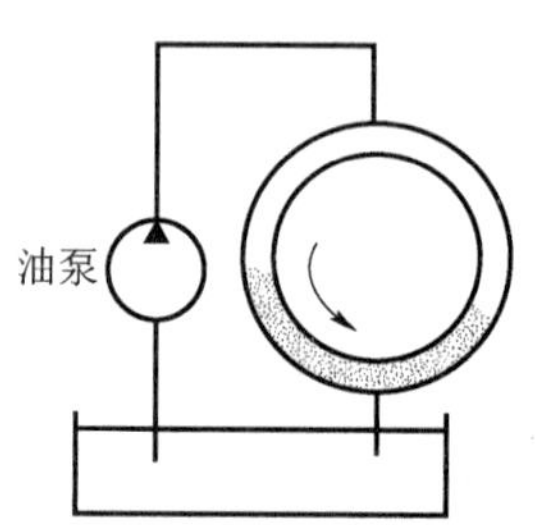

图 3-24　压力循环润滑

（2）脂润滑

润滑脂的加脂方式有人工加脂和脂杯加脂。润滑脂只能间歇供给，常用润滑装置有旋盖式油杯和压注式油杯，如图 3-25 和图 3-26 所示。

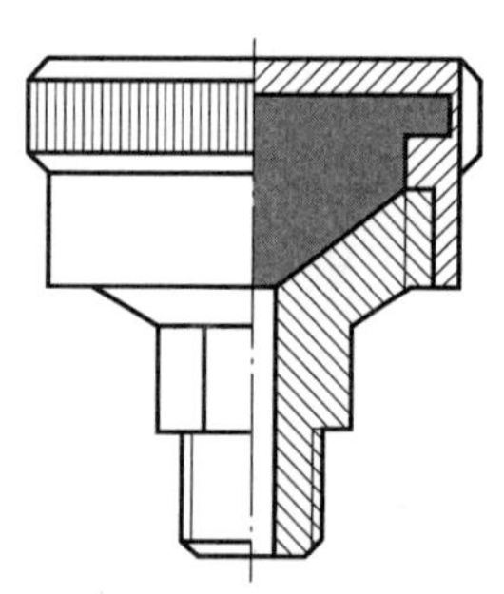

图 3-25　旋盖式油杯

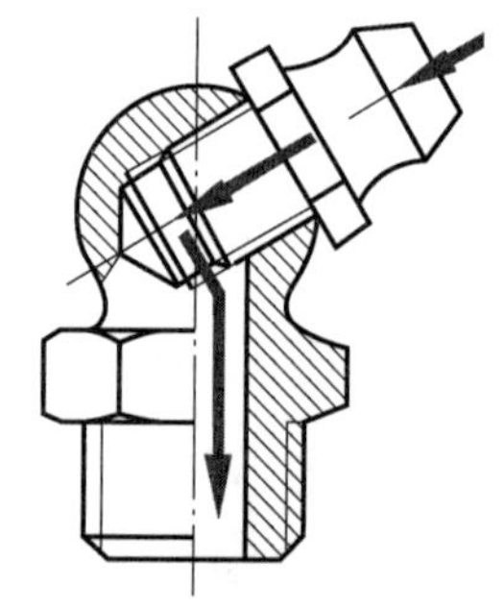

图 3-26　压注式油杯

六、滑动轴承在汽车中的应用

在汽车中，有很多部位有滑动轴承的应用，如变速器、制动器等。滑动轴承在汽车中比较典型的应用是汽车发动机中曲轴与连杆间的滑动轴承连接、曲轴与机体间的滑动轴承连接。这些滑动轴承都是剖分式滑动轴承，否则无法安装。应注意的是，这些轴承的具体结构与本任务中所述的不尽相同，但是它们都具备滑动轴承的基本组成部分。

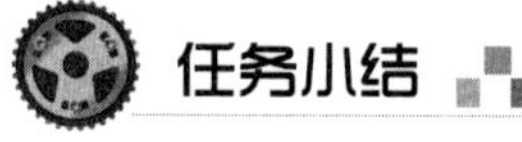

任务小结

1）按摩擦性质不同，轴承分为滑动轴承和滚动轴承。

2）滑动轴承按照承受载荷的不同，可分为径向滑动轴承和推力滑动轴承。

3）滑动轴承常见失效形式是轴瓦磨损、胶合（烧瓦）、疲劳破坏和轴承衬脱落。

4）常用轴承材料：轴承合金、铸铁、铜合金等。

5）润滑目的：减少摩擦、降低磨损、散热冷却、缓冲吸振、密封防锈。

6）润滑剂主要有固体润滑剂、润滑脂、液体润滑剂和气体润滑剂 4 种。

拓展提高

滑动轴承的选择

选择滑动轴承时，应从轴承载荷、轴颈的直径和转速等参数考虑。一般原则如下：

1）承受径向载荷的选择径向滑动轴承，承受轴向载荷的选择推力滑动轴承，同时承受径向、轴向载荷的选择径向和推力滑动轴承的组合形式。

2）低速、轻载、手动机械，选用整体式滑动轴承。

3）中、高速，载荷大，选用剖分式滑动轴承。

任务三　滚动轴承及其在汽车中的应用

任务介绍

滚动轴承依靠滚动体与轴承座圈间的滚动接触来工作，用于支承旋转零件或摆动零件。它广泛应用于各种机械设备中，如汽车变速器、分动器等。滚动轴承的结构和尺寸已标准化，并由专门的轴承厂成批量生产。

学习目标

1. 理解滚动轴承的分类和结构。
2. 能解释滚动轴承的标记。

相关知识

一、滚动轴承的结构与材料

1. 结构

如图 3-27 所示，滚动轴承一般由内圈 1、外圈 2、滚动体 3 和保持架 4 组成。内圈装在轴颈上，与轴一起转动；外圈装在机座或零件的轴承孔内。多数情况下，外圈不转动；当内、外圈之间相对旋转时，滚动体沿着滚道滚动；滚动体是滚动轴承的核心元件，其形状

如图 3-28 所示。保持架使滚动体均匀分布在滚道上，并减少滚动体之间的碰撞和磨损。内、外圈上通常制有沟槽，其作用是限制滚动体轴向位移和降低滚动体与内外圈间的接触应力。

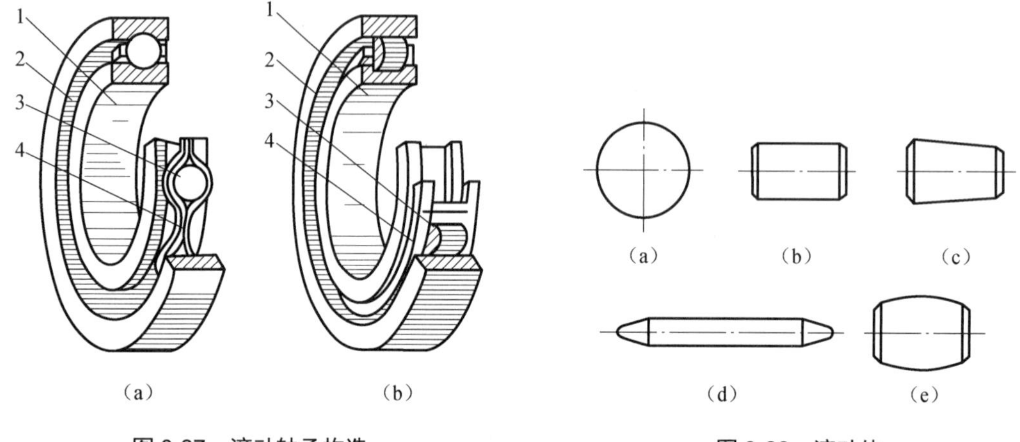

图 3-27　滚动轴承构造

1—内圈；2—外圈；3—滚动体；4—保持架

图 3-28　滚动体

(a) 球形；(b) 圆柱形；(c) 圆锥形；(d) 滚针；(e) 鼓形

有些滚动轴承，除必须有滚动体外，其他零件或组件则视具体结构而定，有时还增加其他特殊零件。

2. 材料

滚动轴承的内、外圈和滚动体应具有较高的硬度和接触疲劳强度、良好的耐磨性和冲击韧性。一般用特殊轴承钢制造滚动轴承，常用材料有 GCr15、GCr15SiMn、GCr6、GCr9 等，经热处理后硬度可达 60～65HRC。滚动轴承的工作表面必须经磨削抛光，以提高其接触疲劳强度。保持架多用低碳钢板通过冲压成形方法制造，也可采用非铁合金或塑料等材料。

二、滚动轴承的基本类型及特性

1）按滚动体的形状，滚动轴承可分为球轴承和滚子轴承两大类。

① 球轴承。滚动体为球形的轴承称为球轴承。它与内、外圈滚道之间是点接触，摩擦小，但承载能力和耐冲击能力较低；允许的极限转速高。

② 滚子轴承。滚动体是圆柱、圆锥、鼓形和滚针等形状的轴承称为滚子轴承。它与轴承内、外圈滚道之间为线接触，摩擦大，但其承载能力和耐冲击能力较高；允许的极限转速较低。

2）按承受载荷方向和公称接触角不同，滚动轴承又可分为向心轴承和推力轴承两大类。

① 向心轴承。向心轴承主要承受径向载荷，公称接触角 $0° \leqslant \alpha \leqslant 45°$，其中$\alpha=0°$的，称为径向接触轴承，除深沟球轴承外，其他只能承受径向载荷；公称接触角 $0°<\alpha \leqslant 45°$的，称为角接触向心轴承。

② 推力轴承。推力轴承主要承受轴向载荷，公称接触角 $45<\alpha \leqslant 90°$，其中$\alpha=90°$的，称为轴向接触轴承，只能承受轴向载荷；公称接触角 $45°<\alpha< 90°$的，称为推力角接触轴承，α越小，承受径向载荷能力越大。

常用滚动轴承的主要类型尺寸系列代号及性能特点如表 3-1 所示。

表 3-1　常用滚动轴承主要类型、尺寸系列代号及性能特点

类型代号	简图及承载方向	类型名称结构代号	尺寸系列代号	组合代号	极限转速比①	性能特点
1 或 (1)② [1]③		调心球轴承 10000 [1000]	(0)②2 22 (0)3 23	12 22 13 23	中	能自动调心，内、外圈轴线允许偏斜 2′～3′。可承受不大的双向轴向载荷，但不宜承受纯轴向载荷，适用于轴承轴心线难以对中的支承、常成对使用
2 [3]		调心滚子轴承 20000 [3000]	13 22 30 31 32 40 41	213 222 230 231 232 240 241	低	性能及特点与调心球轴承类似。但径向承载能力较大，内、外圈轴线允许偏斜 1.5′～2.5′，适用于多支点轴，弯曲刚度较小的轴及难以精确对中的支承
3 [7]		圆锥滚子轴承 30000 [7000]	02 03 13 20 22 23 29 30 31 32	302 303 313 320 322 323 329 330 331 332	中	能承受以径向载荷为主的径向、轴向联合载荷，当接触角α大时，亦可承受纯单向轴向载荷。外圈可分离，可调整径向、轴向游隙、承载能力较大，一般须成对使用，对称安装。要求轴的刚性大，轴与支承座孔的中心线对中性好。适用于转速不太高，轴的刚度较好的场合
5 [8]		推力球轴承 51000 [8000]	11 12 13 14	511 512 513 514	低	承受单向轴向载荷，滚动体与套圈可半可分离。紧圈与轴相配合。为防止钢球与滚道之间的滑动、工作时需加一定的轴向载荷。极限转速低，适用于轴向载荷大、转速不高处
5 [8]		双向推力球轴承 52000 [38000]	22 23 24	522 523 524	低	能承受双向轴向载荷，中间圈为紧圈，其他性能特点与推力球轴承相同

续表

类型代号	简图及承载方向	类型名称 结构代号	尺寸系列代号	组合代号	极限转速比[①]	性能特点
6 [0]		深沟球轴承 60000 [0000]	17 37 18 19 (0)0 (1)0 (0)2 (0)3 (0)4	617 637 618 619 160 60 62 63 64	高	主要承受径向载荷，亦能承受一定的双向轴向载荷。高转速时，可用来承受纯轴向载荷，价格低廉
7 [6]		角接触球轴承 70000 Cα=15° [36000] 70000 ACα=25° [46000] 70000 Bα=40° [66000]	19 (1)0 (0)2 (0)3 (0)4	719 70 72 73 74	高	可以同时承受径向及轴向载荷，亦可单独承受轴向载荷。α越大，轴向承载能力也越大。通常须成对使用，对称安装、极限转速较高
8 [9]		推力圆柱滚子轴承 80000 [9000]	11 12	811 812	低	只能承受单向轴向载荷，承载能力很大，极限转速低
N [2]		圆柱滚子轴承 N 000 [2000]	10 (0)2 22 (0)3 23 (0)4	N10 N2 N22 N3 N23 N4	高	只能承受径向载荷，承载能力大，抗冲击能力强。内、外圈可分离，对轴的偏斜敏感，极限转速较高。适用于刚性较大、与支承座孔能很好对中的轴的支承
NA [4]		滚针轴承 NA 0000 [544000]	48 49 69	NA48 NA49 NA69	低	径向尺寸小，只能承受径向载荷，其极限转速低。一般不带保持架、摩擦系数大

注：①指各种轴承极限转速与深沟球轴承极限转速之比，高——相当于 100%～90%；中——相当于 90%～60%；低——相当于 60%以下。

②“()”内的数字在组合代号中可以省略。

③“[]”括号内为与新代号相对应的旧代号。

三、滚动轴承的代号

滚动轴承的类型很多，各类轴承又有不同的尺寸、结构和精度，为了便于生产和选择使用代号表示各类滚动轴承。滚动轴承代号是表示其结构、尺寸、公差等级和技术性能等特征的产品符号，由字母和数字组成。按 GB/T 272—2017 的规定，轴承代号由基本代号、前置代号和后置代号构成，其排列如表 3-2 所示。

表 3-2　滚动轴承代号的排列

<table>
<tr><th>前置代号</th><th colspan="5">基本代号</th><th colspan="8">后置代号</th></tr>
<tr><td rowspan="3">轴承的分部件代号</td><td>五</td><td>四</td><td>三</td><td colspan="2">二　一</td><td rowspan="3">内部结构代号</td><td rowspan="3">密封与防尘结构代号</td><td rowspan="3">保持架及其材料代号</td><td rowspan="3">特殊轴承材料代号</td><td rowspan="3">公差等级代号</td><td rowspan="3">游隙代号</td><td rowspan="3">多轴承配置代号</td><td rowspan="3">其他代号</td></tr>
<tr><td rowspan="2">类型代号</td><td colspan="2">尺寸系列代号</td><td colspan="2" rowspan="2">内径代号</td></tr>
<tr><td>宽度系列代号</td><td>直径系列代号</td></tr>
</table>

1. 基本代号

基本代号表示轴承的基本类型、结构和尺寸，是滚动轴承代号的基础。它由轴承类型代号、尺寸系列代号和内径代号构成。其排列如表 3-2 所示。

（1）类型代号

类型代号表示轴承的基本类型，类型代号用数字或字母表示，如表 3-1 所示。

（2）尺寸系列代号

尺寸系列代号表示内径相同的轴承可具有不同的外径，而外径相同时又可有不同的宽度（对推力轴承指高度）。轴承尺寸系列代号由轴承的宽（高）度系列代号和直径系列代号所组成。**宽度系列代号**表示内、外径相同的同类轴承宽度的变化。按 8、0、1、2、3、4、5、6 的顺序，宽度依次增大。正常宽度的轴承代号为 0。多数轴承在代号中不标出宽度系列代号 0，但调心滚子轴承和圆锥滚子轴承的宽度系列代号 0 要标出。**直径系列代号**表示内径相同的同类轴承有几种不同的外径。按 7、8、9、0、1、2、3、4、5 的顺序，外径依次增大，轴承的承载能力也相应增大。

（3）内径代号

轴承公称内径代号如表 3-3 所示。

表 3-3　轴承公称内径代号

内径代号	00	01	02	03	04～96
轴承内径 d（mm）	10	12	15	17	数字×5

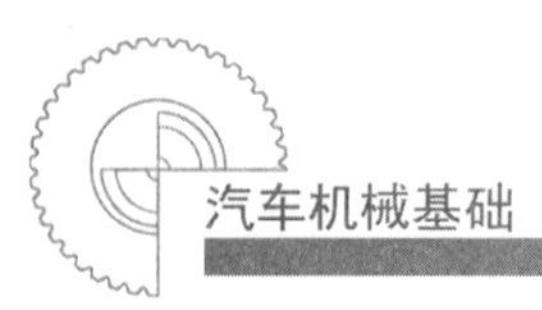

2. 前置、后置代号

前置、后置代号是当轴承在结构形状、尺寸、公差、技术要求等有改变时，在其基本代号左、右添加的补充代号。其排列如表 3-2 所示。**前置代号**用于表示轴承的分部分，用字母表示，如用 L 表示可分离的内圈或外圈，R 表示不带可分离内圈或外圈的轴承，K 表示滚子和保持架组件。**后置代号**为补充代号，用字母和数字表示，包括 8 项内容：内部结构、密封与防尘结构、保持架及其材料、特殊轴承材料、公差等级、游隙、多轴承配置及其他。后置代号与基本代号空半个汉字距离或用符号“-”“/”分隔。下面仅介绍公差等级代号、内部结构代号和游隙代号。

1）公差等级代号：按精度高低排列分为 2 级、4 级、5 级、6x 级、6 级和 0 级，分别用 /P2、/P4、/P5、/P6x、P6 和/P0 表示，其中 2 级精度最高，0 级为普通级，在代号中省略，6x 仅用于圆锥滚子轴承。

2）内部结构代号：角接触球轴承分别用 C、AC、B 代表 3 种不同的公称接触角 α=15°、25°、40°，E 表示加强型。

3）游隙代号：游隙指轴承在无载荷作用下，一个套圈相对于另一个套圈在某一个方向的可移动距离。轴承径向游隙代号有 6 个组别，从小到大分别是 1 组、2 组、0 组、3 组、4 组、5 组，0 组游隙是常用的，在轴承代号中省略不标出，其余代号为/C1、/C2、/C3、/C4、/C5。工程中常用的是 3 组。

例如：

6308：6—深沟球轴承，3—中系列，08—内径 d=40mm，公差等级为 0 级，游隙组为 0 组。

N105/P5：N—圆柱滚子轴承，1—特轻系列，05—内径 d=20mm，公差等级为 5 级，游隙组为 0 组。

7214AC/P4：7—角接触球轴承，2—轻系列，14—内径 d=70mm，公差等级为 4 级，游隙组为 0 组，公称接触角 α=15°。

30213：3—圆锥滚子轴承，2—轻系列，13—内径 d=65mm，0—正常宽度（0 不可省略），公差等级为 0 级，游隙组为 0 组。

6103：6—深沟球轴承，1—特轻系列，03—内径 d=17mm，公差等级为 0 级，游隙组为 0 组。

四、滚动轴承的润滑和密封

要延长轴承的使用寿命和保持旋转精度，在使用中应及时对轴承进行维护，采用合理的润滑和密封，并经常检查润滑和密封状况。

1. 滚动轴承的润滑

滚动轴承润滑的目的主要是减少摩擦、磨损，同时也有冷却、吸振、防锈和减小噪声的作用。

常用的滚动轴承润滑剂有润滑油和润滑脂两种，选用时根据轴承的 *dn* 值来确定。其中，*d* 为轴承内径（mm），*n* 为轴承转速（r/min），*dn* 值间接表示了轴径的圆周速度。轴径圆周速度 v<4～5m/s，可采用润滑脂润滑，其优点是润滑脂不易流失，便于密封和维护，一次填充可运转较长时间。装填的润滑脂一般不超过轴承内空隙的 1/3～1/2，以免因润滑脂过多而引起轴承发热，影响轴承正常工作。当轴颈速度过高时，应采用润滑油润滑，这不仅使摩擦阻力小，还可起到散热、冷却的作用。润滑方式常采用浸油或飞溅润滑。浸油润滑时油面高度应低于最下方滚动体中心，以免因搅油能量损失较大，使轴承过热。高速轴承可采用喷油或油雾方式润滑。

2. *滚动轴承的密封*

轴承密封的目的是阻止灰尘、水分等杂物进入轴承，同时也可防止润滑剂的流失及其对设备的污染。密封方法的选择与润滑剂种类、工作环境、温度、密封处的圆周速度等有关。密封方法分接触式密封和非接触式密封两类。

（1）接触式密封

接触式密封是在轴承盖内放毡圈、皮碗，使其直接与轴接触，起到密封作用。由于工作时，轴与毛毡等相互摩擦，故这种密封适用于低速，且要求接触处轴的表面硬度大于 40HRC，粗糙度 *Ra* 小于 0.8μm。

1）毡圈密封（图 3-29）：矩形毡圈压在梯形槽中与轴接触，适用于脂润滑，环境清洁，轴颈圆周速度 v<4～5m/s，工作温度小于 90℃的场合。

2）皮碗密封（图 3-30）：密封圈由皮革或橡胶制成，有或无骨架，利用环形螺旋弹簧，将密封圈的唇部压在轴上，图 3-30 中唇部向外，可防止尘土入内；如唇部向内，可防止油泄漏。皮碗密封适用于油润滑或脂润滑，轴颈圆周速度 v<7m/s，工作温度在−40～100℃的场合，密封圈为标准件。

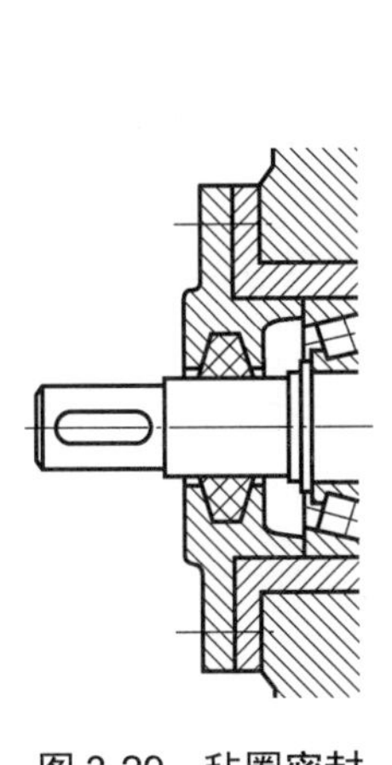

图 3-29　毡圈密封

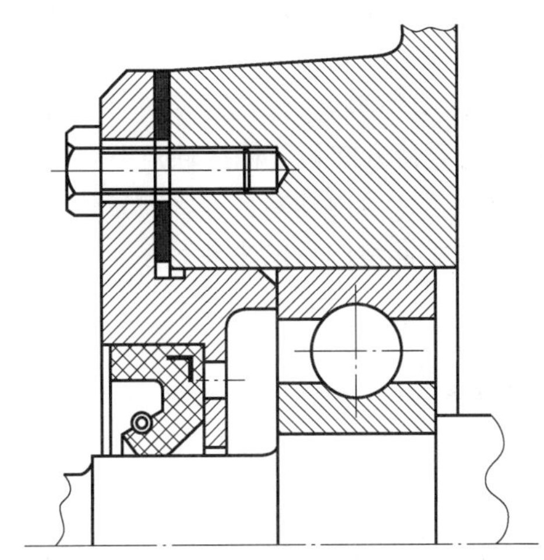

图 3-30　皮碗密封

（2）非接触式密封

非接触式密封是利用狭小和曲折的间隙密封，不直接与轴接触，故可用在高速场合。

1）间隙密封（图 3-31）：在轴与轴承盖间，留有细小的环形间隙，半径间隙为 0.1～0.3mm，中间填以润滑脂。它用于工作环境清洁、干燥的场合。

2）迷宫密封（图 3-32）：在轴与轴承盖间有曲折的间隙，纵向间隙要求为 1.5～2mm，以防轴受热膨胀。迷宫密封适用于脂润滑或油润滑，工作环境要求不高，密封可靠的场合。也可将毡圈和迷宫组合使用，其密封效果更好。

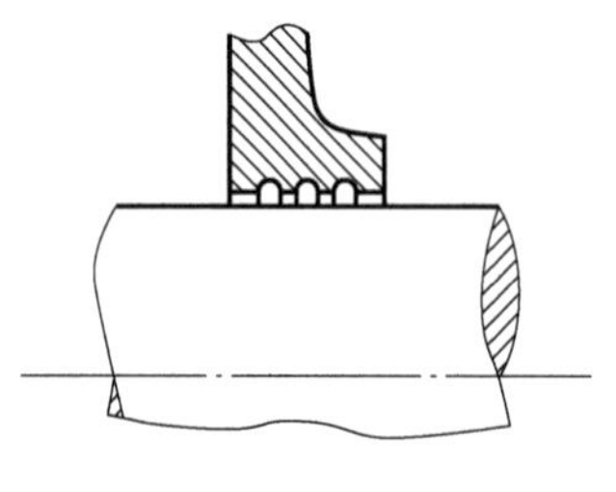
图 3-31　间隙密封

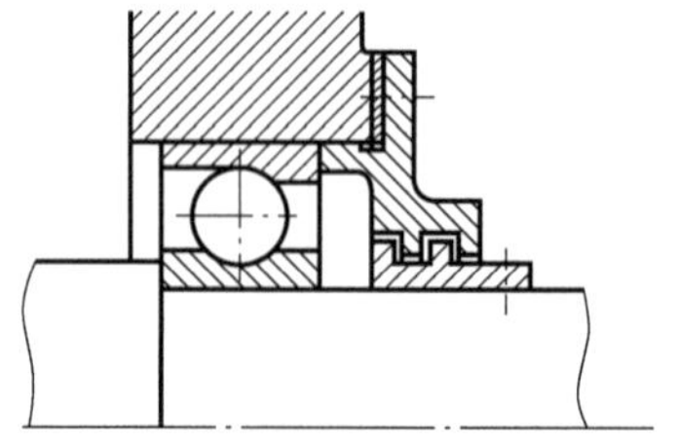
图 3-32　迷宫密封

五、滚动轴承在汽车中的应用

滚动轴承在汽车中有着广泛的应用。在汽车变速器中，各轴与箱体及齿轮与轴间的连接支承，大多采用圆锥滚子轴承或球轴承，其输出轴与箱体间则采用滚针轴承。汽车车轮的轮毂与半轴间的连接采用圆锥滚子轴承。另外，其他汽车辅助设备中，凡有相对转动的部位，大部分也是采用滚动轴承连接。

任务小结

1）滚动轴承的结构：滚动轴承一般由内圈、外圈、滚动体和保持架组成。

2）滚动轴承常用材料有 GCr15、GCr15SiMn、GCr6、GCr9 等。

3）按滚动体的形状，滚动轴承可分为球轴承和滚子轴承两大类。

4）按承受载荷方向和公称接触角不同，滚动轴承又可分为向心轴承和推力轴承两大类。

5）滚动轴承代号由基本代号、前置代号和后置代号构成。

6）滚动轴承润滑的目的主要是减少摩擦、磨损，同时也有冷却、吸振、防锈和减小噪声的作用。

拓展提高

滚动轴承的选择

1. 选择时应考虑的问题

选择轴承时，一般应从机械对轴承性能的要求，轴承对工作环境、工作条件的适应性，轴承的价格和供货，安装维护方便等几方面考虑。在考虑轴承的承载性、适应性和经济性的原则下，在选择滚动轴承时应考虑的具体问题如下：

1）机械对轴承性能的要求。主要包括承载能力的大小，允许的速度范围，起动时摩擦力矩的大小及摩擦功耗，对外界和自身振动的抵抗能力，起动、停车的频繁程度，运转时的噪声水平，径向精度，安装结构要求及其润滑简易程度等因素。

2）轴承对工作环境和条件的适应性。主要包括是否高温、低温或温度变化范围很大，有无腐蚀性气体或污染，周围有无含尘空气，是否潮湿或干湿交替，有无废屑或磨粒污染，有无辐射，是否在真空下工作，有无近处机械传来的振动等因素。

3）经济性。主要指轴承的寿命和耐用度，轴承本身及其附属装置的费用，保证轴承正常工作的维护费用等因素。

2. 滚动轴承的选择要求

在选择轴承类型时，应从具体工作条件出发，考虑各类轴承的特点及应用场合，从中选出比较合适的轴承类型。具体选择时可参考以下几点：

1）考虑所承受载荷的大小、方向、性质和转速的高低。

2）考虑刚度、调整性能、结构尺寸大小、轴承的装卸和经济性能等要求。

课 后 自 测

一、填空题

1. 根据承受载荷的不同，轴可分为________、________和________。

2. 工作时既传递________又承受________的轴称为转轴。

3. 轴上零件的固定方法可分为________和________。

4. 轴上零件轴向定定的目的是保证传动零件在轴上有确定的________位置，防止它在轴上做________移动，并能承受________。

5. 滚动轴承是由________、________、________和________组成的。

6. 轴承按摩擦性质不同可分为________和________两大类。

7. 保持架的作用是分隔________。

8. 常见的滚动轴承滚动体形状有________、________和________等。

9. 轴的材料主要有________和________。

10. 轴承常用的润滑剂有________和________。

二、选择题

1. 自行车前、后轮的车轴属于（　　）。

A. 光轴　　B. 心轴　　C. 传动轴

2. 轴心线为一直线的轴称为（　　）。

A. 直轴　　B. 光轴　　C. 曲轴

3. 被轴承支承的部位称为（　　）。

A. 轴头　　B. 轴颈　　C. 轴环　　D. 轴肩

4．阶梯轴的截面变化部位称为（　　）。

A．轴头　　B．轴颈　　C．轴环或轴肩

5．阶梯轴上最常用的轴上零件轴向固定的方法是（　　）。

A．轴肩和轴环　　B．轴套　　C．轴端挡圈　　D．弹性挡圈

6．滑动轴承通常应用于（　　）情形下。

A．低速、重载、精度不高

B．高速、重载、高精度

C．轻载、中速

7．滑动轴承的寿命取决于（　　）的寿命。

A．轴承座　　B．轴承盖　　C．轴瓦

8．滚动轴承采用不同的滚动体，其承受载荷的能力也不一样，（　　）能够承受较大的径向载荷。

A．球体　　B．圆柱滚子　　C．圆锥滚子　　D．球面滚子

9．轴旋转时带动油环转动，把油箱中的油带到轴颈上进行润滑的方法称为（　　）。

A．滴油润滑　　B．油环润滑　　C．压力润滑

10．滚动轴承的代号由前置代号、基本代号及后置代号组成，其中基本代号表示（　　）。

A．轴承的类型、结构和尺寸

B．轴承组件

C．轴承内部结构的变化和轴承公差等级

D．轴承游隙和配置

11．代号为N1024的轴承内径应该是（　　）。

A．20　　B．24　　C．40　　D．120

三、简答题

1．滑动轴承上开设油沟应注意哪些问题？

2．滑动轴承的失效形式主要有哪些？

3．滚动轴承标记由哪几个基本部分组成？

4．轴上零件轴向固定的目的是什么？

5．滚动轴承为什么需要润滑？常用润滑方式有哪些？

模块四　汽车常用机构

任务一　平面机构相关概念

任务介绍

机械是人类进行生产劳动的工具，也是社会生产力发展水平的重要标志。随着社会经济的发展，汽车制造业和汽车运输业发展迅速，我国汽车保有量大幅增加，汽车机械已经成为机械工业的重要组成部分。机械是人类在利用和转变机械能进行生产时所使用的工具，它的作用是减轻体力劳动、提高生产效率、提高产品质量、便于大规模生产。

学习目标

1．掌握平面机构的基本概念。
2．了解运动副的类型。
3．认识平面机构运动简图

相关知识

一、机器和机构

1．机器

人们在日常生活和生产活动中已经见过或用过不少机器，如洗衣机、电动机、拖拉机、汽车发动机等。尽管机器种类繁多，构造、性能和用途各异，但它们之间存在着一些共同的特征。

1）任何机器都是人为的实物组合体，如图 4-1 所示的内燃机，它由气缸体 8、活塞 1、连杆 2、曲轴 3 等部分组合而成。

2）组成机器的各部分（实物）之间，具有确定的相对运动，如图 4-1 所示的活塞 1 在气缸体 8 中做往复运动，曲轴 3 相对两端的气缸体 8 做连续转动。

3）所有机器都能做有效的机械功或可进行能量的转换。例如，内燃机把燃料燃烧产生的热能转换成机械能，最终通过传动系统将动力传给汽车车轮，驱动汽车行驶，完成机器功

能的转换。又如，发电机是把其他形式的能转换为电能，电动机把电能转换成机械能。

图 4-1　单缸内燃机

1—活塞；2—连杆；3—曲轴；4、5—齿轮；6—凸轮；7—顶杆；8—气缸体

综上所述，可得到机器的概念：机器是人为的实物组合体，它的各部分之间具有确定的相对运动，并能做有效的机械功或进行能量的转换，代替或减轻人类劳动。

2. 机构

机构就是具有确定相对运动的实体的组合，它的主要作用在于传递或转换运动形式，但它不能做机械功，也不能转换能量，是机器中执行机械运动的装置。例如，图 4-1 所示内燃机中的活塞、连杆、曲轴及机体组合成一个机构，通常称为活塞连杆机构，它能将活塞的往复移动转换为曲轴的转动。机构是由若干个构件通过运动副连接而成的。

机构与机器的区别：机构只是具备了机器的前两个特征，因此，机构不能做机械功和进行能量转换，其主要作用在于传递或转换运动形式，而机器的主要作用在于为了某一生产目的而利用、转换能量或做机械功。如上述内燃机中活塞连杆机构，就是进行运动形式的转换，而整个内燃机为机器，因为它能把燃料的化学能转换成机械能。但是，在本课程中，我们并不研究机器的能量转换问题。因此，若抛开机器的第三个特征，机器和机构就没什么区别了。所以，无论谈到机器还是机构，都只用“机构”这一词，有时也用“机械”这一词。机器是由机构组成的，机械是机器和机构的总称。

3. 零件

零件是指机械中每一个单独加工的单元体，或者说，零件是一个制造单元。零件又可分为两类：一类是在各种机器中都可能用到的零件，称为通用零件，如螺母、螺栓、齿轮、凸轮、链轮等；另一类则是在特定类型机器中才能用到的零件，称为专用零件，如曲轴、活塞等。

4. 构件

若由一个或几个零件刚性地连接在一起，作为一个整体而运动，则这一个整体就称为一个构件。这些刚性地连接在一起的零件之间不能产生任何相对运动。显然，从运动的观念来看，构件是一个运动单元。如图 4-2 所示的连杆就是由连杆 1、螺栓 2、连杆盖 3、螺母 4 等物体组成的，在机构的运动过程中，这一刚性连接体就是一个构件，就是一个独立的运动单元。注意，一个不与其他任何零件刚性连接的单独的零件，也可以说是一个简单的构件（如内燃机的曲轴等）。

图 4-2　连杆

1—连杆；2—螺栓；3—连杆盖；4—螺母

构件与零件的区别是，构件是运动的单元，零件是机器中最小的制造单元。

二、运动副及其分类

两构件直接接触并能保持一定形式的相对运动的连接称为运动副。例如，活塞与气缸的连接（即两者相配合）等，即构成了运动副。机构中各个构件之间的运动和力的传递，都是通过运动副实现的。运动副中两构件间的接触形式不同，其限制的运动也不同，其接触形式有点、线、面 3 种形式。两构件间以面接触的运动副称为低副，两构件通过点或线接触组成的运动副称为高副。

根据组成运动副的两构件之间的相对运动是平面运动还是空间运动，运动副可分为平面运动副和空间运动副两种。

1. 平面低副

根据两构件之间允许的相对运动形式不同，低副又分为转动副和移动副。

（1）转动副

组成运动副的两构件只能绕某一轴线做相对转动的运动副称为转动副。图 4-3 所示的铰链连接就是转动副的一种形式，即由圆柱销和销孔及其两端面组成的转动副。铰链连接的两构件只能绕 Z 轴自由转动，沿 X 轴和 Y 轴的自由移动则被限制（约束）。内燃机中曲轴与连杆、曲轴与机架、连杆与活塞之间都组成转动副。

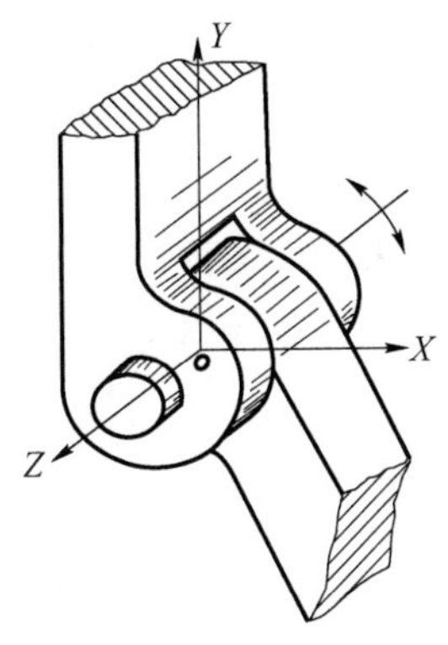

图 4-3　转动副

（2）移动副

若运动副只允许两构件沿接触面某一方向相对滑移，则称该运动副为移动副，如图 4-4 所示。内燃机中的活塞与气缸之间组成移动副。

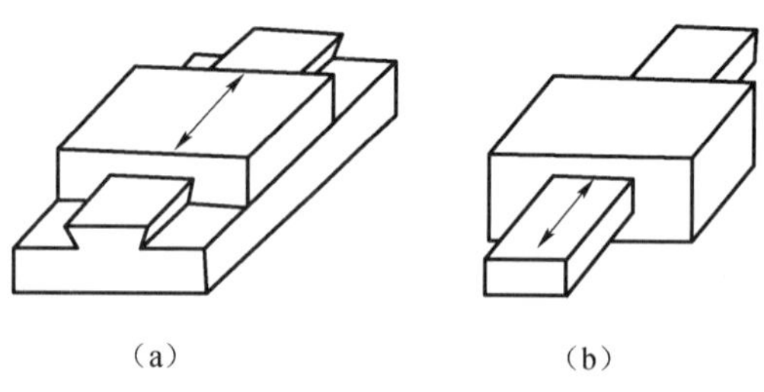

图 4-4　移动副

(a) 燕尾滑板；(b) 滑块与导轨

由于低副中两构件之间的接触为面接触，因此，承受相同载荷时，压强较低，不易磨损。

2. 平面高副

高副是指两构件以点或线接触的运动副。图 4-5 所示为常见的几种高副接触形式，图 4-5（a）是车轮与钢轨的接触，图 4-5（b）是齿轮的啮合，都属于线接触的高副；图 4-5（c）是凸轮与从动的接触，属于点接触的高副。

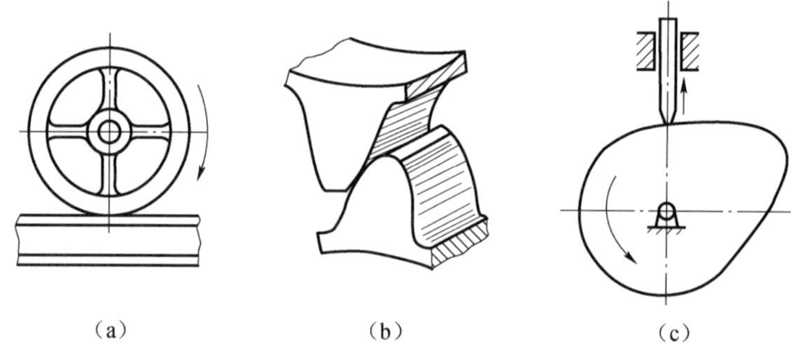

图 4-5　高副

低副是面接触的运动副，其接触表面一般为平面或圆柱面，容易制造和维修，承受载荷时单位面积压力较低（故称低副），低副比高副的承载能力大。低副属滑动摩擦，摩擦损失大，因而效率较低；此外，低副不能传递较复杂的运动。高副是点或线接触的运动副，承受载荷时单位面积压力较高（故称高副），两构件接触处容易磨损，寿命短，制造和维修也较困难。高副的特点是能传递较复杂的运动。

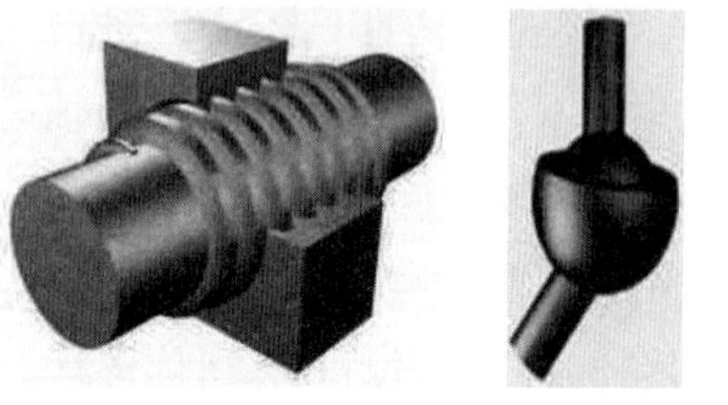

图 4-6　螺旋副　　图 4-7　球面副

3. 空间运动副

两构件在接触处只允许做螺旋运动的运动副称为螺旋副，如图 4-6 所示。两构件的接触为球面的运动副称为球面副，如图 4-7 所示。螺旋副和球面副属于空间运动副。

三、平面机构的运动简图

分析已有机械或设计新机械时，为了便于研究机械的运动，工程上常用规定的符号和线条绘出能够表达各构件相对运动关系的图形，这种图形称为机构运动简图。在运动简图中常将运动副和构件用简单符号和线条来表示。

1. 常见的运动副简图

常见的运动副简图如图 4-8 所示。

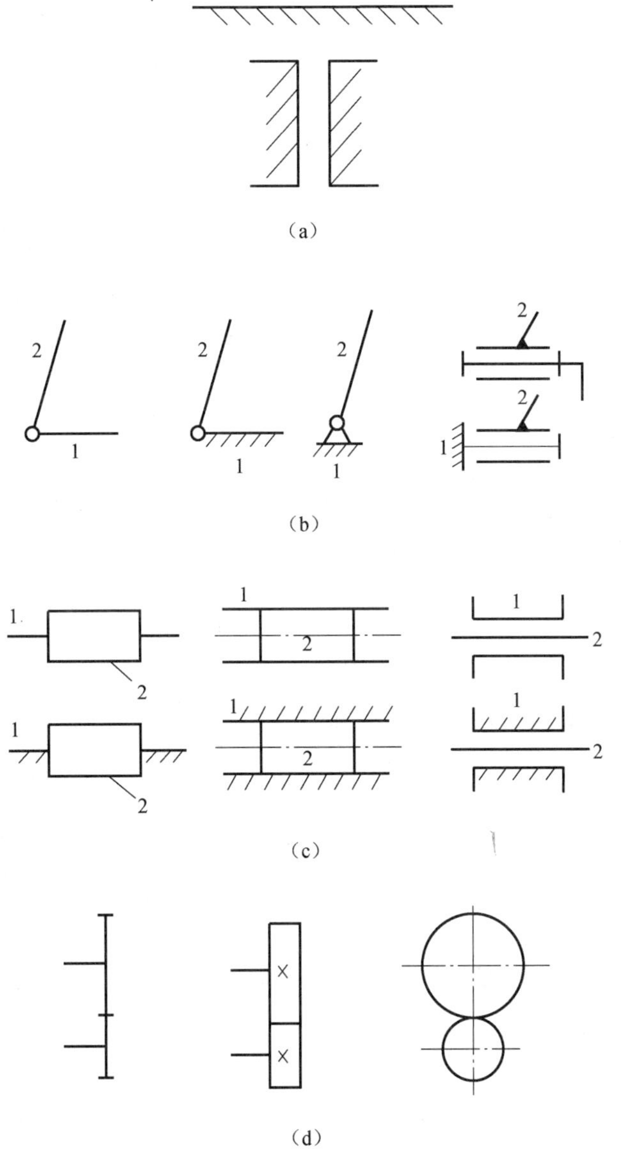

图 4-8　常见的运动副简图

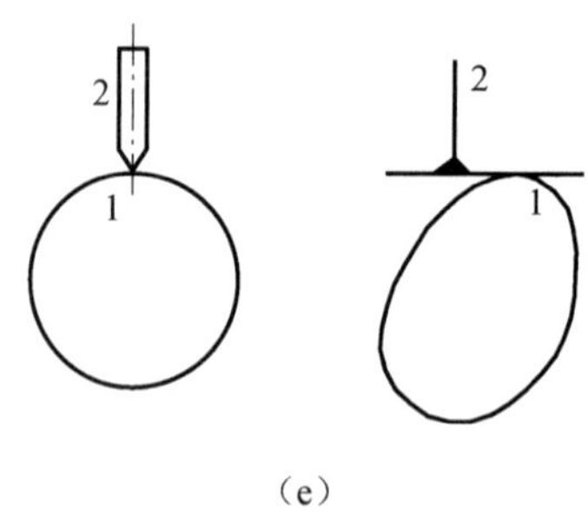

（e）

图 4-8　常见的运动副简图（续）

（a）机架；（b）转动副；（c）移动副；（d）齿轮副；（e）凸轮副

2. 平面机构的运动简图

机构运动简图的绘制方法和步骤如下：

1）观察机构的实际结构，分析机构的运动情况，找出机构的固定件（机架）、原动件和从动件。

2）从原动件开始，按运动传递路线，分清构件间相对运动的性质，确定运动副的类型。

3）以与机构运动平面平行的平面作为绘制运动简图的平面，用规定的符号和线条按比例绘制在此平面上，得到的图形即为机构运动简图。

例 4-1　绘制图 4-1 所示内燃机的机构运动简图。

解：

1）分析结构，确定机架、原动件和从动件。

由图 4-1 可知，壳体和气缸体是一个整体，在内燃机中起机架的作用，气缸体内的活塞 1 是原动件，连杆 2、曲轴 3 和与之相固定的齿轮 4、齿轮 5、凸轮 6 和顶杆 7 是从动件。

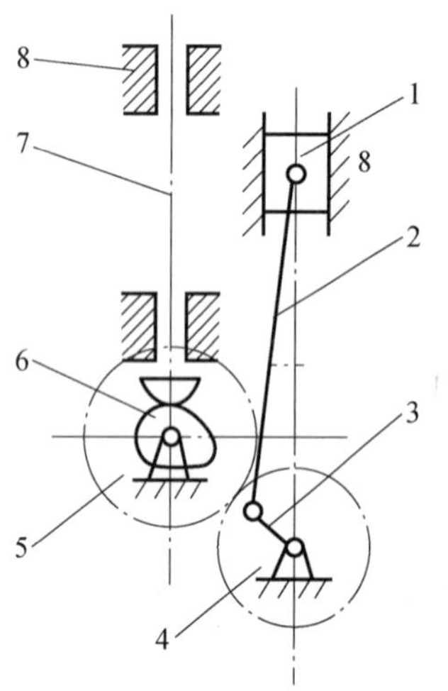

图 4-9　内燃机机构运动简图

1—活塞；2—连杆；3—曲轴；4、5—齿轮；6—凸轮；7—顶杆；8—机架

2）按运动传递路线和相对运动的性质确定运动副的类型

该机构的运动由活塞 1 输入，活塞 1 与气缸组成移动副；活塞 1 与连杆 2、连杆 2 与曲轴 3、曲轴 3 与壳体之间组成转动副。

运动经齿轮 4 传到齿轮 5，它们之间是线接触，组成高副；齿轮 5 与气缸体 8 组成转动副；齿轮 5 与凸轮 6 连在一起为同一构件，凸轮 6 与顶杆 7 之间是点或线接触，组成高副；顶杆 7 与气缸体 8 组成移动副。

3）选择视图平面和比例，用规定符号和线条绘制机构运动简图。

由于内燃机的主运动机构是平面运动，故取其运动平面为视图平面，选择适当的比例用规定符号和线条画出所有构件和运动副，即可得到内燃机的机构运动简图（图 4-9），图 4-9 中标有箭头的构件 1 表示原动件。

任务小结

1）机器：机器是人为的实物组合体，它的各部分之间具有确定的相对运动，并能做有效的机械功或进行能量的转换，代替或减轻人类劳动。

2）机构：具有确定的相对运动的实体的组合，它的主要作用在于传递或转换运动形式，但它不能做机械功，也不能转换能量，是机器中执行机械运动的装置。

3）构件与零件的区别：构件是运动的单元，零件是机器中最小的制造单元。

4）低副：两构件间以面接触的运动副。

高副：两构件通过点或线接触组成的运动副。

拓展提高

机器组成及常用的传动形式

一部完整的机器，就其功能来讲，由以下 4 部分组成：

（1）动力部分

动力部分是驱动整个机器完成预定功能的动力源，如汽车的发动机。各种机器广泛使用的动力源有热力、电力、风力、液力、压缩气体、太阳能等。

（2）执行部分

执行部分是机器中直接完成工作任务的组成部分，如汽车的行驶系统、内燃机的活塞、机床的刀架等。

（3）传动部分

传动部分介于动力部分和执行部分之间，用来完成运动形式、运动和动力参数转换的组成部分。利用它可以减速、增速、调速、改变转矩及改变运动形式等，从而满足执行部分的各种要求，如汽车的传动系统、内燃机的连杆等。

常用的传动形式如下：

1）机械传动：利用传动机构作为工作介质，以实现机器的原动机与工作机构之间的转速（速度）、转矩（力）或运动形式的传递。

2）液压传动：采用液压元件，利用液体作为工作介质，以压力和流量实现机器的原动机与工作机构之间的转速（速度）、转矩（力）或运动形式的传递。

3）气压传动：采用气压元件，利用气体作为工作介质，以压力和流量实现机器的原动机与工作机构之间的转速（速度）、转矩（力）或运动形式的传递。

4）电气传动：采用电气设备和电子元件，利用调整其电压、电流及控制波等实现能量和控制的传递。

（4）控制部分

控制部分使以上 3 个部分彼此协调运作，并准确、安全、可靠地完成整机功能的组成部分，如汽车的转向系统、制动系统、内燃机的配气机构等。它包括机械控制、电气控制、液压控制和气压控制系统等。

以上 4 个部分中，执行部分和传动部分是机器的主体。

任务二　汽车常用平面连杆机构

任务介绍

平面机构是指机构内各构件的相对运动都在同一平面或互相平行的平面内。平面连杆机构是由若干构件用低副（转动副和移动副）连接组成的机构，各构件间的相对运动都在同一平面或平行平面内。低副是面接触，便于制造，容易获得较高的制造精度，并且压强低、磨损小、承载能力大。但是，低副中存在难以消除的间隙，从而产生运动误差，不易准确地实现复杂的运动，不宜用于调整的场合。

平面连杆机构的类型很多，应用很广，最简单的是由 4 个构件组成的铰链四杆机构。下面介绍几种汽车常用的平面连杆机构。

学习目标

1．掌握铰链四杆机构的概念及基本类型。

2．掌握铰链四杆机构的演化类型及曲柄存在的条件。

3．掌握铰链四杆机构的基本性质。

相关知识

一、平面四杆机构的类型及应用

如图 4-10 所示，4 个构件之间都是用转动副连接而成的，该机构称为铰链四杆机构。其中，固定不动的杆 4 称为机架，与机架相连的杆 1 和杆 3 称为连架杆，连接两连架杆的杆 2 称为连杆。当连架杆能绕与机架相连的固定铰链整周回转时，称该连架杆为曲柄；不能整周回转的连架杆称为摇杆。

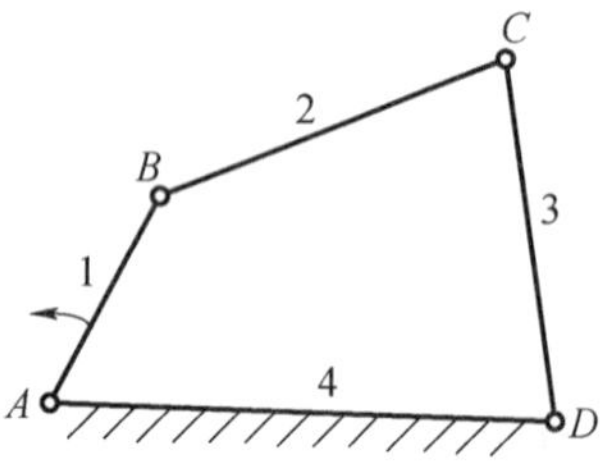

图 4-10　铰链四杆机构

1、3—连架杆；2—连杆；4—机架

根据两个连架杆运动形式的不同，可将铰链四杆机构分为 3 种基本形式，即曲柄摇杆机构、双曲柄机构和双摇杆机构。

1．曲柄摇杆机构

若铰链四杆机构两连架杆之一为曲柄，另一连架杆为摇杆，则称该铰链四杆机构为曲柄摇杆机构。

曲柄摇杆机构可以实现转动与摆动的转换，即将曲柄的整周转动转换为摇杆的往复摆动，或将摇杆的往复摆动转换为曲柄的整周转动。通常曲柄做等速转动，摇杆做变速往复摆动。图 4-11 所示为雷达天线俯仰角调整机构，其中，天线固定在连架杆 3（即摇杆）上，由主动件 1（曲柄）通过连杆 2 使天线缓慢摆动以调整俯仰角。

图 4-12 所示为汽车刮水器，当曲柄 *AB* 转动时，从动杆 *CD* 做往复摆动，利用摇杆的加长部分实现刮水动作。

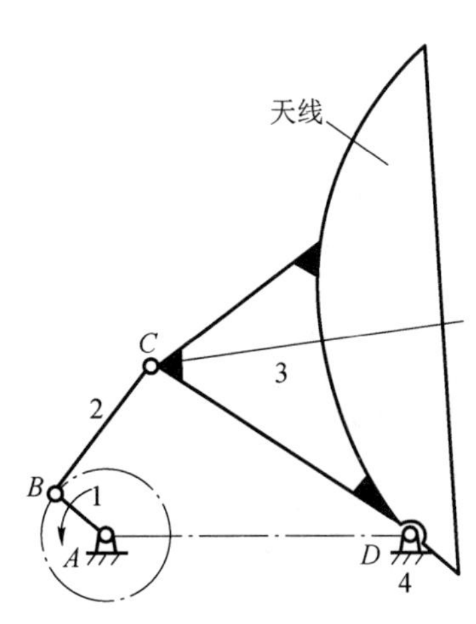

图 4-11　雷达天线俯仰角调整机构

1—主动件；2—连杆；3—连架杆；4—机架

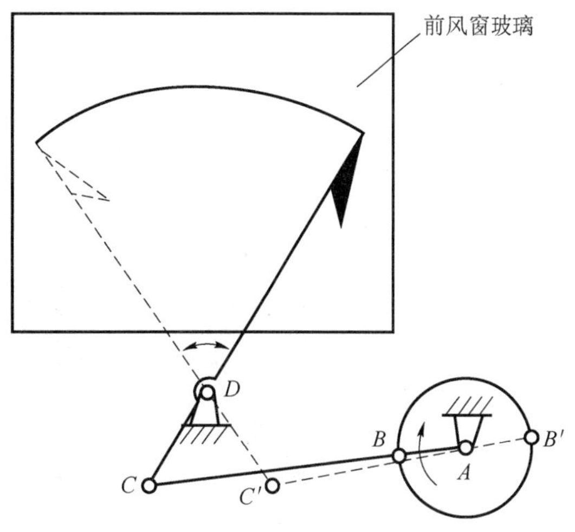

图 4-12　汽车刮水器

2. 双曲柄机构

若铰链四杆机构的两连架杆均为曲柄则称为双曲柄机构，如图 4-13 所示，构件 1 和构件 3 为曲柄，构件 4 为机架，构件 2 为连杆。

图 4-14 所示为惯性筛机构，它是以双曲柄机构为基础扩展而成的六杆机构。其中，*ABCD* 为双曲柄机构，当曲柄 1 做等角速度转动时，曲柄 3 做变角速度转动，通过构件 5 使筛体 6 做变速往复直线运动，由于筛体上物料的惯性作用实现筛选。

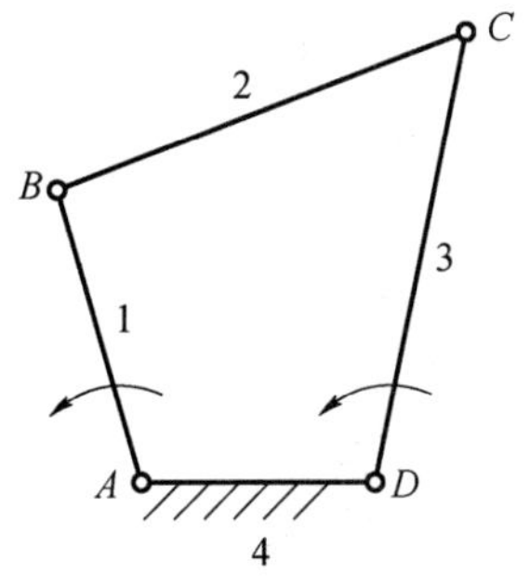

图 4-13　双曲柄机构

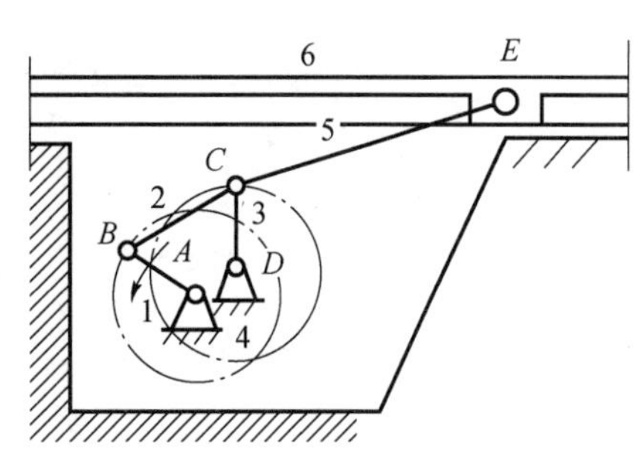

图 4-14　惯性筛机构

在双曲柄机构中，如连杆与机架的长度相等，两个曲柄的长度也相等，并组成平行四边形，则称为平行四边形机构，如图 4-15 所示。其特点为两曲柄 *AB* 与 *CD* 长度相等，始终做等速、同向转动，连杆也始终做平动。图 4-16 所示的机车车轮联动机构为平行四边形机构的应用实例。

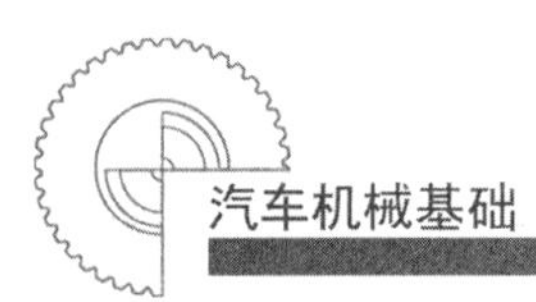

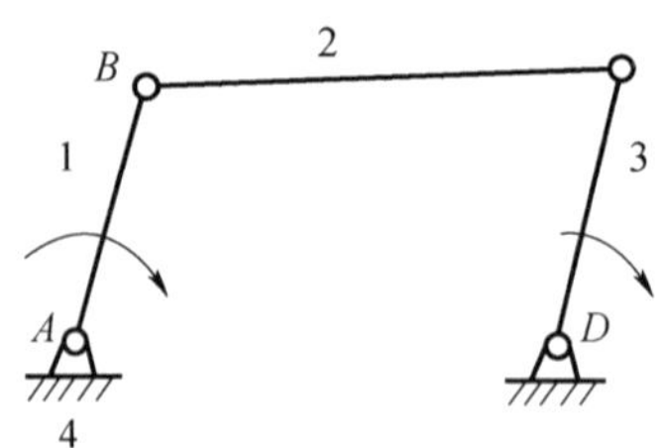

图 4-15　平行四边形机构

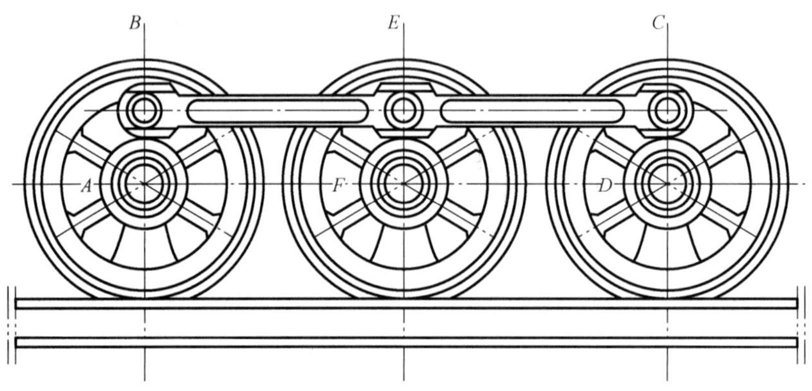

图 4-16　机车车轮联动机构

如果双曲柄机构的对边构件长度相等而不平行，则称为反向双曲柄机构。图 4-17 所示的公共汽车车门启闭机构就是这种机构的应用实例。

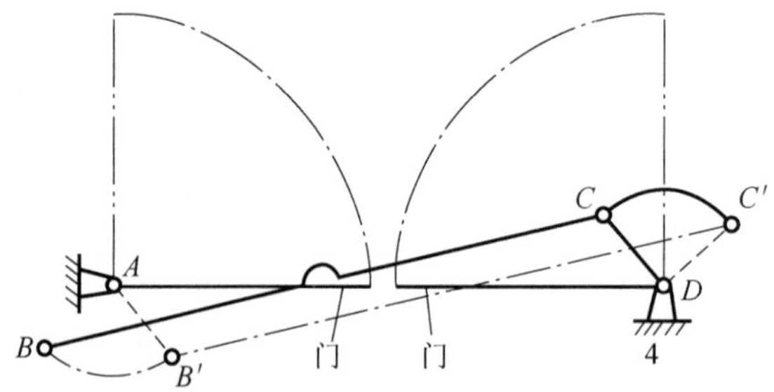

图 4-17　公共汽车车门启闭机构

双曲柄机构的功能是将等速转动转换为等速同向、不等速同向、不等速反向等多种转动。

3. 双摇杆机构

若铰链杆机构的两连架杆都是摇杆，则称为双摇杆机构。

双摇杆机构可将主动件的往复摆动经过连杆转换为从动件的往复摆动。图 4-18 所示为飞机起落架的机构运动简图，其中 *AB* 与 *CD* 均为摇杆，当飞机将要着陆时，需将胶轮放下，如图 4-18（a）所示；当飞机飞离地面时，则需将胶轮收起，如图 4-18（b）所示。

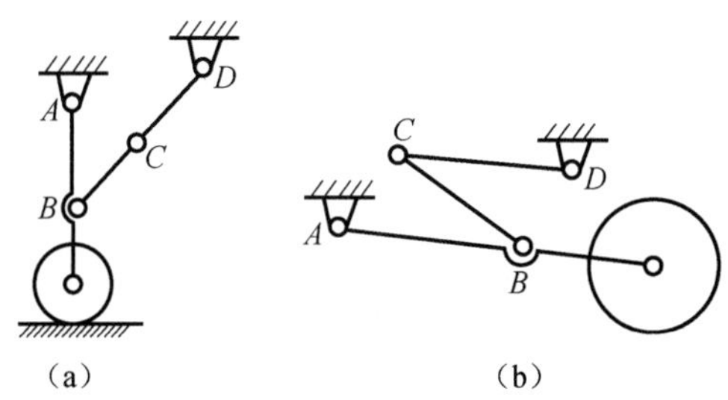

图 4-18　飞机起落架的机构运动简图

在双摇杆机构中，若两摇杆长度相等，则称为等腰梯形机构，如图 4-19 所示的汽车前轮转向机构。如图 4-19 所示，摇杆 *AB* 和 *CD* 分别与两前轮轴固连在一起，当汽车转弯时（图 4-19 中为向右转弯），左右两前轮摆动的角度β和δ不相等，四构件的相对长度保证两前轮轴线的延长线与后轮轴线的延长线相交于一点 *O*，从而使汽车绕 *O* 点转动时，4 个车轮都在地面上做纯滚动，减少了转弯时轮胎相对地面的滑动磨损。

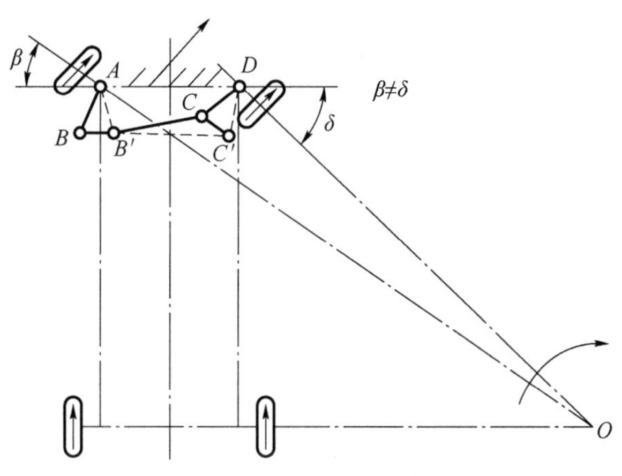

图 4-19　汽车前轮转向机构

二、铰链四杆机构的类型判别

铰链四杆机构的类型既与组成机构的各杆长度有关，又与机架的选取有关。在铰链四杆机构中是否存在曲柄取决于机构中各杆的长度关系，即要使连架杆能做整周的转动而成为曲柄，各杆必须满足一定的条件，这就是曲柄存在的条件。如图 4-20 所示，若 *AD* 为机架，*AB* 为曲柄，在 *AB* 转动的过程中，*AB* 与 *BC* 存在拉直共线和重叠共线两个位置。要使 AB 成为曲柄，它必须能顺利地通过这两个共线位置。由此可知，在铰链四杆机构中，要使连架杆成为曲柄，必须同时具备两个条件，即连架杆与机架中必须有一个是最短杆；最短杆与最长杆长度之和必不大于其余两杆的长度之和。

根据四杆机构有曲柄存在的条件，一般可按下述方法判定其类型：

若最短杆与最长杆的长度之和不大于其余两杆的长度之和，则

1）当取最短杆的邻边为机架时，该机构称为曲柄摇杆机构。

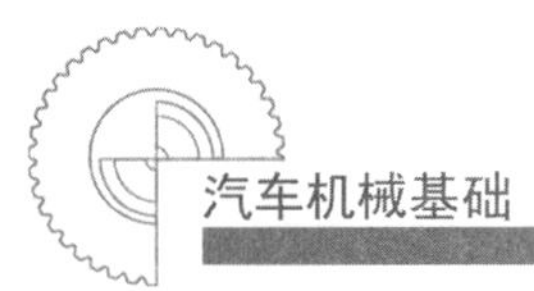

2）当取最短杆为机架时，该机构称为双曲柄机构。

3）当取最短杆的对边为机架时，该机构称为双摇杆机构。

若最短杆与最长杆的长度之和大于其余两杆的长度之和，则无论取哪一构件为机架，均无曲柄存在，该机构是双摇杆机构。

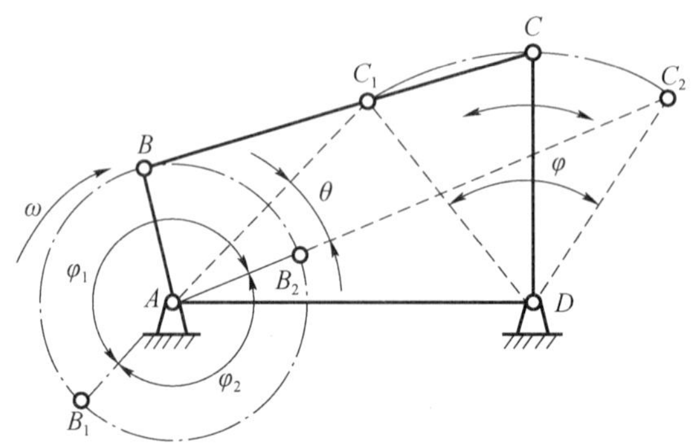

图 4-20　曲柄摇杆机构

三、铰链四杆机构的演化

铰链四杆机构通过将转动副演化成移动副或选取不同构件为机架等途径，还可获得平面四杆机构的其他演化形式。

在实际应用的机械中，将各式各样带有移动副的平面四杆机构，称为滑块四杆机构，简称滑块机构。滑块机构都可以看作由铰链四杆机构演化而来，下面介绍几种常用的滑块机构。

1. 曲柄滑块机构

曲柄滑块机构可以看作由曲柄摇杆机构演变而来，如图 4-21（a）所示的曲柄摇杆机构，摇杆上 C 点的运动轨迹是圆弧 mm。若摇杆 CD 的长度趋于无穷大，即如图 4-21（b）所示时，回转副中心 D 将位于无穷远处，C 点的运动轨迹变成了直线，转动副 D 变成移动副，从而演变成如图 4-21（c）所示的曲柄滑块机构。根据滑块导路中心线是否通过曲柄转动中心 A，曲柄滑块可分为如图 4-21（c）所示的对心曲柄滑块机构和图 4-22 所示的和偏置曲柄滑块机构（偏距为 e）。

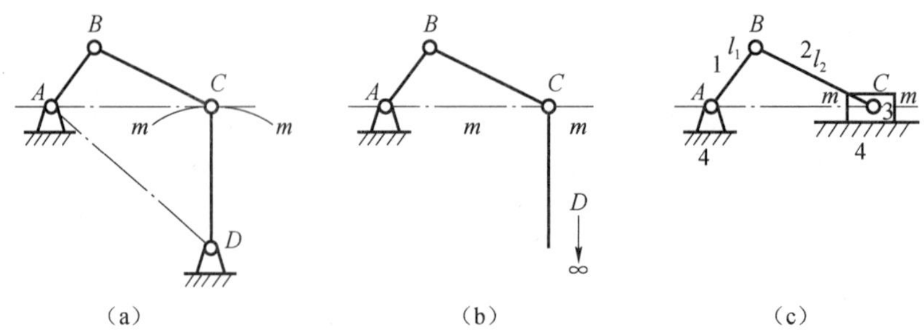

图 4-21　曲柄滑块机构的形成

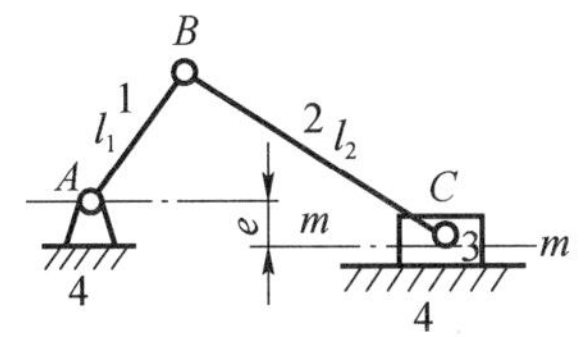

图 4-22　偏置曲柄滑块机构

心曲柄滑块机构中曲柄存在的条件为$l_1 \leqslant l_2$，偏置曲柄滑块机构中曲柄存在的条件为$l_1 + e \leqslant l_2$。

在曲柄滑块机构中，当以曲柄为原动件时，可将曲柄的转动转化为滑块的往复移动，它广泛应用于活塞式内燃机（图 4-23）、空气压缩机、冲床等机械中；当以滑块为原动件时，可将滑块的往复移动转化为曲柄的转动，它广泛应用于蒸汽机、内燃机等机械中。

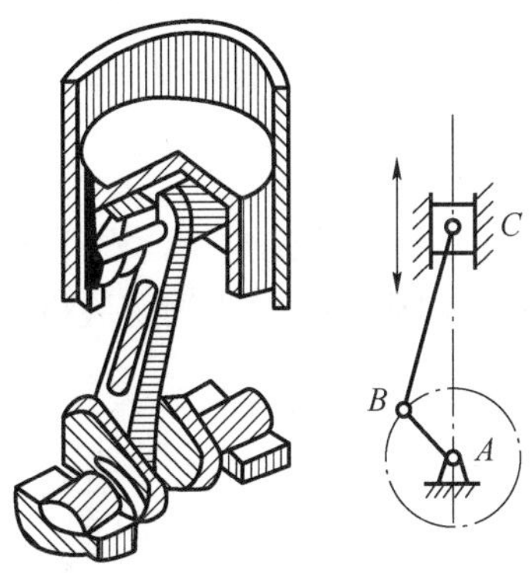

图 4-23　内燃机曲柄滑块机构

2. 曲柄导杆机构

导杆机构可以看作通过改变曲柄滑块机构中的机架演变而成。图 4-24（a）为曲柄滑块机构。图 4-24（b）所示的铰链四杆机构中，杆件 *AB* 的长度小于机架 *AC*，可以绕机架做圆周运动，但导杆 *BC* 只能做摆动，称为曲柄摆动导杆机构。图 4-24（c）所示的铰链四杆机构中，杆件 *AB* 的长度大于机架 *AC*，杆件 *AB* 和 *BC* 都可以绕机架做圆周运动，称为曲柄转动导杆机构。曲柄导杆机构常用于回转式油泵、牛头刨床等的工作机构中。

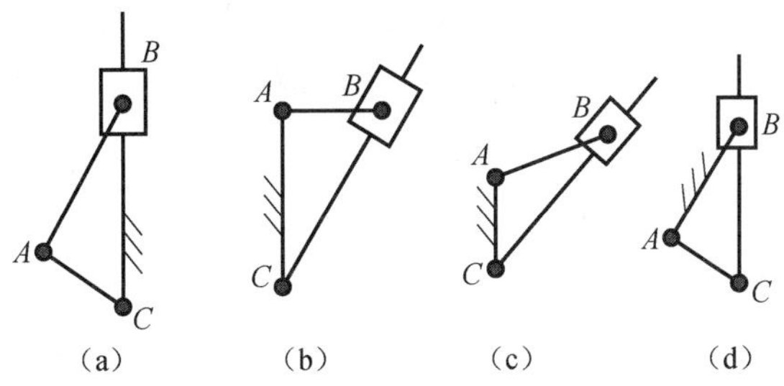

图 4-24　曲柄导杆机构的演化

（a）曲柄滑块机构；（b）曲柄摆动导杆机构；（c）曲柄转动导杆机构；（d）曲柄摇块机构

3. 曲柄摇块机构

如图 4-24（d）所示，杆件 AC 的长度小于机架 AB，可以做圆周运动，杆件 BC 与滑块组成移动副，滑块与机架 AB 组成转动副，滑块只能做定轴转动，称为曲柄摇块机构。图 4-25 所示的自动卸料机构就是曲柄摇块机构应用的实例。

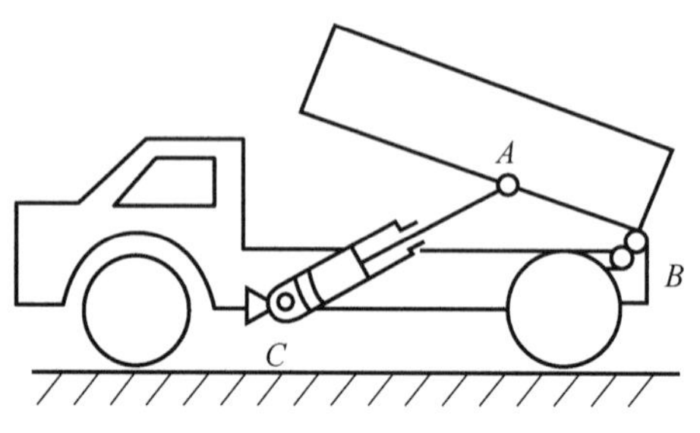

图 4-25 自动卸料卡车

4. 定块机构

在摇块机构中若将滑块 3 作为机架，称为定块，构件 2 绕 C 点摆动，构件 4 相对滑块 3 做往复移动，如图 4-26（a）所示，则称这种机构为定块机构。图 4-26（b）所示的手动压水机即为定块机构的应用实例。

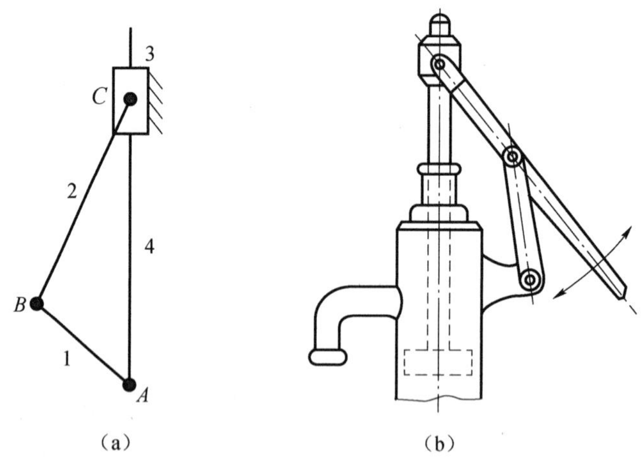

图 4-26 定块机构

四、平面四杆机构的基本性质

1. 急回特性

图 4-27 所示的曲柄摇杆机构中，曲柄 AB 为主动件并作匀速圆周转动时，曲柄 AB 转动一周的过程中，曲柄 AB 与连杆 BC 有两次共线位置 AB_1 和 AB_2，这时从动件摇杆 CD 分别位于左、右两个极限位置 C_1D 和 C_2D，其夹角 ψ 称为摇杆摆角，它是从动件的摆动范围，故又称行程。曲柄在摇杆处于两个极限位置时其对应的两个位置所夹锐角 θ 称为极位夹角。

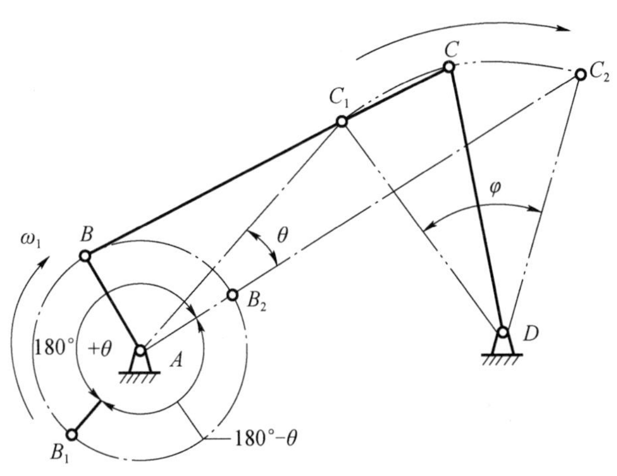

图 4-27 曲柄摇杆机构的运动特性

若曲柄 AB 以等角速度 ω 顺时针从与 BC 共线位置 AB_1 转到共线位置 AB_2，转过的角度为 $\phi_1=180°+\theta$，摇杆 CD 则从左边极限位置 C_1D 摆到右边极限位置 C_2D，所需时间为 t_1，C 点的平均速度为 v_1；当曲柄 AB 继续转过角度 $\phi_2=180°-\theta$，即从 AB_2 到 AB_1，摇杆 CD 从 C_2D 摆回到 C_1D，所需时间为 t_2，C 点的平均速度为 v_2，因为 $\phi_1>\phi_2$，所以 $t_1>t_2$，$v_2>v_1$，机构中摇杆的这种返回行程速度（v_2）大于工作行程速度（v_1）的特性称为急回特性。

摇杆做往复运动时急回的程度通常用行程速比系数 K 来表示，即

$$K=\frac{v_2}{v_1}=\frac{l_1}{l_2}=\frac{180°+\theta}{180°-\theta} \tag{4-1}$$

当给定行程速比系数 K 后，机构的极位夹角为

$$\theta=180°\frac{K-1}{K+1} \tag{4-2}$$

若 $K>1$，表示机构返回行程速度 v_2 大于工作行程速度 v_1，机构具有急回特性，能够减少返回时间，提高生产率。由式（4-1）可知，θ 越大，K 值越大，急回特性越显著。

当 $\theta>0°$ 时，说明该机构有急回特性；若 $\theta=0°$，则 $K=1$，机构不具有急回特性。因此，极位夹角 θ 是判断平面连杆机构急回特性的依据。

2. 压力角与传动角

实际生产对连杆机构的要求，一是能实现预定的运动规律；二是有较好的传力性能，使机构运转灵活、轻便及高效。机构的传力性能与其压力角有关。

在图 4-28 所示的曲柄摇杆机构中，取曲柄 AB 为原动件，摇杆 CD 为从动件。若忽略各构件的质量和运动副中的摩擦，则曲柄通过连杆作用于摇杆上 C 点的力 $\boldsymbol{F}$ 沿 BC 方向，它与受力点 C 的绝对速度 v_c 之间所夹的锐角称为压力角，力 $\boldsymbol{F}$ 沿 v_c 方向的分力 $F_t=F\cos\alpha$，F_t 是推动从动件运动的有效分力；而沿摇杆轴心线方向的分力 $F_n=F\sin\alpha$ 会增大运动副中的摩擦和磨损，对机构传动不利，故称为有害分力。显然，压力角 α 的大小是判别机构传力性能好坏的一个重要参数。

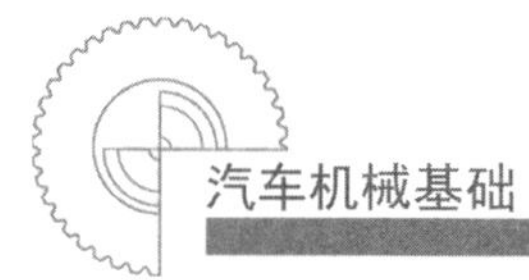

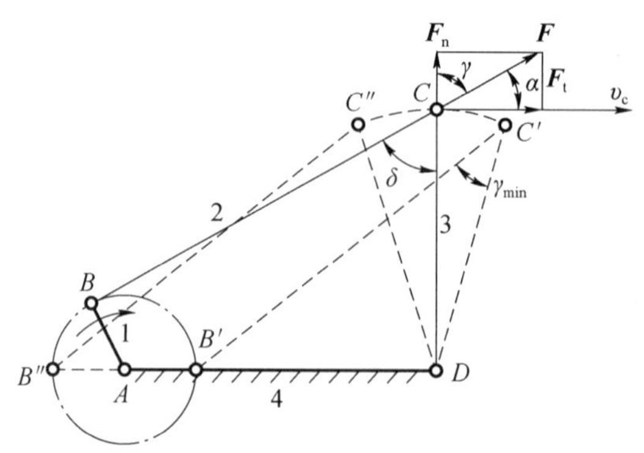

图 4-28　曲柄摇杆机构的压力角与传动角

为了便于在机构运动简图中直接观察和进行测量，特引入传动角的概念。我们将压力角α的余角γ称为传动角。显然，$\gamma=90°-\alpha$，故γ越大α越小，机构的传力性能越好。

不难看出，在机构运动过程中，传动角γ是不断变化的。为了保证机构具有良好的传力性能，需要对传动角的最小值加以限制。一般情况下，机构的最小传动角即$\gamma_{min}\geqslant 40°$；传递较大功率时，应取$\gamma_{min}\geqslant 50°$。出现最小传动角的机构位置可从机构运动简图中直观地判定。

对于图 4-28 所示的曲柄摇杆机构，当以曲柄为原动件时，最小传动角必定出现在曲柄与机架两个共线位置中的一处，其中γ较小的即为最小传动角。

3. 死点位置

图 4-29 所示的曲柄摇杆机构中，当以摇杆 CD 为主动件时，在摇杆摆到两个极限位置 C_1D 和 C_2D 时，连杆 BC 与曲柄 AB 两次共线。在这个位置上，若不计铰链中摩擦和各杆的质量，主动件摇杆 CD 通过连杆作用于从动曲柄 AB 上的力，恰好通过曲柄的回转中心 A，不会产生力矩，不能推动曲柄转动，这时，机构出现“卡死”的现象。机构处在连杆与从动件曲柄重合为一直线的极限位置，称为死点位置。

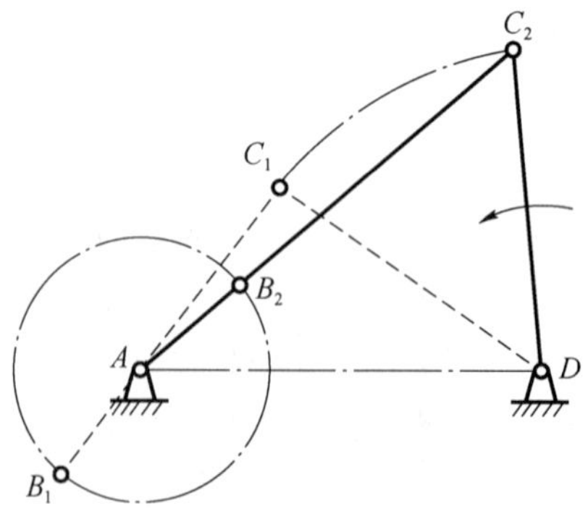

图 4-29　死点位置

一般来说，死点的存在对机构运动是不利的，应尽量避免出现死点。在无法避免的情况下，为了保证机构连续正常运转，设计时必须设法使机构顺利通过死点位置。工程上常借助于装在曲柄上飞轮的惯性带动曲柄转过死点位置。例如，内燃机上的曲柄连杆机构（活塞连杆机构），在曲轴上安装飞轮，就是利用飞轮的惯性，使连杆和曲轴重合时能越过死点位置，使曲轴连续地转动。

在实际应用中也有利用死点位置的性质来进行工作的。例如，图 4-30 所示夹具夹紧机构，夹紧工件后，机构处于死点位置（*BCD* 3 点共线），工件的反力 F'可阻止工件松开，使工件可靠夹紧。

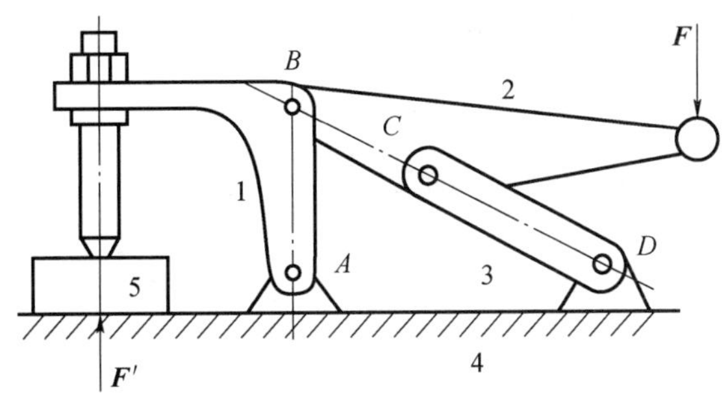

图 4-30　夹具夹紧机构

任务小结

1）铰链四杆机构的基本类型：曲柄摇杆机构、双曲柄机构和双摇杆机构。

2）曲柄存在的条件：连架杆与机架中必须有一个是最短杆；最短杆与最长杆长度之和必不大于其余两杆的长度之和。

3）铰链四杆机构的类型判别：若最短杆与最长杆的长度之和不大于其余两杆的长度之和，则

① 当取最短杆的邻边为机架时，该机构称为曲柄摇杆机构。

② 当取最短杆为机架时，该机构称为双曲柄机构。

③ 当取最短杆的对边为机架时，该机构称为双摇杆机构。

若最短杆与最长杆的长度之和大于其余两杆的长度之和，则无论取哪一构件为机架，均无曲柄存在，该机构是双摇杆机构。

4）急回特性：机构中摇杆返回行程速度大于工作行程速度的特性。

5）死点位置：机构处在连杆与从动件曲柄重合为一直线的极限位置。

拓展提高

偏心轮机构

偏心轮机构是平面四杆机构的另一种演化形式，它其实是一种凸轮机构。在曲柄滑块机构或其他含有曲柄的四杆机构中，如果曲柄长度很短，则在杆状曲柄两端装设两个转动副将存在结构设计上的困难。而如果曲柄需安装在直轴的两支承之间，则将导致连杆与曲

柄轴的运动干涉。为此，工程中常将曲柄设计成偏心距为曲柄长的偏心圆盘，此偏心圆盘称为偏心轮。曲柄为偏心轮结构的连杆机构称为偏心轮机构，如图 4-31 所示。

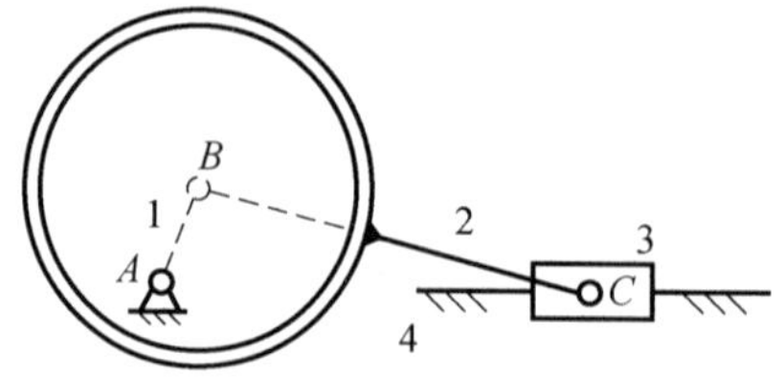

图 4-31　偏心轮机构

此外，在要求曲柄长度和从动件行程可调节的场合，常采用双偏心轮机构。例如，图 4-32 所示的曲柄滑块机构，曲柄由偏心距分别为 $e_1=AO_1$ 和 $e_2=O_1O_2$ 的两个偏心轮 1、2 组成，通过改变两偏心轮相对周向位置（即改变 A、O_1、O_2 3 点相对位置）可实现曲柄长度 AB 在 $(e_2-e_1+O_2B)\sim(e_2+e_1+O_2B)$ 的连续调节，从而使滑块 4 具有不同的行程。

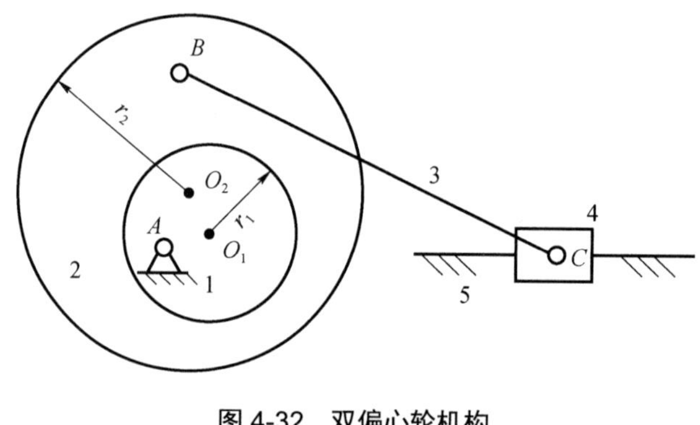

图 4-32　双偏心轮机构

任务三　其他常用机构

任务介绍

汽车常用机构除平面连杆机构外，还有凸轮机构和间歇运动机构。常用机构的基本作用是变换运动形式。例如，曲柄摇杆机构可将回转运动转换为往复直线运动；凸轮机构、棘轮机构和槽轮机构可将匀速转动转换为非匀速转动、间歇运动等。

学习目标

1. 了解凸轮机构的结构及分类。

2. 了解棘轮机构和槽轮机构的结构及运动过程。

相关知识

一、凸轮机构

1. 凸轮机构的组成、应用及特点

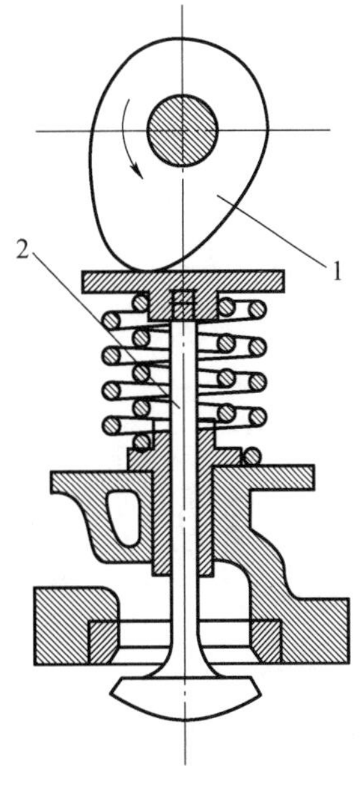

图 4-33　内燃机配气机构

1—凸轮；2—气门杆

汽车中常用的凸轮机构主要是汽车发动机中的进、排气门机构，即内燃机的配气机构。图 4-33 所示为内燃机的配气机构，具有曲线外廓形状的构件 1 做等速转动时，通过其向径的变化可使气门杆 2 按预期规律做上、下往复移动，进而控制气门有规律地开启和关闭（关闭借助弹簧的弹力作用），使可燃物质进入气缸或使废气排出。这里具有曲线外廓形状的构件 1 称为凸轮；与凸轮始终保持直接接触的气门杆 2 称为从动杆，或称为推杆。凸轮、从动件和机架组合在一起的机构称为凸轮机构。

图 4-34 所示为自动送料机构，带凹槽的圆柱凸轮 1 做等速转动，槽中的滚子带动从动件 2 做往复移动，将工件推至指定的位置，从而完成自动送料任务。图 4-35 所示为分度转位机构，蜗杆凸轮 1 转动时，推动从动轮 2 做间歇转动，从而完成高速、高精度的分度动作。

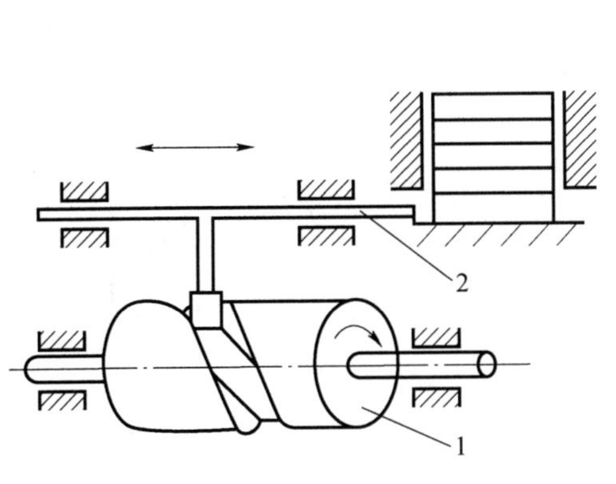

图 4-34　自动送料机构

1—圆柱凸轮；2—从动件

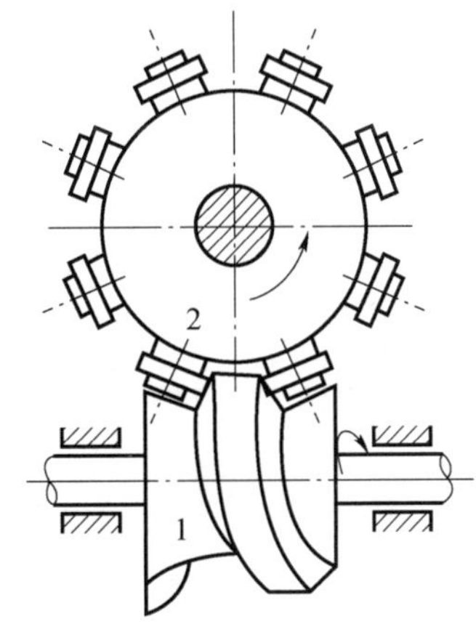

图 4-35　分度转位机构

1—蜗杆凸轮；2—从动轮

由以上实例可以看出：凸轮机构是主要由凸轮、从动件和机架所组成的高副机构，并且这种高副机构中至少有一个构件做往复移动（或摆动）；从动件的位移、速度和加速度随凸轮转角（或时间）变化，变化规律（称为从动件的运动规律）是由凸轮的轮廓形状及尺寸决

定的。凸轮机构可以实现从动件的无限多种运动规律。它主要用于转换运动形式，可以将凸轮的转动转变为从动件连续的或间歇的往复移动或摆动；或将凸轮的移动转变为从动件的移动或摆动。此外，凸轮机构还具有结构简单、紧凑，设计方便等优点，广泛应用于各种自动机械、仪表及自动控制装置中。但由于凸轮机构中凸轮与从动件属于高副接触，压强大、易磨损，凸轮轮廓线的制造精度对动力影响很敏感，受凸轮尺寸的限制，从动件工作行程较小等原因，凸轮机构只能用于传递功率不大、从动件行程不大的场合。

汽车发动机正常工作时，发动机的进、排气门必须按规定的运动规律准时打开或关闭，气门杆（从动件）的运动规律是根据对汽车发动机性能等方面的要求选择的，最终通过发动机凸轮轴上凸轮的轮廓形状、尺寸实现。

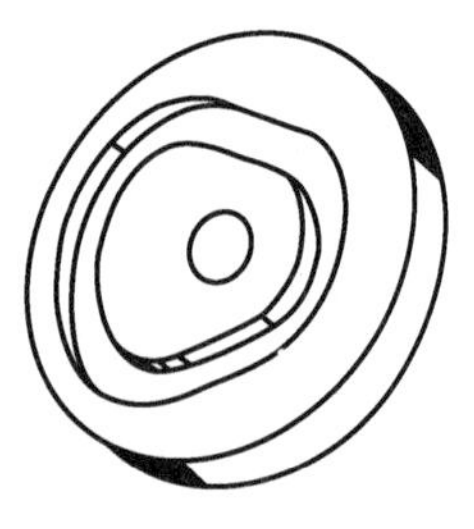
图 4-36　盘形凸轮

2. 凸轮机构的分类

（1）按凸轮的形状分

1）盘形凸轮（图 4-36）。盘形凸轮是一个绕固定轴转动并且具有变化向径的盘形零件，当其绕固定轴转动时，可推动从动件在垂直于凸轮转轴的平面内运动。它是凸轮的最基本形式，结构简单，应用最广。

2）移动凸轮（图 4-37）。当盘形凸轮的转轴位于无穷远处时，就演化成了移动凸轮（或楔形凸轮）。凸轮呈板状，相对于机架做直线移动。

在以上两种凸轮机构中，凸轮与从动件之间的相对运动均为平面运动，故又统称为平面凸轮机构。

3）圆柱凸轮等（图 4-38）。如果将移动凸轮卷成圆柱体即演化成圆柱凸轮。在这种凸轮机构中凸轮与从动件之间的相对运动是空间运动，故属于空间凸轮机构。

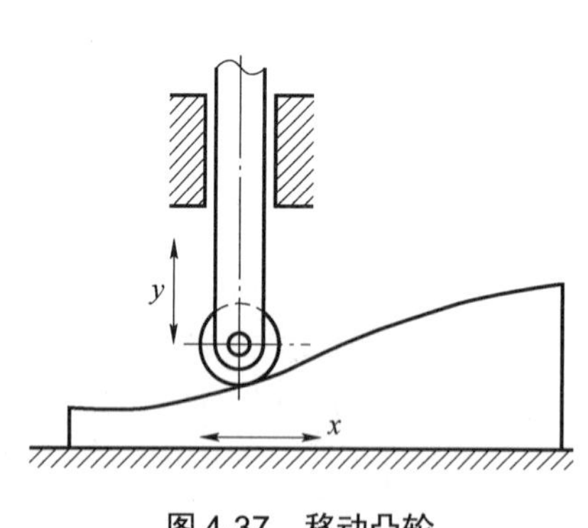

图 4-37　移动凸轮

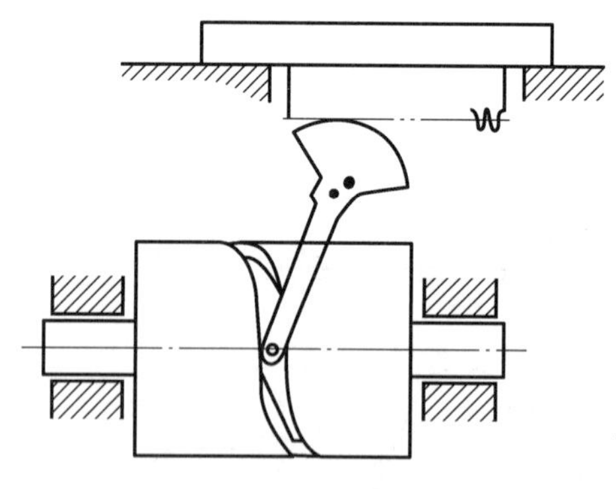
图 4-38　圆柱凸轮

（2）按从动件的形状分

凸轮按从动件的形状分类。

表 4-1　凸轮按从动件的形状分类

名称	图形	说明
尖端从动件凸轮机构	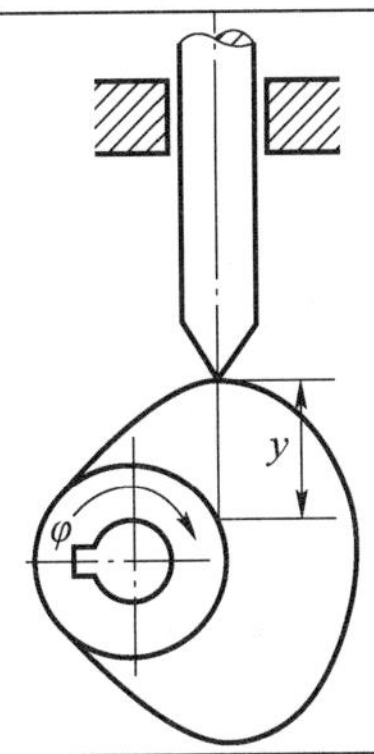	从动件的尖端能够与任意复杂的凸轮轮廓保持接触，从而使从动件实现任意的运动规律。这种从动件结构最简单，但尖端处易磨损，故只适用于速度较低和传力不大的场合
曲面从动件凸轮机构	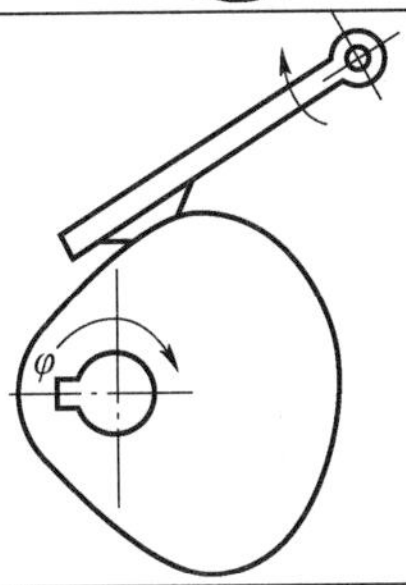	为了克服尖端从动件的缺点，可以把从动件的端部做成曲面，称为曲面从动件。这种结构形式的从动件在生产中应用较多
滚子从动件凸轮机构	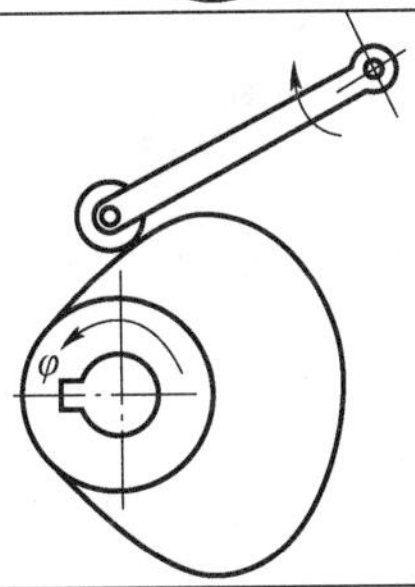	为减小摩擦磨损，在从动件端部安装一个滚轮，把从动件与凸轮之间的滑动摩擦变为滚动摩擦，因此摩擦磨损较小，可用来传递较大的动力，故这种形式的从动件应用很广
平底从动件凸轮机构	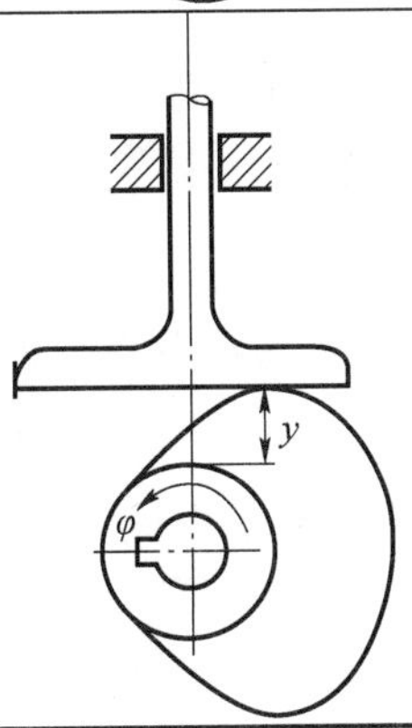	从动件与凸轮轮廓之间为线接触，接触处易形成油膜，润滑状况好。此外，在不计摩擦时，凸轮对从动件的作用力始终垂直于从动件的平底，受力平稳，传动效率高，常用于高速场合。缺点是与之配合的凸轮轮廓必须全部为外凸形状

（3）按从动件的运动形式分

按从动件的运动形式，凸轮机构可分为移动从动件凸轮机构和摆动从动件凸轮机构。

3. 凸轮机构在汽车中的应用

图 4-39 所示为凸轮机构在发动机上的应用。图 4-39 中所示的配气机构由凸轮、凸轮轴、挺柱、推杆、摇臂、气门弹簧和气门组成。气门弹簧利用弹力将气门压紧在气门座上。当发动机通过齿轮驱动凸轮轴旋转时，凸轮轴上的凸轮利用其表面轮廓通过挺柱推动推杆做上下移动，推杆则驱动摇臂绕摇臂轴做摆动。当凸轮处于推程时，摇臂的一端（较长端）将推压气门弹簧座，使弹簧压缩并带动气门下移，从而使气门因离开气门座而开启；当凸轮处于回程时，气门将在气门弹簧弹力的作用下回位，重新关闭气门。发动机配气机构在摇臂与气门之间专门留有一空隙——气门间隙，这是为了给机件受热膨胀留有一定余地，以避免机件因受热伸长而使气门自行开启，从而确保气门的正常工作。

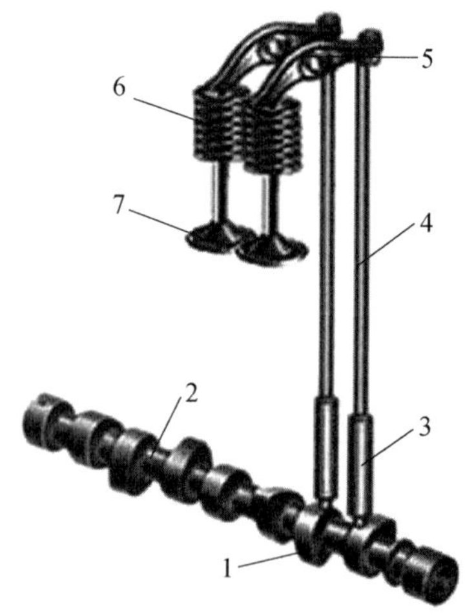

图 4-39　凸轮机构在汽车发动机上的应用

1—凸轮；2—凸轮轴；3—挺柱；4—推杆；5—摇臂；6—气门弹簧；7—气门

二、棘轮机构

间歇运动机构是将主动件的连续运动变换为从动件遵循一定规律的时停时动的机构。间歇运动机构的类型很多，常用的有棘轮机构、槽轮机构等。

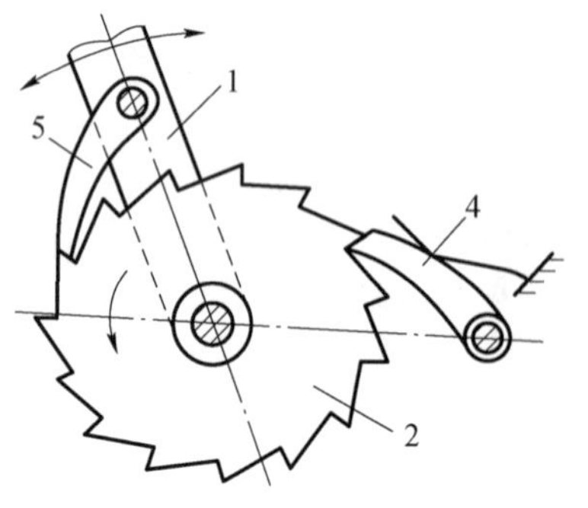

图 4-40　棘轮机构

1—主动摆杆；2—棘轮；3—棘爪；4—止回棘爪

1. 棘轮机构的工作原理

如图 4-40 所示，棘轮机构主要由棘轮、棘爪、主动摆杆及止回棘爪组成。主动摆杆逆时针摆动时，主动摆杆上铰接的棘爪插入棘轮的齿内，推动棘轮同向转动一定角度。当主动摆杆顺时针摆动时，止回棘爪阻止棘轮反向转动，此时棘爪在棘轮的齿背上滑回原位，棘轮静止不动。此机构将主动件的往复摆动转换为从动棘轮的单向间歇转动。利用弹簧使棘爪紧压齿面，保证止回棘爪可靠工作。

2. 棘轮机构的类型及特点

棘轮机构按其工作原理，可分为齿式棘轮机构和摩擦式棘轮机构两大类；按啮合部位，可分为外啮合棘轮机构和内啮合棘轮机构两种类型；按驱动方向，可分为单向驱动棘轮机构和双向驱动棘轮机构，其中，单向驱动棘轮机构的棘轮多为锯齿形，双向驱动棘轮机构的棘轮多为矩形。

图 4-41 所示为自行车后轮飞轮中的内啮合单向驱动棘轮机构。图 4-42 是控制牛头刨床工作台的双向式棘轮机构。图 4-43 所示为摩擦式棘轮机构。

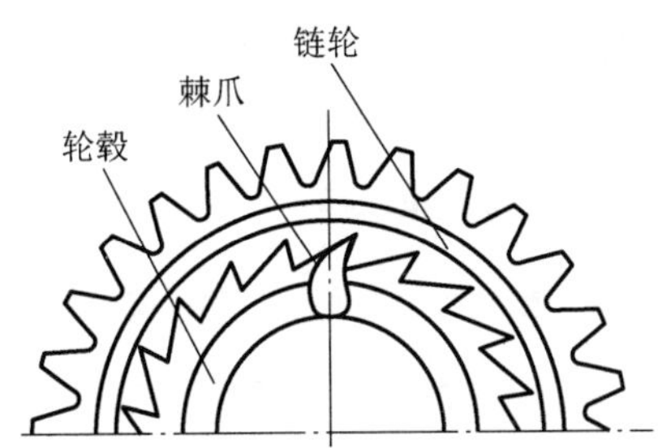

图 4-41　自行车后轮飞轮中的内啮合单向驱动棘轮机构

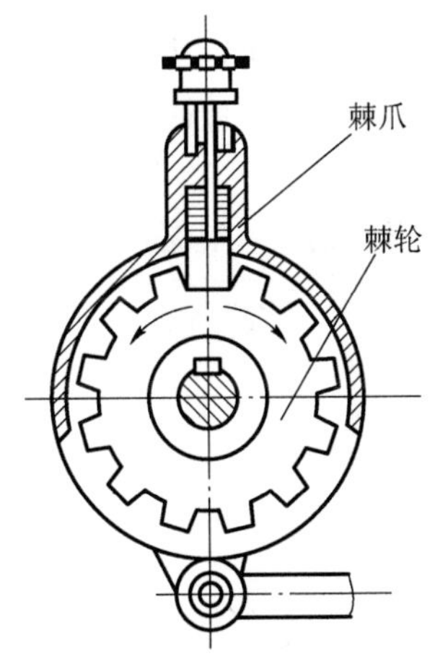

图 4-42　控制牛头刨床工作台双向式棘轮机构

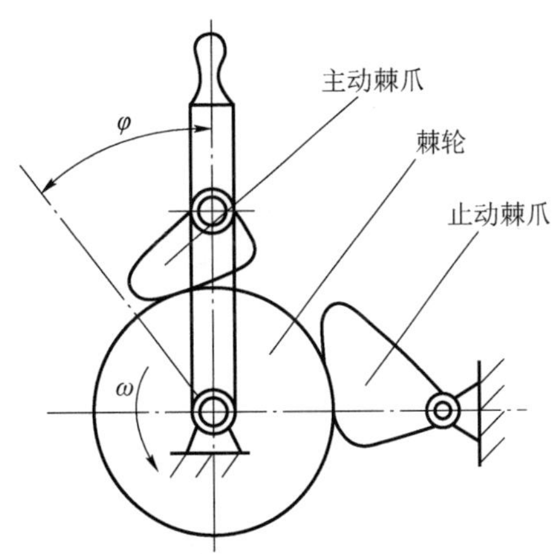

图 4-43　摩擦式棘轮机构

齿式棘轮机构的特点：齿式棘轮机构的结构简单，运动可靠，主从动关系可互换，动程可在较大范围内调节，动停时间比可通过选择合适的驱动机构实现；其缺点为动程只能有级调节；有噪声、冲击、磨损，故其不宜用于高速场合。

摩擦式棘轮机构的特点：摩擦式棘轮机构传动平稳、无噪声，传递转矩较大，动程可无级调节。依靠摩擦力传动会出现打滑现象，一方面可起到过载保护作用，另一方面也使传动精度降低。其适用于低速、轻载的场合。

3. 棘轮机构在汽车中的应用

图 4-44 所示为棘轮机构在汽车驻车制动系统中的应用。汽车驻车制动系统内部装有棘轮和棘爪，在将驻车制动手柄拉起后，棘爪就会卡在棘轮上，使驻车制动机构自动锁紧，这也就是在拉紧手柄时会听见“咔嗒”声响的原因。若要松开就必须按下手柄，释放按钮。

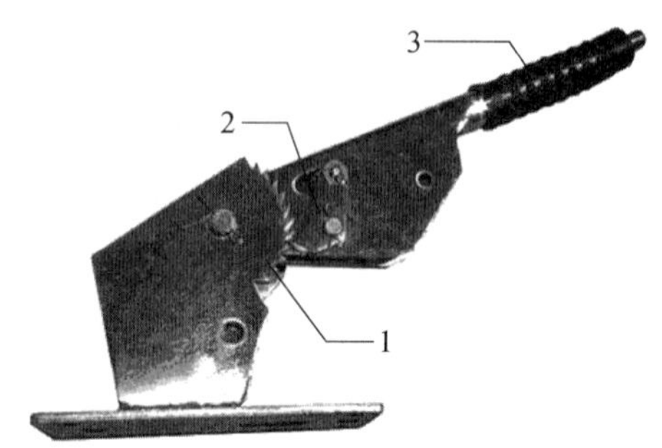

图 4-44 棘轮机构在驻车制动系统中的应用

1—棘轮；2—棘爪；3—驻车制动手柄

三、槽轮机构

槽轮机构（又称马尔他机构）能把主动轴的匀速连续运动转换为从动轴的周期性间歇运动，常用于各种分度转位机构中。槽轮机构由带销的主动拨盘、具有径向槽的从动槽轮和机架组成。

槽轮机构的停歇时间和运动时间取决于槽轮的槽数和拨销数。根据槽轮的啮合形式，槽轮机构可分为外槽轮机构和内槽轮机构，如图 4-45 和图 4-46 所示。

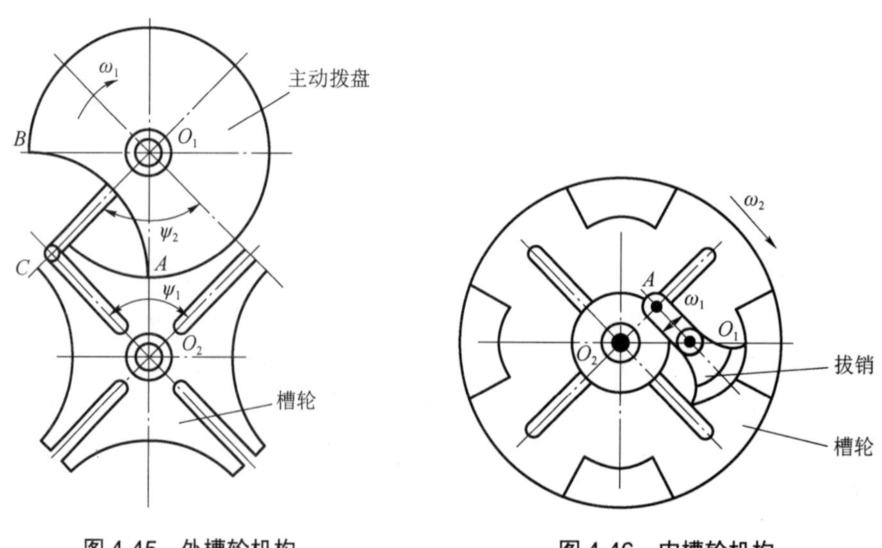

图 4-45 外槽轮机构

图 4-46 内槽轮机构

外槽轮机构的特点：外啮合式的槽轮机构，主、从动轮的转向相反。内槽轮机构的特点：

内啮合式的槽轮机构，主、从动轮的转向相同。与外槽轮机构相比，内槽轮机构停、动较平稳，停歇时间短，所占空间小。

槽轮机构结构简单、工作可靠、转位方便，能精确控制转角，但转角大小不可调节，且有冲击，只能用于低速机构或分度机构中。图 4-47 所示为转塔车床的刀架转位机构。

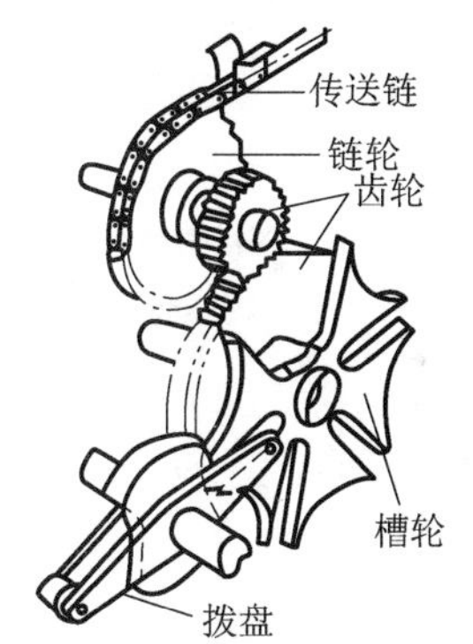

图 4-47　转塔车床的刀架转位机构

任务小结

1）凸轮机构组成：凸轮、从动件和机架等。

2）凸轮机构的分类。

① 按凸轮的形状分为盘形凸轮、移动凸轮和圆柱凸轮。

② 按从动件的形状分为尖端从动件凸轮机构、曲面从动件凸轮机构、滚子从动件凸轮机构、平底从动件凸轮机构。

③ 按从动件的运动形式分为移动从动件凸轮机构和摆动从动件凸轮机构。

3）棘轮机构的组成：棘轮、棘爪、主动摆杆及止回棘爪等。

4）槽轮机构组成：带销的主动拨盘、具有径向槽的从动槽轮和机架。

拓展提高

凸轮机构从动件的运动规律

凸轮机构能否按预期的运动规律正常工作，主要取决于凸轮的轮廓曲线。因此，在设计凸轮轮廓曲线之前，应先根据工作要求确定从动件的运动规律，确定凸轮的轮廓曲线。那么，凸轮轮廓与从动件的运动有什么样的关系呢？从动件的运动规律又如何？这就是下面所要讨论的主要问题。

1. 基本概念

图 4-48 所示为凸轮的基本参数和运动规律图。

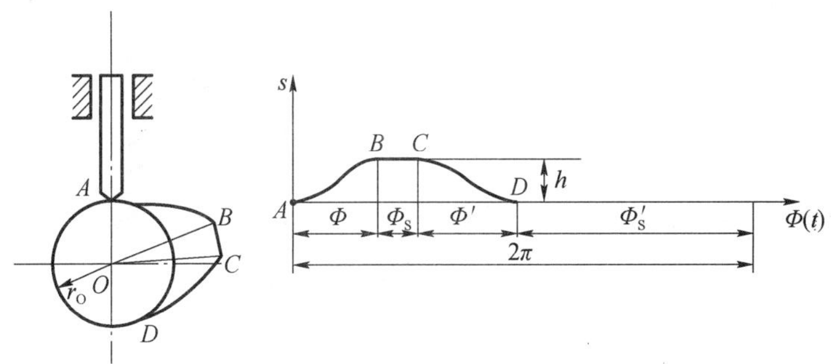

图 4-48　凸轮的基本参数和运动规律

凸轮的基本参数主要包括以下几个。

1）基圆：以凸轮的转动中心 O 为圆心，以凸轮的最小向径为半径 r_0 所作的圆。r_0 称为凸轮的基圆半径。

2）推程：从动件远离凸轮轴心的运动。推程运动角 ϕ 即与推程对应的凸轮转角。

3）远休：从动件处于最高位置而静止不动的过程。远休止角 ϕ_s 即与远休相对应的凸轮转角。

4）回程：从动件从最高位置回到最低位置的这一过程。回程运动角 ϕ' 即与回程相对应的凸轮转角。

5）近休：从动件处于最低位置而静止不动的过程。近休止角 ϕ's 即与近休相对应的凸轮转角。

6）行程：从动杆在推程或回程中移动的距离 h。

7）位移线图：描述位移 s 与凸轮转角 ϕ 之间关系的图形。

2. 从动件常用的运动规律

从动件的运动规律指从动件的位移、速度、加速度及加速度的变化率随时间和凸轮转角变化的规律。

从动件常用的运动规律有等速运动和等加速等减速运动。

等速运动是从动件上升或下降的速度为一常数的运动。等加速等减速运动是将从动件运动的整个行程 h 分为两段，前 $h/2$ 段做等加速运动，后 $h/2$ 段做等减速运动，通常，等加速段和等减速段时间相等，加速度的绝对值也相等。

设计凸轮机构时，首先应根据工作要求确定从动件的运动规律，然后按照这一运动规律设计凸轮廓线。下面以尖端移动从动件盘形凸轮机构为例，说明从动件的运动规律与凸轮廓线之间的相互关系。

几种常用运动规律的运动线图和特点如表 4-2 所示。

表 4-2　凸轮机构从动件运动规律的运动线图及特点

名称	运动线图	特点及应用
等速运动规律	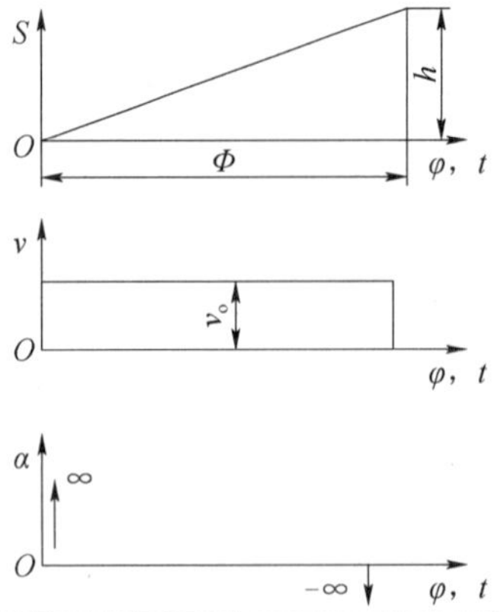 S, h, O, Φ, φ，t v, v_0, O, φ，t α, ∞, O, $-\infty$, φ，t	从动件速度为常量，故称为等速运动规律，由于其位移曲线为一条斜率为常数的斜直线，故又称直线运动规律。 特点：速度曲线不连续，从动件运动起始和终止位置速度有突变，会产生刚性冲击。 适用场合：低速轻载

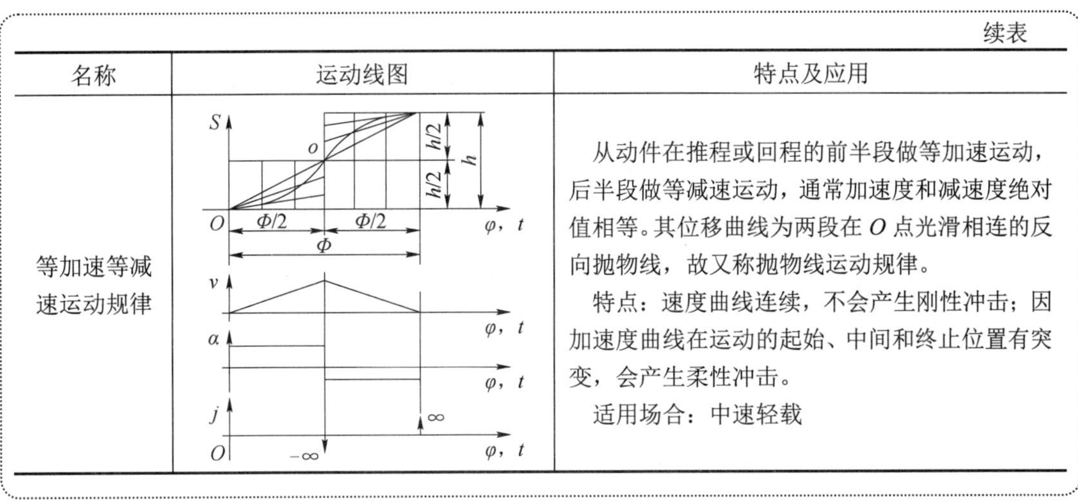

续表

名称	运动线图	特点及应用
等加速等减速运动规律		从动件在推程或回程的前半段做等加速运动，后半段做等减速运动，通常加速度和减速度绝对值相等。其位移曲线为两段在 O 点光滑相连的反向抛物线，故又称抛物线运动规律。 特点：速度曲线连续，不会产生刚性冲击；因加速度曲线在运动的起始、中间和终止位置有突变，会产生柔性冲击。 适用场合：中速轻载

课 后 自 测

一、填空题

1．四杆机构中的运动副都是转动副，此四杆机构称为________机构。

2．________是机器与机构的总称。

3．在铰链四杆机构中的两个连架杆，如果一个杆是________，另一个杆为________，就称为曲柄摇杆机构。

4．________是最小的制造单元。

5．________是最小的运动单元。

6．汽车刮水器是________机构。

7．车门启闭机构是________机构。

8．起重机应用的是________机构。

9．一部完整的机器一般由________、________、________和________4 个部分组成。

10．平面四杆机构动作时，空回行程比工作行程需要的时间短，返回速度比工作行程快，这就是平面四杆机构的________特性。

11．压力角越________，传动角越________，则平面四杆机构的传力效果越好。

12．凸轮机构由________、________和________3 个基本构件组成。

13．凸轮机构的从动件通常有________、________、________和________4 种常用形状。

14．凸轮的形状主要有________、________和________3 种。

15．间歇运动机构是将主动件的连续运动变换为从动件遵循一定规律的时停时动的机构，常用的有________和________。

二、选择题

1．铰链四杆机构中与机架相连，并能实现 360° 旋转的构件是（　　）。

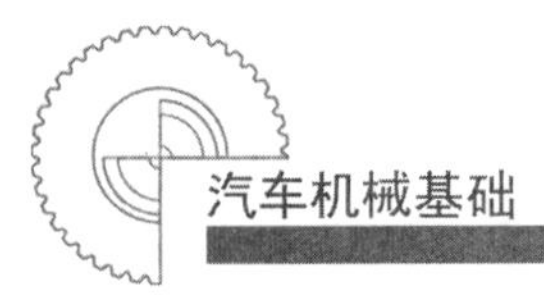

A．曲柄　　B．连杆　　C．摇杆　　D．机架

2．铰链四杆机构中与机架相连，只能在一定角度内进行摆动的构件是（　　）。

A．曲柄　　B．连杆　　C．摇杆　　D．机架

3．能够实现回转运动与直线往复运动转换的平面四杆机构是（　　）。

A．曲柄摇杆机构　　B．曲柄滑块机构

C．导杆机构　　D．摇块机构

4．曲柄滑块机构当以（　　）为主动件时，会出现“死点”现象。

A．曲柄　　B．滑块　　C．连杆

5．将曲柄摇杆机构的长度取无穷大时，曲柄摇杆机构中的（　　）将转化为沿直线运动的滑块，成为曲柄滑块机构。

A．曲柄　　B．连杆　　C．摇杆　　D．机架

6．家用缝纫机踏板机构是（　　）机构。

A．曲柄摇杆机构　B．双曲柄机构　　C．双摇杆机构

7．铰链四杆机构中各构件以（　　）连接。

A．转动副　　B．移动副　　C．螺旋副

8．如图 4-49 所示尺寸（mm），此铰链四杆机构为（　　）机构。

A．双曲柄机构　　B．双摇杆机构　　C．曲柄摇杆机构

9．如图 4-50 所示尺寸（mm），此铰链四杆机构为（　　）机构。

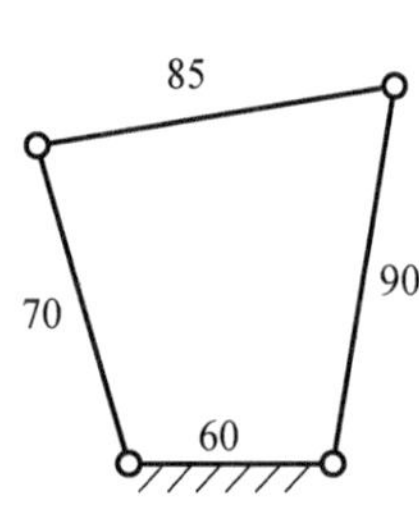

图 4-49　机构尺寸

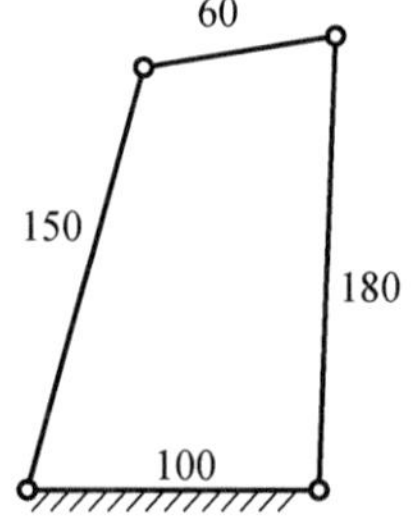

图 4-50　铰链四杆机构示意

A．双曲柄机构　　B．双摇杆机构　　C．曲柄摇杆机构

10．图 4-51 所示四杆机构中，存在急回特性的是（　　）。

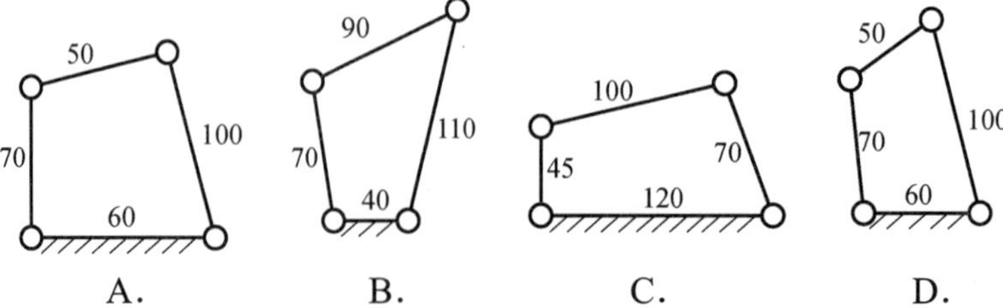

图 4-51　四杆机构

三、判断题

1．构件是由一个或多个零件所组成的。（　）

2．发动机是一台机器，放在汽车上则是汽车的动力装置。（　）

3．构件是构成机器的最小运动单元，而零件是最小制造单元。（　）

4．传动装置是机器中介于原动装置和执行装置之间，用来完成运动形式、运动、动力等转换与传递的组成部分。（　）

5．双曲柄机构中，主动曲柄做匀速转动，从动曲柄做同向匀速转动。（　）

6．任何平面四杆机构都有可能出现“死点”现象。（　）

7．铰链四杆机构存在曲柄的条件：最短杆与最长杆长度之和不大于其余两杆长度之和，并且最短杆为机架杆。（　）

8．尖项从动件凸轮机构最为简单，且尖顶能与任意复杂的凸轮轮廓保持接触，从而保证从动件实现复杂的运动规律。（　）

9．间歇运动机构的主要作用是主动件做连续运动时，从动件实现间歇运动。（　）

四、简答题

1．铰链四杆机构中存在曲柄的条件是什么？

2．如何判别铰链四杆机构的 3 种类型？

模块五　汽车机械传动

任务一　带传动和链传动

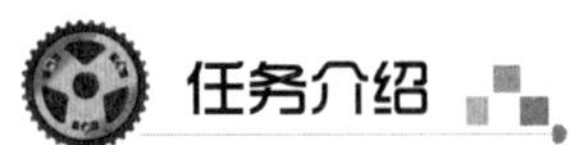

任务介绍

实际生活中带传动和链传动的例子有很多，拖拉机、缝纫机、运输机等都用到了带传动，自行车、金属切削机床、汽车发动机凸轮轴上置的配气机构等都用到了链传动。

学习目标

1．应了解带传动类型及其在汽车上的应用。

2．应了解普通 V 带的结构及标记。

相关知识

一、带传动

带传动是利用挠性带张紧在主、从动轮上，依靠带与带轮间的摩擦力或啮合力来传递运动和动力的传动装置。带传动也是汽车机械传动中基本的传动方式之一，主要用于发动机外围附件的一些传动中。

如图 5-1 所示，带传动主要由主动带轮 1、从动带轮 2 和传动带 3 组成，常用于减速传动。

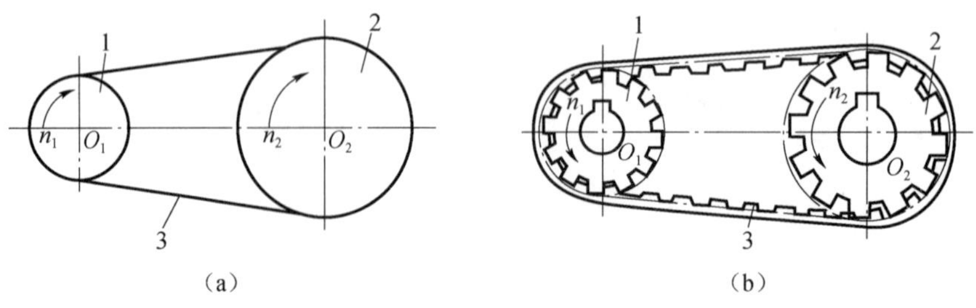

图 5-1　带传动

（a）摩擦带传动；（b）啮合带传动

1—主动带轮；2—从动带轮；3—传动带

1. 带传动分类

根据工作原理不同，带传动可分为摩擦带传动和啮合带传动两类。

（1）摩擦型带传动

摩擦带传动是利用带和带轮接触面间的摩擦力来进行传动的，按带的截面形状不同可分为平带传动、V 带传动、多楔带传动和圆带传动等类型，如图 5-2 所示。

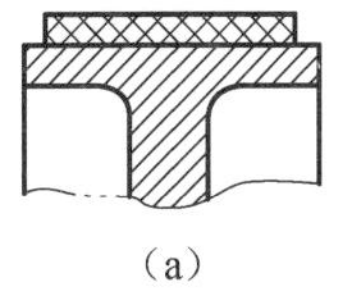
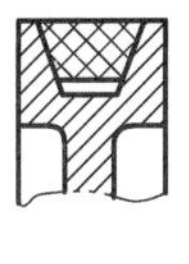
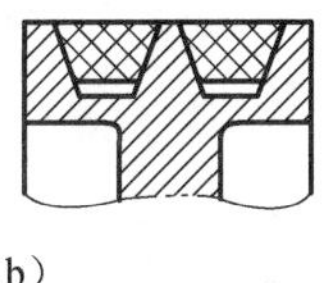
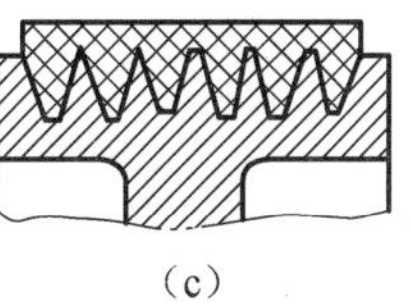
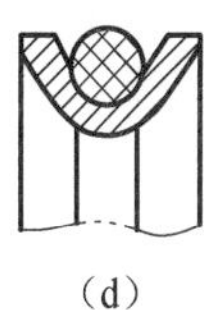

（a）　（b）　（c）　（d）

图 5-2　传动带的主要类型

（a）平带；（b）V 带；（c）多楔带；（d）圆带

1）平带，如图 5-2（a）所示。平带有胶帆布带、编织带、锦纶复合平带等。平带的横截面为长方形，大多由多层胶帆布构成，工作面是与带轮接触的内表面。带长可以按照需要裁剪后连接成封闭的环形。平带传动简单，质轻且挠曲性好，多用于高速和中心距较大的传动。在汽车中已不使用平带传动。

2）V 带，如图 5-2（b）所示，V 带横截面为等腰梯形，传动时 V 带只和轮槽的两个侧面相接触，即以两个侧面为工作面。V 带传动比平带传动产生的更大摩擦力，能传递较大的功率，而且这种传动带是无接头的环形带，经常几根一起使用，如汽车发动机中的发电机、空调压缩机常采用两根 V 带驱动。图 5-3 所示为汽车风扇的 V 带传动。

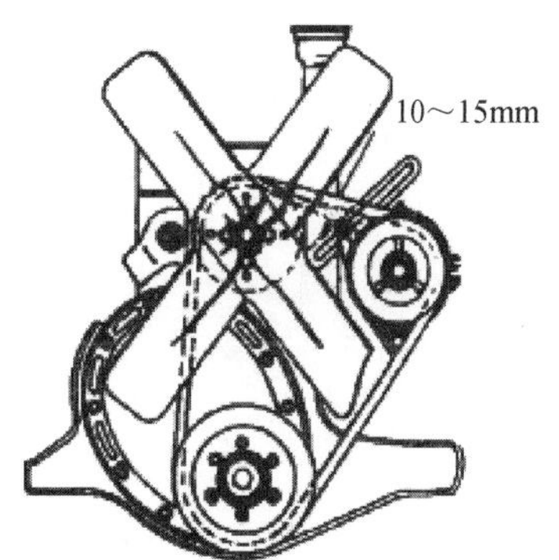

图 5-3　汽车风扇的 V 带传动

3）多楔带，如图 5-2（c）所示。多楔带是在平带基体上由多根 V 带组成的，多楔带能传递的功率更大，且能避免因多根 V 带长度不等而产生的传力不均的缺点。故其适用于传递功率较大且要求结构紧凑的场合。图 5-4 所示为捷达 1.6L12 气门发动机中采用的双面多楔带传动。

4）圆带，如图 5-2（d）所示。圆带横截面是圆形，通常用传动带或棉绳制成。圆形带传动仅用于低速、小功率的场合，如仪表、缝纫机、牙科医疗器械等。

（2）啮合带传动

啮合带传动是利用带与带轮上的齿相互啮合来传递运动和动力，这类带传动中应用较广的是同步带，如图 5-5 所示。同步带除具有摩擦带传动的优点外，还具有传动能力大、传动比恒定、效率较高等优点。在录音机、电子计算机、数控机床、内燃机等机械中都有同步带传动的应用。

汽车上发动机的正时传动机构通常采用同步齿形带，不但可以保证传动的精确性，而且噪声小，不需要润滑，如图 5-6 所示。

正时齿形带不仅在凸轮轴和曲轴之间实现正时传动，还能驱动水泵、发电机、空调压缩机及转向助力泵等部件，因此正时齿形带已经实现了多功能化，如图 5-7 所示。

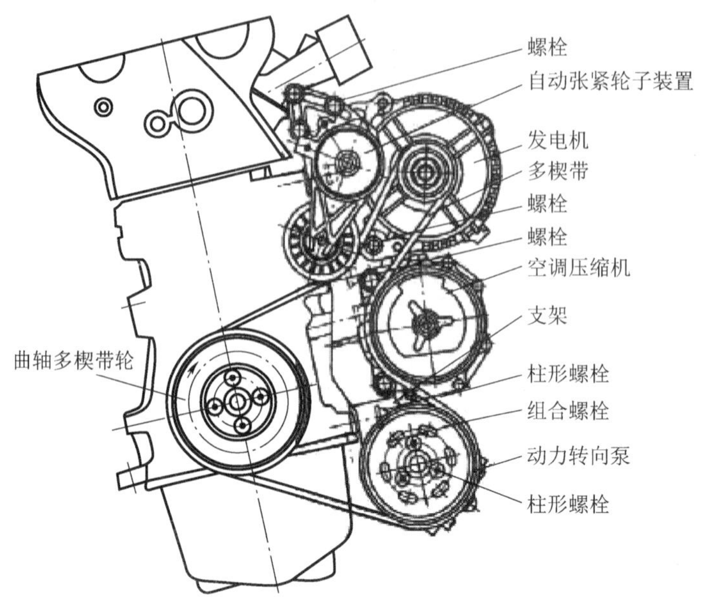

图 5-4　捷达 1.6L12 气门发动机中采用的双面多楔带传动

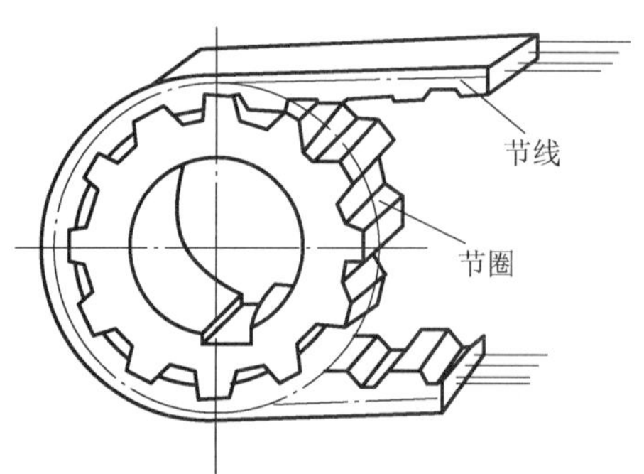

图 5-5　同步带

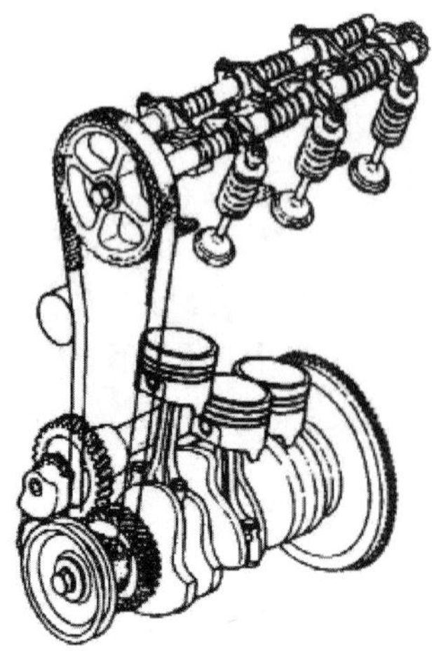

图 5-6　上置凸轮轴的同步齿形带传动

图 5-7　橡胶正时齿形带传动

2. V 带的结构和标记

带传动中，以 V 带传动使用最为广泛。V 带有普通 V 带、窄 V 带、宽 V 带、汽车 V 带、大楔角 V 带等。其中以普通 V 带和窄 V 带应用较广。下面主要讨论普通 V 带传动。

普通 V 带已经标准化，其结构有帘布芯结构和绳芯结构两类。它的横截面结构如图 5-8 所示，由包布层（胶帆布）、伸张层（顶胶）、强力层（抗拉体）和压缩层（底胶）组成。包布层由胶帆布制成，用于保护 V 带。伸张层由橡胶制成，在带轮上弯曲时承受拉伸。

强力层可由几层胶帘布或由一层胶线绳制成，用来承受基本拉力。帘布芯结构的普通 V 带容易制造，抗拉强度好，用于一般用途的传动；绳芯结构的普通 V 带柔软、韧性好、抗弯强度高，用于带轮直径小及转速较高的场合。近年来，有时还采用合成纤维作普通 V 带的强力层，以提高其承载能力。压缩层用橡胶制成，以便在弯曲时承受压缩。

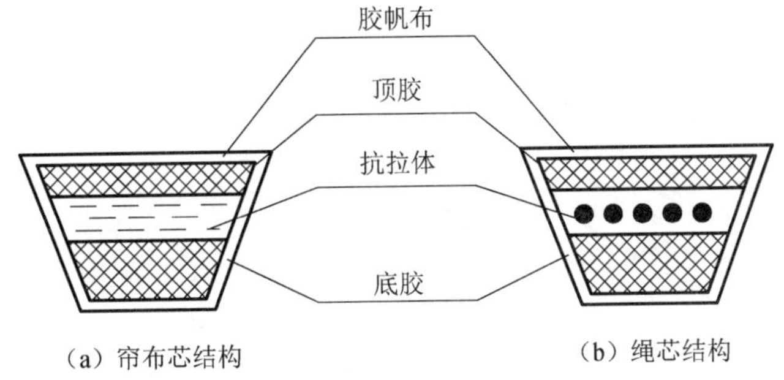

（a）帘布芯结构　　（b）绳芯结构

图 5-8　普通 V 带的横截面结构

普通 V 带的尺寸已标准化，国家标准《带传动 普通 V 带和窄 V 带尺寸（基准宽度制）》（GB/T 11544—2012）规定，普通 V 带按截面尺寸不同，由小到大分为 Y、Z、A、B、C、D、E 7 种型号，其截面尺寸如表 5-1 所示。V 带的截面积越大，所传递的功率越大。

表 5-1　普通 V 带的型号及其截面尺寸

型号	节宽 b_p	顶宽 b	高度 h	楔角 φ
Y	5.3	6	4	40°
Z	8.5	11	6	
A	11	13	8	
B	14	17	11	
C	19	22	14	
D	27	32	19	
E	32	38	23	

普通 V 带均是无接头的环形结构。带张紧于带轮之间，其绕在带轮的部分产生弯曲，外层受拉伸长，内层受压缩短，而在带的截面上必有一个既不受拉伸长又不受压缩短的中性层。中性层面称为节面，其宽度称为节宽。V 带节面的长度称为基准长度，是带的公称长度；在带轮上与节面相对应的直径称为带轮的基准直径，是带轮的公称直径。

普通 V 带的标记是由型号、基准长度、标准代号 3 部分组成，如 A1250 表示的是基准长度为 1250mm 的 A 型普通 V 带。

汽车 V 带是标准件，根据公称顶宽分为 AV10、AV13、AV15、AV17、AV22 5 种型号。其标记为型号+有效长度公称值+标准代号，如 AV13×1000 表示 AV13 型汽车 V 带，有效长度公称值为 1000mm。

普通 V 带是应用最广泛的一种传动带，其传动功率大、结构简单、价格低廉。带与带轮槽之间是 V 形槽面摩擦，故可以产生比平带更大的有效拉力（约 3 倍）。

3. 多楔带的结构和标记

多楔带的结构如图 5-9 所示，由顶布 1、芯线 2、粘合胶 3 和楔胶 4 组成。

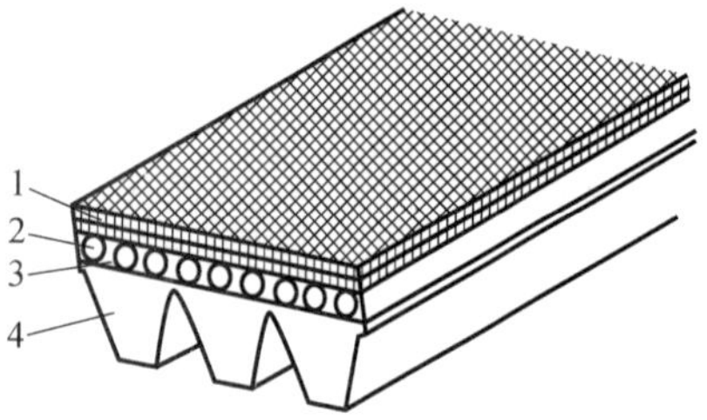

1
2
3
4

图 5-9　多楔带的结构

1—顶布；2—芯线；3—粘合胶；4—楔胶

汽车工业用多楔带型号用来表示截面形状和尺寸，只采用 PK 一种型号，双面多楔带为 DPK。用带的楔数、型号和有效长度来表示其特征。多楔带是用一系列数字和字母来标记的。第一组数字表示带的楔数，字母表示带的型号；第二组数字表示有效长度，以 mm 计。

标记：楔数、型号和有效长度。例如，6PK1150 表示楔数为 6，有效长度为 1150mm 的汽车多楔带。

4. 同步带的结构和标记

同步带的结构如图 5-5 所示。

同步带结构分两种型号：ZA 型（用于较轻负荷）和 ZB 型（用于较重负荷）。两种型号的节距相同，均为 9.525mm。

标记：用数字和字母按顺序标记齿数、齿形、宽度。例如，80ZA19，表示 80 个齿、19mm 宽、ZA 型同步带。

5. 带传动的弹性滑动及失效形式

（1）弹性滑动（不是失效形式）

带是弹性体，受力后必然产生弹性变形。弹性滑动引起的后果如下：①从动轮的圆周速度低于主动轮，产生了速度损失；②降低传动效率；③增加带的磨损，缩短带的寿命；④发热使带温度升高。

带传动中，摩擦力使带的两边发生不同程度的拉伸变形，摩擦力是这类传动所必需的，所以弹性滑动也是不可避免的。

（2）打滑

带传动是靠摩擦工作的，在初拉力 $\boldsymbol{F}_0$ 一定时，当传递的有效圆周力 $\boldsymbol{F}$ 超过带与轮面间的极限摩擦力时，带就会在带轮轮面上发生明显的全面滑动，这种现象称为打滑。打滑总是先发生在小带轮上。打滑将造成带的严重磨损，使带的运动处于不稳定状态，致使传动失效，故应限制带的最大拉力。

打滑是由于带过载所引起的，是传动失效时发生的现象，是可以避免的。

（3）V 带的疲劳断裂

带的任一横截面上的应力将随着带的运转而循环变化。当应力循环达到一定次数，即运行一定时间后，V 带在局部出现疲劳裂纹脱层，随之出现疏松状态甚至断裂，从而发生疲劳损坏，丧失传动能力。

6. 带的张紧与带传动的维护

（1）带的张紧

传动带经过一段时间使用后，会因带的伸长而产生松弛现象，要产生永久性变形，张紧力随之减小，传动能力降低，此时带需重新张紧。水平或接近水平布置的传动如图 5-10（a）所示的结构，用调节螺钉推动电动机沿滑道移动，从而将带张紧。垂直或接近垂直布置的传动如图 5-10（b）所示的结构，用螺杆的调节螺母使电动机在托架上绕定点 O 摆动将带张紧。图 5-10（a）、（b）所示的结构属于定期张紧。图 5-10（c）所示的结构是利用电动机和机架的重量自动将带张紧使其保持固定不变的张紧力，这种结构属于自动张紧。当带传动的中心距固定时，可采用张紧轮来定期张紧，如图 5-10（d）所示，张紧轮应置于松边内侧靠近大带轮处，以免减小小带轮的包角。

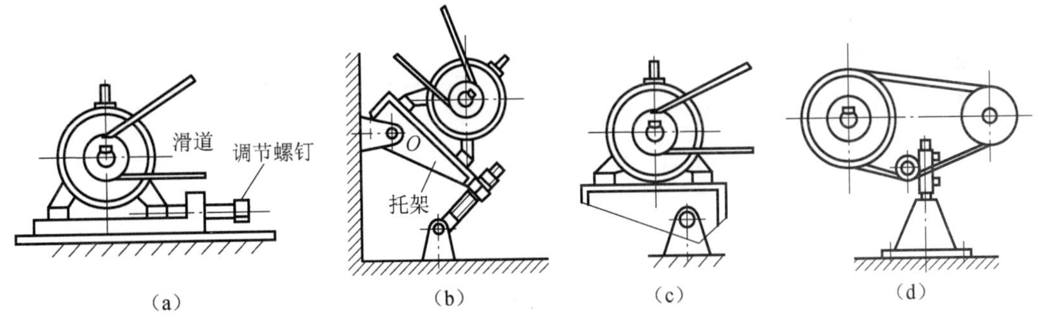

图 5-10　常用的带张紧形式及其装置

（2）带传动的维护

为了保证带传动能够正常运转，并延长带的使用寿命，必须重视带传动装置的使用和维护方法。

1）带传动装置外面要采用安全防护罩，以保障操作人员的安全；同时防止油、酸、碱对带的腐蚀。

2）禁止在带轮上加润滑剂，应及时清除带轮槽及带上的油污。

3）定期对带进行检查有无松弛和断裂现象，如有一根松弛和断裂则应全部更换新带。

4）带传动工作温度不应过高，一般不超过 60℃。

7. 带传动在汽车上的应用

汽车用传动带包括汽车 V 带（如 AV13 型）、汽车多楔带（如 3PK 型），汽车发动机的水泵、发电机的传动都应用带传动。

二、链传动

链传动由主动链轮 1、从动链轮 2、链条 3 及机架（图中未标出）组成，如图 5-11 所示。链传动靠链条与链轮之间的啮合来传递两平行轴之间的运动和动力，属于具有啮合性质传动。显然，其组成与啮合带传动类似，只是工作原理不同，传递运动和动力的方式也不同。

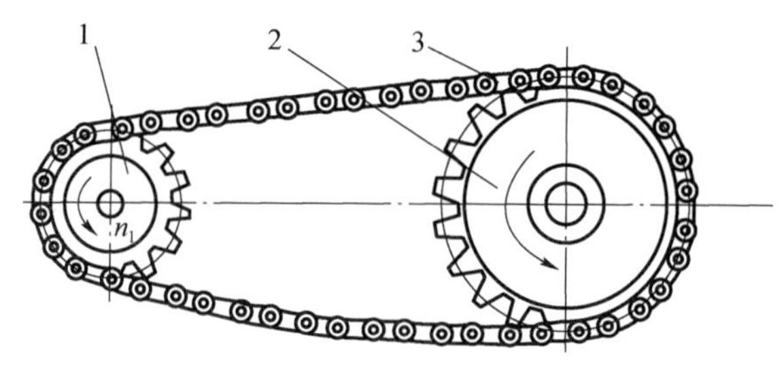

图 5-11 链传动

1—主动链轮；2—从动链轮；3—链条

1. 传动比

链传动是由主动链轮带动从动链轮运动的，是通过链条与链轮间的啮合力来传递动力的。那么，从动轮的运动速度与主动轮的运动速度有什么关系呢？实际上它与主动轮的转速和链轮齿数有关，这里涉及一个传动比的问题。如图 5-11 所示，主、从动链轮的齿数不同，转速也不同，但在单位时间内主动链轮转过的齿数 z_1 与从动链轮转过的齿数 z_2 是相等的。因此，链传动的传动比 i 为

$$i = \frac{n_1}{n_2} = \frac{z_2}{z_1}$$

式中：n_1——主动链轮转速；

n_2——从动链轮转速；

z_1——主动链轮齿数；

z_2——从动链轮齿数。

即链传动的传动比就是主动链轮与从动链轮的转速之比，也等于其齿数的反比。

一般链传动的传动比 $i \leqslant 6$，低速传动时可达 10；两轴中心距 $a \leqslant 6$m，最大中心距可达 15m。传动功率 $P<100$kW；链条速度 $v \leqslant 15$m/s，高速时可达 20～40m/s。

2. 链传动的结构和应用特点

（1）按用途不同分

按用途不同，链传动可分为传动链、输送链和起重链。其常用类型如图 5-12 所示。

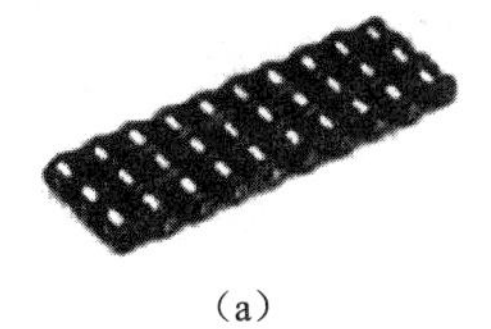
(a)

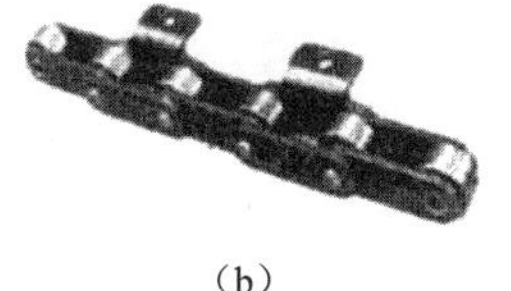
(b)

(c)

图 5-12　链传动的常用类型

(a) 传动链；(b) 输送链；(c) 起重链

1）传动链，如图 5-12（a）所示。其应用范围最广泛，主要用来在一般机械中传递运动和动力，也可用于输送等场合。在汽车中，传动链大多数情况下用于凸轮轴和机油泵的传动。

2）输送链，如图 5-12（b）所示。其用于输送工件、物品和材料，可直接用于各种机械上，也可以组成链式输送机作为一个单元出现。为了实现特定的输送任务，在链条组成结构上需要装上特定的附件。

3）起重链，如图 5-12（c）所示。其主要用以传递力，起牵引、悬挂物品运动，兼做缓慢运动。

（2）按结构形式不同分

按结构形式不同，传动链可分为滚子链和齿形链。

1）滚子链（套筒滚子链）。发动机配气机构传动中用的套筒滚子链，其结构如图 5-13 所示。

滚子链由内链板 1、外链板 2、销轴 3、套筒 4 和滚子 5 组成。销轴与外链板、套筒与内链板分别采用过盈配合连接组成外链节，销轴与套筒之间及滚子与套筒之间采用间隙配合构成内链节，当链条屈伸时，内、外链节之间就能相对转动。因滚子在套筒上可以自由转动，所以当链条与链轮啮合时，滚子与链轮齿相对滚动，形成滚动摩擦，从而减小了链条和链轮轮齿的磨损。

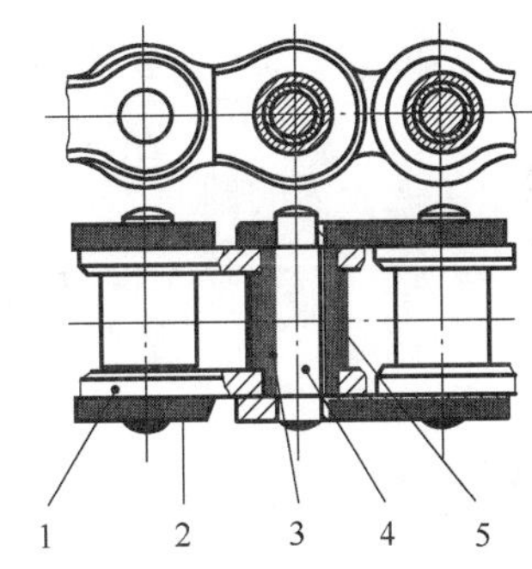

图 5-13　套筒滚子链的结构

1—内链板；2—外链板；3—套铜；4—销轴；5—滚子

链的长度用链节表示，链的节距用 p 表示，是链条的主要参数之一。滚子链的连接方法有连接链节和过渡链节两种。当链条两端均为内链节时使用由外链板和销轴组成的可拆卸连接链节。用开口销（钢丝锁销）或弹性锁片锁止［图 5-14（a）、(b)］，连接后链条的链节数应为偶数。当链条一端为内链节另一端为外链节时，使用过渡链节连接［图 5-14（c)］，连接后链条的链节数为奇数。由于过渡链节不但制造复杂，而且抗拉强度较低，一般情况应尽量不用。

2）齿形链。其结构如图 5-15 所示，少数高档汽车的曲轴与凸轮轴之间的传动使用齿形链。与滚子链相比，齿形链具有工作平稳、噪声小、耐冲击及允许较高的链速等优点，但结构复杂、质量大、价格高，通常用于高速传动。

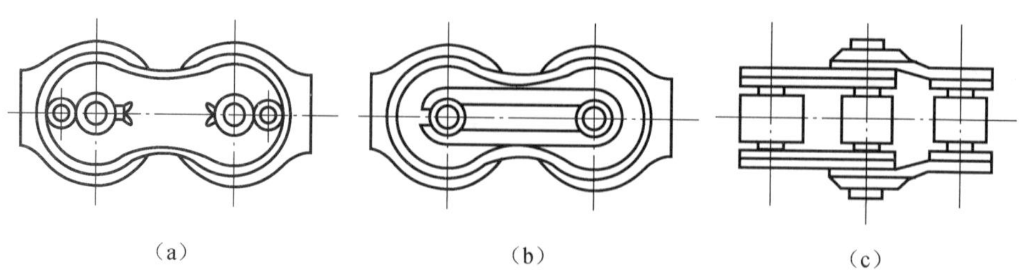

图 5-14　滚子链的连接形式

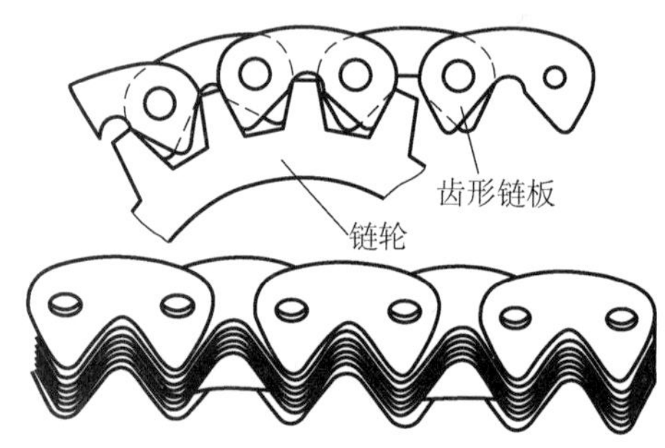

图 5-15　齿形链

3. 链传动的特点

与带传动相比，链传动具有以下优点：

1）因为链传动是啮合传动，没有弹性滑动与打滑现象，所以平均传动比恒定不变。

2）链条装在链轮上，不需要很大的张紧力，对轴的压力小。

3）能传递较大的圆周力，效率较高。

4）维护容易，并有一定的缓冲减振作用。

5）能在较恶劣的环境下（如高温、多尘、油污、潮湿、泥沙、易燃及有腐蚀性条件）工作。

链传动的缺点：瞬时传动比不恒定，工作时有噪声；磨损后容易发生跳齿；不宜在载荷变化很大和急速反向的传动中应用。

4. 链传动的张紧与维护

链传动在使用过程中，会因为链条铰链的磨损而使节距增大，从而使链条松弛、下垂度变大，影响正常传动。为保证链传动的正常使用，提高链传动的质量，并延长其使用寿命，链传动需进行适当的张紧和润滑。

用张紧轮（链轮或滚轮）张紧。张紧轮直径应稍小于小链轮直径，并置于松边外侧靠近小链轮处。

链传动的润滑方式有油杯滴油润滑、油浴或飞溅润滑、压力循环润滑。润滑油可选用牌号为 L-AN46（环境温度为 5～25℃时）、L-AN68（25～35℃时）、L-AN100（35～65℃）全损耗系统用油。

5. 链传动在汽车上的应用

链条与链轮的传动在汽车上主要用于凸轮轴上的配气机构（图 5-16），但其工作可靠性和耐久性不如齿轮传动。近年来，高速汽车发动机上广泛采用齿形带来代替传动链，齿形带传动具有噪声小、工作可靠、成本低等优点。

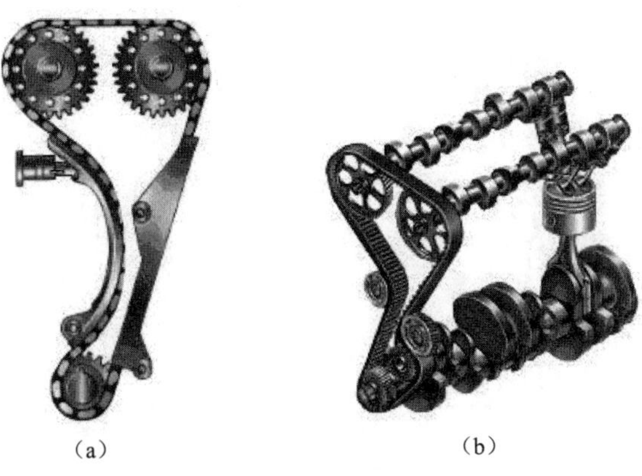

（a）　　（b）

图 5-16　配气机构的链传动机构与齿形带传动机构

（a）链传动机构；（b）齿形带传动机构

链传动与传统的带传动相比，具有传动可靠、耐久性好、节省空间等优点。链传动采用液压张紧器可以自动调节张紧力，使链条的张力始终如一。

任务小结

1）带传动组成：主动带轮、从动带轮和传动带。

2）带传动分类：

根据工作原理不同，带传动可分为摩擦带传动和啮合带传动两类。

摩擦带传动按带的截面形状不同可分为平带传动、V 带传动、多楔带传动和圆带传动等类型。

啮合带传动：同步带传动。

3）普通 V 带标记：型号、有效长度公称值、标准号。

4）多楔带标记：楔数、型号和有效长度。

5）同步带标记：用数字和字母按顺序标记齿数、齿形、宽度。

6）链传动组成：主动链轮、从动链轮、链条及机架。

7）链传动分类：

① 按用途不同，链传动可分为传动链、输送链和起重链。

② 按结构形式不同，传动链可分为滚子链和齿形链。

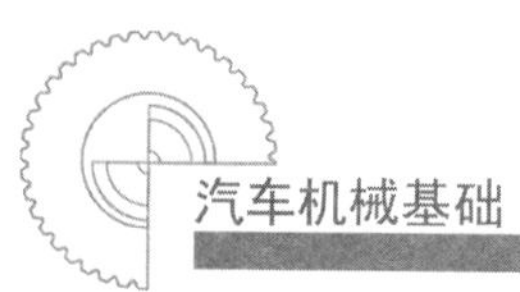

拓展提高

链传动的运动特性

链传动为啮合传动，但为非共轭齿形，不能保证瞬时传动比不变，只能保持平均传动比不变。

链条绕上链轮时，链节与链轮轮齿啮合后，曲折成正多边形的一部分。链条与链轮分度圆在运动中交替呈现相割和相切。

因此，链轮每转过一个链齿，链条的速度要发生周期性的波动，即传动比呈周期性变化，只能保证上平均传动比不变；在链条速度波动中，将产生加速度，并由此引发周期性的动载荷（惯性力），不可避免地要产生冲击。

任务二　齿轮传动和蜗杆传动

任务介绍

齿轮传动是现代机械中应用较广的传动机构之一。汽车变速器中采用的是齿轮传动机构，这种利用两个相互啮合的齿轮来传递平行或相交两轴之间的运动和（或）动力的机械传动就是齿轮传动。蜗杆传动用于传递两交错轴之间的运动和动力。

学习目标

1. 应了解齿轮传动的类型。
2. 应会标准直齿圆柱齿轮的参数及尺寸计算。
3. 应会齿轮传动的传动比计算。
4. 应会各种齿轮传动机构的正确啮合条件和连续传动条件。
5. 应会蜗杆传动的传动比计算。

相关知识

一、齿轮传动

1. 齿轮传动的特点和类型

（1）齿轮传动的特点

齿轮机构用于传递两轴之间的运动和动力，是应用较广的传动机构。它是通过轮齿的啮合来实现传动要求的，因此同摩擦轮、带轮等机械传动相比较，齿轮传动的显著特点是，传动比稳定、工作可靠、效率高、寿命较长，适用的直径、圆周速度和功率范围广。但齿轮制造精度和安装精度要求高，且不适于中心距较大的传动。汽车在动力传动部分中，常用齿轮传动来传递动力、改变转速或方向。

（2）齿轮传动的类型

根据所传递运动的两轴线的相对位置、运动形式及齿轮的几何形状，齿轮机构分以下几种基本类型。

根据两齿轮是否在同一平面运动可分为。

1）平面齿轮传动。两齿轮在同一平面运动，它们的轴线相互平行，如图 5-17（a）～（e）所示。

2）空间齿轮传动。两齿轮不在同一个平面运动，它们的轴线相交或交错（蜗轮蜗杆），如图 5-17（f）、（g）所示。

根据两齿轮啮合方式可分为

1）外啮合齿轮传动。外齿轮与外齿轮啮合，两齿轮转向相反，如图 5-17（a）、（d）、（e）、（g）所示。

2）内啮合齿轮传动。内齿轮与外齿轮啮合，两齿轮转向相同，如图 5-17（b）所示。

3）齿条传动。外齿轮与齿条啮合，齿轮转动，齿条移动，如图 5-17（c）所示。

根据两齿轮外观形状可分为

1）圆柱齿轮传动。轮齿分布在圆柱体的表面，如图 5-17（a）、（b）、（d）、（e）所示。

2）锥齿轮传动。轮齿分布在圆锥体的表面，如图 5-17（f）、（g）所示。

根据轮齿形状可分为

1）直齿轮传动。轮齿方向与齿轮母线平行，如图 5-17（a）、（b）、（c）所示。

2）斜齿轮传动。轮齿方向与齿轮母线方向倾斜一个角度，如图 5-17（d）、（g）所示。

3）人字齿轮传动。该齿轮可以看成是由两个倾斜角度相同、方向相反的斜齿轮组成，如图 5-17（e）所示。

根据工作条件可分为

1）闭式传动。将齿轮封闭在刚性的箱体内，因此润滑及维护等条件较好，重要的齿轮传动都采用闭式传动。

2）开式传动。齿轮是敞开的，工作时落入灰尘，润滑不良，轮齿容易磨损，故只宜用于简易的机械设备及低速场合。

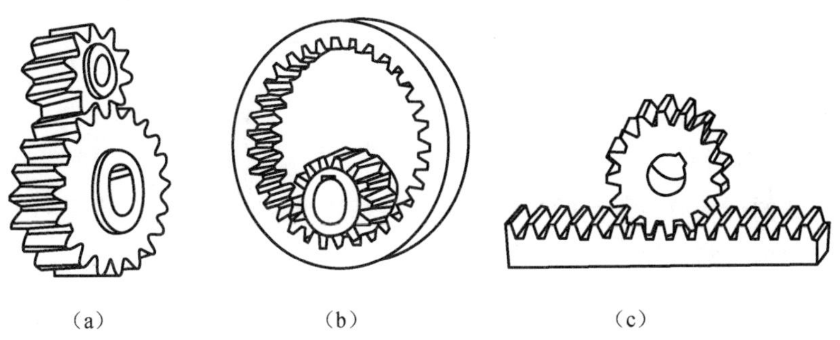

图 5-17　齿轮传动的类型

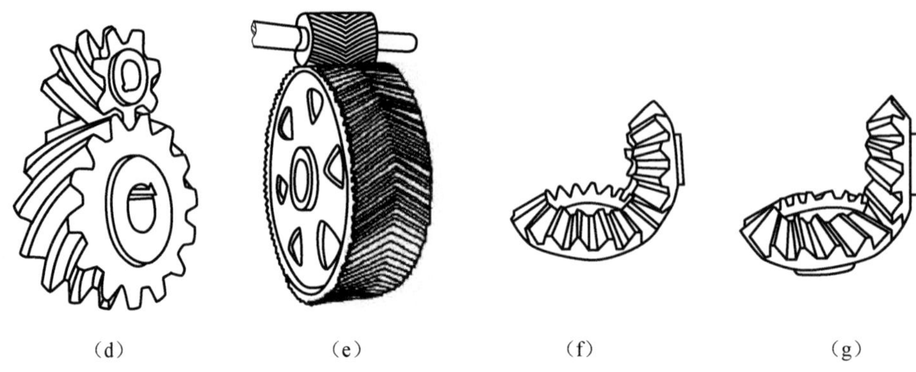

图 5-17　齿轮传动的类型（续）

齿转传动的基本形式是传递平行轴间运动的圆柱直齿轮机构和圆柱斜齿轮机构。

按齿轮齿廓曲线不同，齿轮又可分为渐开线齿轮、摆线齿轮和圆弧齿轮等，其中渐开线齿轮应用最广。

2. 渐开线齿廓及其啮合特性

齿轮机构靠齿轮轮齿的齿廓相互推动，在传递动力和运动时，如何保证瞬时传动比恒定以减小惯性力，得到平稳传动，其齿廓形状是关键因素。渐开线齿廓能满足瞬时传动比恒定，且制造方便，安装要求低，因而应用普遍。

（1）渐开线的形成原理及基本性质

如图 5-18 所示，一条直线（称为发生线）沿着半径为 r_b 的圆周（称为基圆）做纯滚动时，直线上任意点 K 的轨迹称为该圆的渐开线。由渐开线的形成过程可知它具有以下特性：

1）相应的发生线和基圆上滚过的长度相等，即

$$\overset{\frown}{NA} = \overline{NK}$$

2）渐开线上任意一点的法线必切于基圆。

3）渐开线上各点压力角不等，离圆心越远处的压力角越大。基圆上压力角为零。渐开线上任意点 K 处的压力角是力的作用方向（法线方向）与运动速度方向（垂直向径方向）的夹角 α_K（图 5-18），由几何关系可推出

$$\alpha_K = \arccos\frac{r_b}{r_K}$$

式中：r_b——基圆半径；

r_K——K 点向径。

4）渐开线的形状取决于基圆半径的大小。基圆半径越大，渐开线越趋平直（图 5-19）。

5）基圆以内无渐开线。

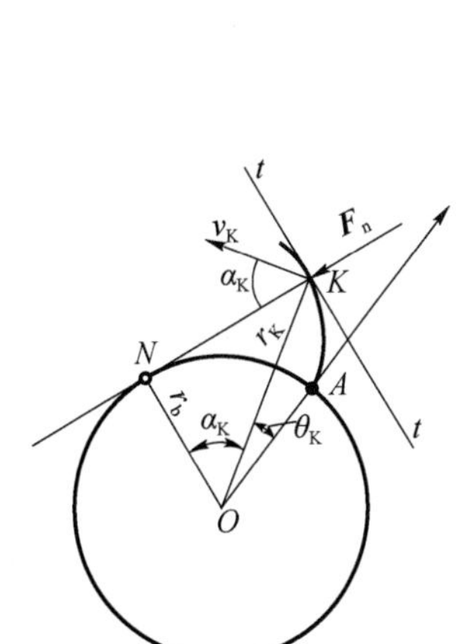

图 5-18　渐开线的形成及压力角

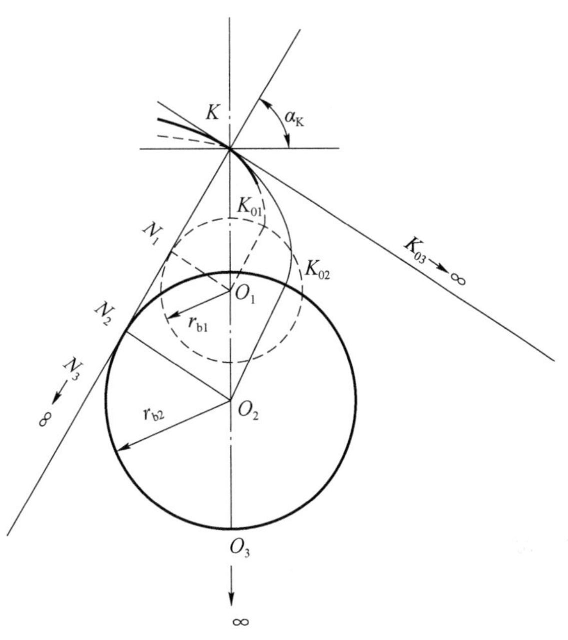

图 5-19　渐开线形状与基圆大小的关系

（2）渐开线齿廓的啮合特性

1）齿廓啮合基本定理。两相互啮合的齿廓 E_1 和 E_2 在 K 点接触（图 5-20），过 K 点做两齿廓的公法线 nn，它与连心线 O_1O_2 的交点 C 称为节点。以 O_1、O_2 为圆心，以 O_1C（r_1'）、O_2C（r_2'）为半径所做的圆称为节圆，因两齿轮的节圆在 C 点处做相对纯滚动，由此可推得

$$i=\frac{\omega_1}{\omega_2}=\frac{O_2C}{O_1C}=\frac{r_2'}{r_1'}$$

一对传动齿轮的瞬时角速度与其连心线被齿廓接触点的公法线所分割的两线段长度成反比，这个定律称为齿廓啮合基本定律。由此推论，要使两齿轮瞬时传动比恒定不变，过接触点所做的公法线都必须与连心线交于一定点。

2）渐开线齿廓满足瞬时传动比恒定。一对齿轮啮合，其渐开线齿廓在任意点 K 接触（图 5-21），可证明其瞬时传动比恒定。过 K 点做两齿廓的公法线 nn，它与连心线 O_1O_2 交于 C 点。由渐开线特性推知，齿廓上各点法线切于基圆，齿廓公法线必为两基圆的内公切线 N_1N_2，N_1N_2 与连心线 O_1O_2 交于定点 C。

由$\triangle N_1O_1C \backsim \triangle N_2O_2C$ 可推得

$$i=\frac{\omega_1}{\omega_2}=\frac{O_2C}{O_1C}=\frac{r_{b2}}{r_{b1}}=\frac{n_1}{n_2}=\frac{z_2}{z_1}$$

渐开线齿轮制成后，基圆半径是定值。渐开线齿轮啮合时，即使两轮中心距稍有改变，过接触点齿廓公法线仍与两轮连心线交于一定点，瞬时传动比保持恒定，这种性质称为渐开线齿轮传动的可分离性，这为其加工和安装带来方便。

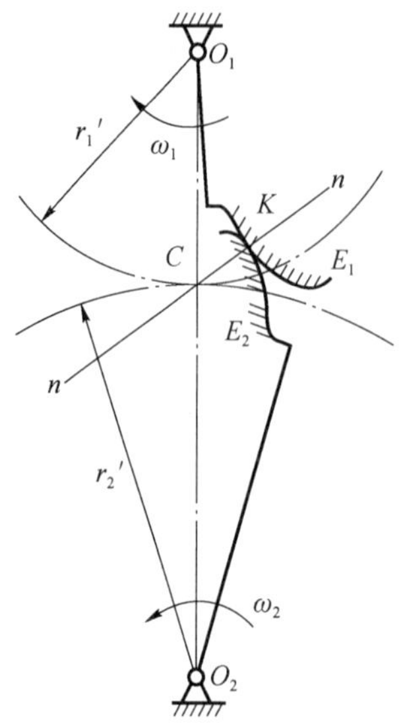

图 5-20　齿廓啮合基本定律

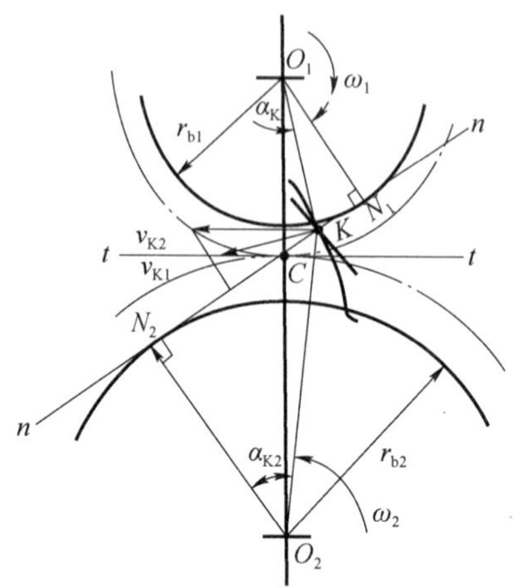

图 5-21　渐开线齿廓啮合

3. 渐开线标准直齿圆柱齿轮的基本参数及几何尺寸

决定渐开线齿轮尺寸的基本参数是齿数 z、模数 m、压力角α、齿顶高系数 h_a^*和顶隙系数 c^*。

（1）分度圆、模数和压力角（图 5-22）

齿轮上作为齿轮尺寸基准的圆称为分度圆，分度圆以 d 表示。相邻两齿同侧齿廓间的分度圆弧长称为齿距，以 p 表示，$p=\pi d/z$，z 为齿数。齿距 p 与 π 的比值 p/π 称为模数，以 m 表示。由此可知

$$p = m\pi \text{（齿距）}$$

$$d = m z \text{（分度圆直径）}$$

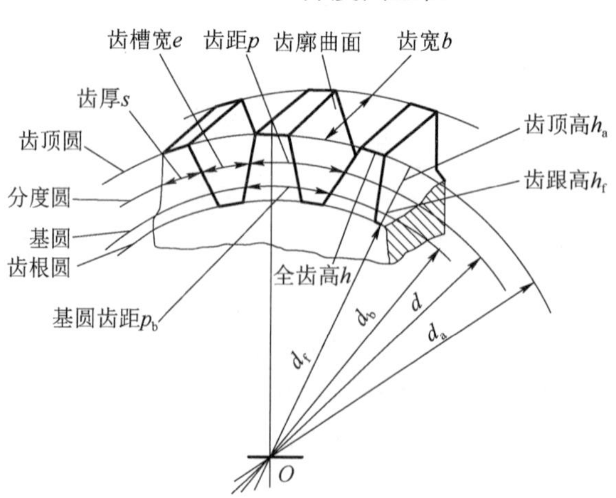

图 5-22　齿轮各部分名称

渐开线齿廓上与分度圆交点处的压力角α称为分度圆压力角，简称压力角，国家标准中规定标准压力角α=20°。

由此可推出基圆直径：

$$d_b = d\cos\alpha = mz\cos\alpha$$

上式说明渐开线齿廓形状决定于模数、齿数和压力角3个基本参数。

模数是齿轮的基本参数，国家标准《通用机械和重型机械用圆柱齿轮 模数》（GB/T 1357—2008），如表5-2所示。

表5-2 渐开线圆柱齿轮模数（摘自GB/T 1357—2008）

第一系列	1	1.25	1.5	2	2.5	3	4	5	6	8	10
第二系列	1.75	2.25	2.75	（3.25）	3.5	（3.75）	4.5	5.5	（6.5）	7	9

注：优先采用第一系列，括号内的模数尽可能不用。

（2）齿距、齿厚和齿槽宽

齿距p分为齿厚s和齿槽宽e两部分（图5-22），即

$$s + e = p = \pi m$$

标准齿轮的齿厚和齿槽宽相等，即

$$s = e = \pi m/2$$

齿距、齿厚和齿槽宽都是分度圆上的尺寸。

（3）齿顶高、顶隙和齿根高

由分度圆到齿顶的径向高度称为齿顶高，用h_a表示：

$$h_a = h_a^* m$$

两齿轮装配后，两啮合齿沿径向留下的空隙距离称为顶隙，以c表示：

$$c = c^* m$$

由分度圆到齿根圆的径向高度称为齿根高，用h_f表示：

$$h_f = h_a + c = (h_a^* + c^*)m$$

标准齿制规定：正常齿制h_a^*=1、c^*=0.25，短齿制h_a^*=0.8、c^*=0.3。

由齿顶圆到齿根圆的径向高度称为全齿高，用h表示：

$$h = h_a + h_f = (2h_a^* + c^*)m$$

齿顶高、齿根高、全齿高及顶隙都是齿轮的径向尺寸。

当齿轮的直径为无穷大时即得到齿条（图5-23），各圆演变为相互平行的直线，渐开线齿廓演变为直线，同侧齿廓相互平行。因此，齿条的特点是，所有平行直线上的齿距p、压力角α相同，都是标准值。齿条的齿形角等于压力角。齿条各平行线上的齿厚、槽宽一般不相等，标准齿条分度线上齿厚和槽宽相等，该分度线又称中线。

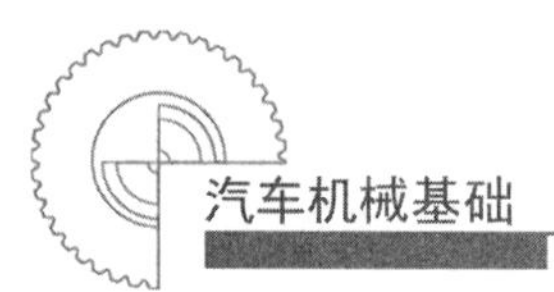

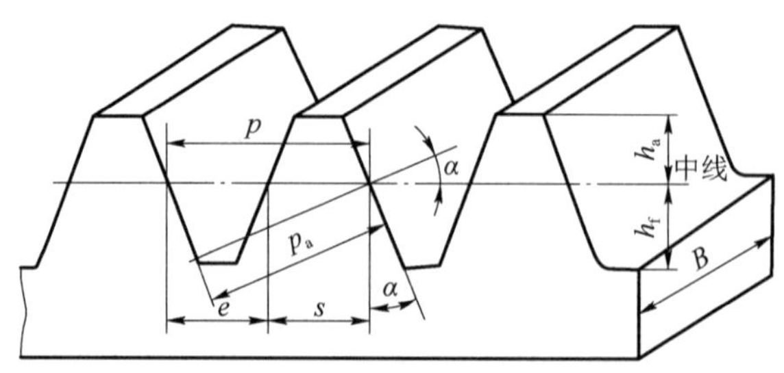

图 5-23　齿条

表 5-3 所示为渐开线标准直齿圆柱齿轮（外啮合）几何尺寸计算公式。

表 5-3　渐开线标准直齿圆柱齿轮（外啮合）几何尺寸计算公式

名称	符号	计算公式
齿距	p	$p = m\pi$
齿厚	s	$s = \pi m/2$
槽宽	e	$e = \pi m/2$
齿顶高	h_a	$h_a = h_a^* m$
齿根高	h_f	$h_f = h_a + c = (h_a^* + c^*)m$
全齿高	h	$h = h_a + h_f = (2h_a^* + c^*)m$
分度圆直径	d	$d = m z$
齿顶圆直径	d_a	$d_a = d + 2h_a = m(z + 2h_a^*)$
齿根圆直径	d_f	$d_f = d - 2h_f = m(z - 2h_a^* - 2c^*)$
基圆直径	d_b	$d_b = d\cos\alpha = mz\cos\alpha$
中心距	a	$a = m(z_1 + z_2)/2$

4. 渐开线齿轮的啮合条件

一对渐开线齿轮传动时，齿面上各点依次啮合，啮合点都落在两齿轮基圆的内公切线 N_1N_2 上（图 5-24）。因为一对渐开线接触点的公法线是两基圆的内公切线，在一定中心距下两基圆此侧的内公切线 N_1N_2 是唯一的。N_1N_2 称为啮合线，也是轮齿间的传力方向线。节圆压力角称为啮合角。

由几何关系可知，齿轮的啮合中心距为两节圆半径之和，即

$$a = \frac{1}{2}(d_1' + d_2')$$

渐开线齿廓在节点外各点啮合时，两轮两接触点的线速度不同，齿廓接触点公切线方向分速度不等，齿廓间有相对滑动，这将引起传动中摩擦损失和齿廓的磨损。

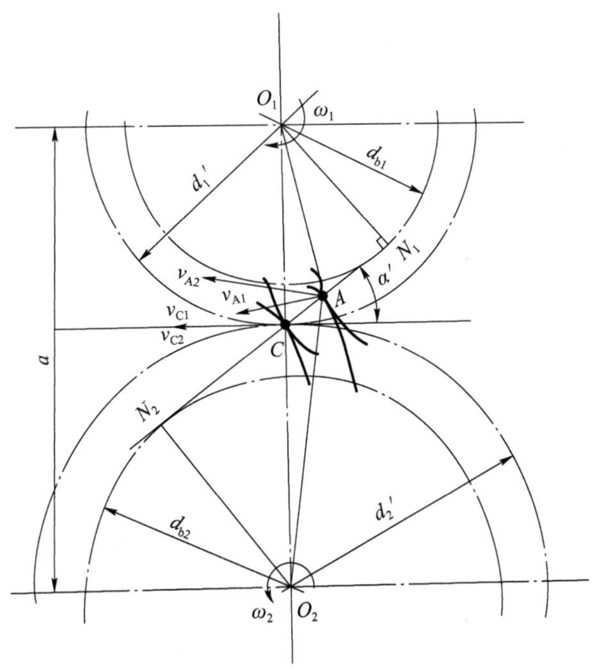

图 5-24　渐开线齿轮的啮合

（1）正确安装条件

正确安装的渐开线齿轮，理论上应为无齿侧间隙啮合，即一轮节圆上的齿槽宽与另一轮节圆齿厚相等。标准齿轮正确安装时，齿轮的分度圆与节圆重合，啮合角$\alpha'=\alpha=20°$。

中心距：

$$a=\frac{1}{2}(d_1'+d_2')=\frac{1}{2}(d_1+d_2)=\frac{m}{2}(z_1+z_2)$$

由于渐开线齿廓具有可分离性，两轮中心距略大于正确安装中心距时仍能保持瞬时传动比恒定，但齿侧出现间隙，反转时会有冲击。

当两轮的安装中心距a'与标准中心距a不一致时，两轮的分度圆不再相切，这时节圆与分度圆不重合，根据渐开线参数方程可得实际中心距a'与标准中心距a的关系为

$$a'\cos\alpha'=a\cos\alpha$$

（2）正确啮合条件

为保证齿轮传动时各齿对之间能平稳传递运动，在齿对交替过程中不发生冲击，必须符合正确啮合条件。

图 5-25 表示了一对渐开线齿轮的啮合情况。各对轮齿的啮合点都落在两基圆的内公切线上，设相邻两对齿分别在K和K'点接触。若要保持正确啮合关系，使两对齿传动时既不发生分离又不出现干涉，在啮合线上必须保证同侧齿廓法向距离相等。结合渐开线的特性可推出一对渐开线齿轮的正确啮合条件是两齿轮模数和压力角分别相等，即

$$m_1=m_2=m，\ \alpha_1=\alpha_2=\alpha$$

（3）连续传动条件

一对渐开线齿轮若连续不间断地传动，要求前一对齿终止啮合前，后续的一对齿必须进入啮合。

一对渐开线齿轮传动如图 5-26 所示。进入啮合时，主动轮的齿根推动从动轮的齿顶，起始点是从动轮齿顶圆与理论啮合线 N_1N_2 的交点 B_2，而这对轮齿退出啮合时的终止点是主动轮齿顶圆与 N_1N_2 的交点 B_1，B_1B_2 为啮合点的实际轨迹，称为实际啮合线。

要保证连续传动，必须在前一对齿转到 B_1 前的 K 点（至少是 B_1 点）啮合时，后一对齿已达 B_2 点进入啮合，即 $B_1B_2 \geqslant B_2K$。由渐开线特性知，线段 B_2K 等于渐开线基圆齿距 p_b，由此可得连续传动条件为

$$B_1B_2 \geqslant p_b$$

定义重合度：

$$\varepsilon = B_1B_2 / p_b > 1$$

由于制造安装的误差，为保证齿轮连续传动，重合度 ε 必须大于 1。ε 越大，表明同时参加啮合的齿对数越多，传动越平稳，且每对齿所受平均载荷越小，从而能提高齿轮的承载能力。

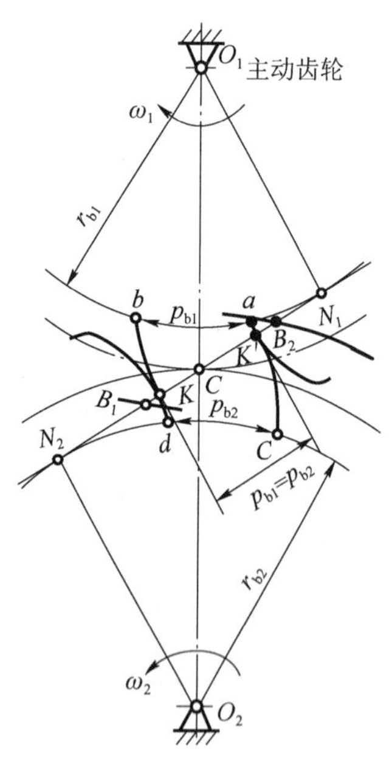

图 5-25　一对渐开线齿轮的啮合情况

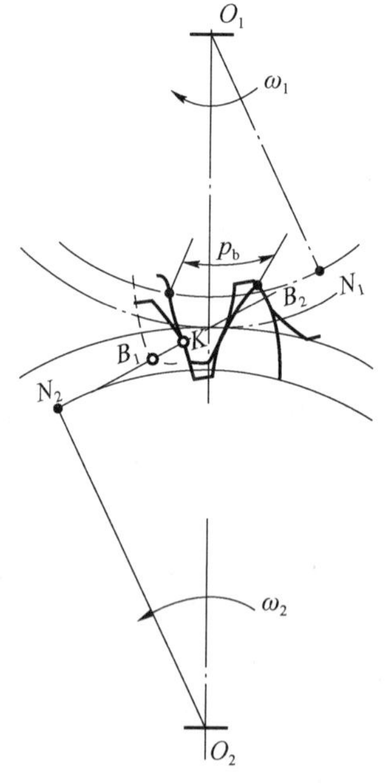

图 5-26　一对渐开线齿轮传动

5. 齿轮传动在汽车上的应用

汽车上用到齿轮传动的部件有驱动桥、变速器、发动机等总成，不同的部件采用形式不同、大小不一的齿轮。

二、蜗杆传动

图 5-27　蜗杆传动

如图 5-27 所示，蜗杆传动用来传递空间交错轴之间的运动和动力。蜗杆传动主要由蜗杆和蜗轮组成，主要用于传递空间交错的两轴之间的运动和动力，通常轴间交角为 90°。一般情况下，蜗杆为主动件，蜗轮为从动件。

1. 蜗杆传动的类型

按蜗杆形式，蜗杆传动分圆柱蜗杆传动（图 5-28）、环面蜗杆传动（图 5-29）和锥蜗杆传动（图 5-30）。

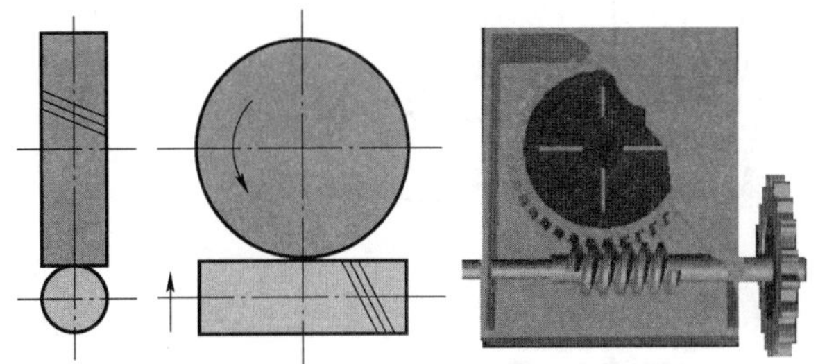
图 5-28　圆柱蜗杆

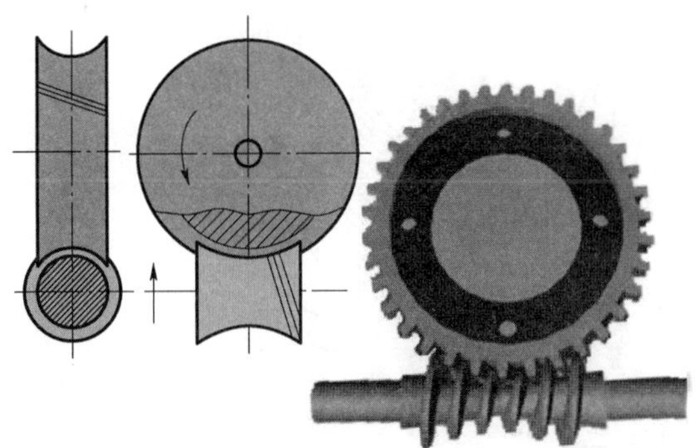
图 5-29　环面蜗杆传动

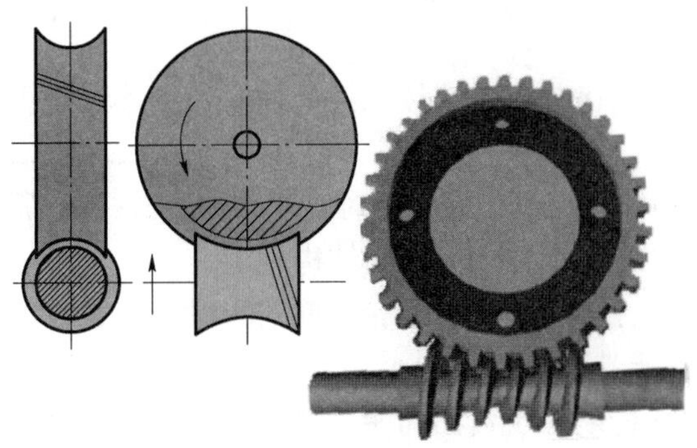
图 5-30　锥蜗杆传动

按加工方法的不同，圆柱蜗杆又分为阿基米德蜗杆、渐开线蜗杆和延伸渐开线蜗杆。阿基米德蜗杆螺旋面的形成与螺纹的形成相同，如表 5-4 中的图所示在垂直于蜗杆轴线的截面上，齿廓为阿基米德螺旋线。阿基米德蜗杆制造简便，故应用较广。各类蜗杆传动的类型及应用如表 5-4 所示。

表 5-4　蜗杆传动的类型及应用

分类	图例	应用范围
阿基米德蜗杆	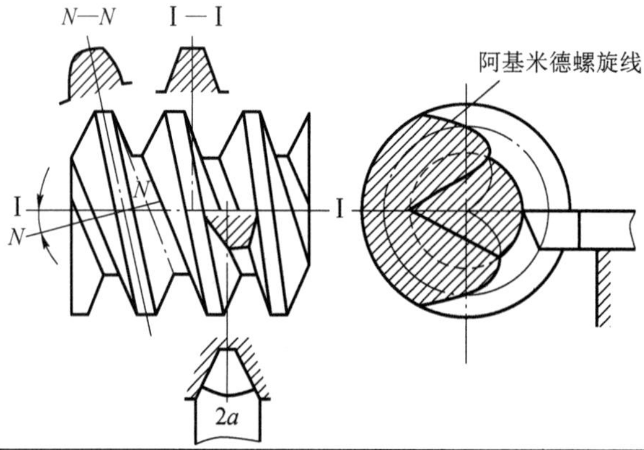 N—N　Ⅰ—Ⅰ　阿基米德螺旋线　N　Ⅰ　Ⅰ　2α	汽车上蜗轮蜗杆式转向器、驱动桥的主减速器、车速表中驱动蜗轮蜗杆、磁感应式车速里程表中的传动机构、汽车电动刮水器中的减速机构及在汽车修理和钣金设备中也有应用
渐开线蜗杆	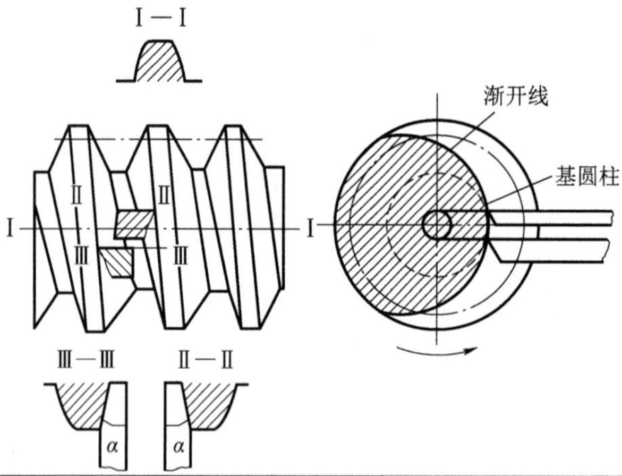 Ⅰ—Ⅰ　渐开线　基圆柱　Ⅱ　Ⅲ　Ⅰ　Ⅰ　Ⅲ—Ⅲ　Ⅱ—Ⅱ　α　α	

2．蜗杆传动的特点

1）传动平稳。因蜗杆的齿是一条连续的螺旋线，传动连续，因此，它的传动平稳，噪声小。

2）传动比大。单级蜗杆传动在传递动力时，传动比 i=5～80，常用的为 i=15～50。分度机构中 i 可达 600～1000，与齿轮传动相比则结构紧凑。

3）具有自锁性。当蜗杆的导程角小于轮齿间的当量摩擦角时，可实现自锁，即蜗杆能带动蜗轮旋转，而蜗轮不能带动蜗杆。

4）传动效率低。蜗杆传动由于齿面间相对滑动速度大，齿面摩擦严重，故在制造精度和传动比相同的条件下，蜗杆传动的效率比齿轮传动低，一般只有 0.7～0.8，具有自锁功能的蜗杆机构，效率则一般不大于 0.5。

5）齿间相对滑动速度大，磨损较严重。

6）蜗杆轴向力较大，轴承磨损大。

3. 蜗轮旋转方向的判定

蜗轮旋转方向，按蜗杆的螺旋线旋向和旋转方向，应用左、右手定则判定。当蜗杆为右旋时用右手，四指顺着蜗杆转向握起来，大拇指沿蜗杆轴线所指的相反方向即为蜗轮的转向；当蜗杆为左旋时，用左手按相同方法判定蜗轮转向，如图 5-31 所示。

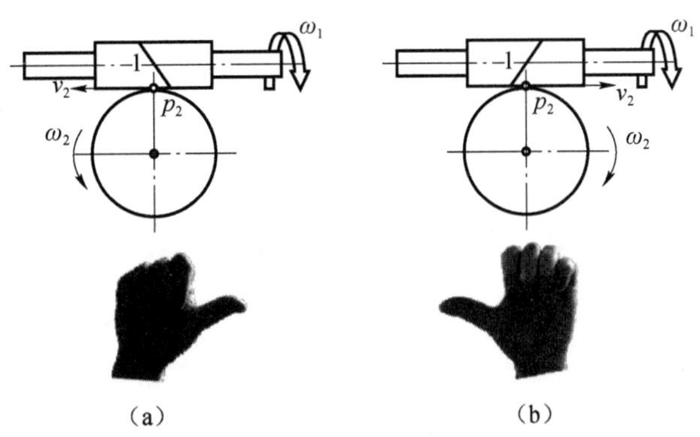

图 5-31　蜗杆、蜗轮的旋向判定

（a）右旋蜗杆，右旋蜗轮；（b）左旋蜗杆，左旋蜗轮

4. 蜗杆传动的传动比

当蜗杆为主动件时，蜗杆传动的传动比为

$$i = \frac{n_1}{n_2} = \frac{z_2}{z_1}$$

式中：n_1、n_2——蜗杆和蜗轮的转速，r/min；

z_1、z_2——蜗杆头数和蜗轮齿数。

z_1 小，传动比大，效率低；z_1 大，效率高，但加工困难。通常 z_1 取为 1、2、4、6。

5. 蜗杆传动的应用

汽车用托森差速器，又称蜗轮-蜗杆式差速器，安装在前后轴之间，实现前、后轴同时驱动和前、后轴转矩的自动调节。汽车修理和钣金工所使用的设备上采用的减速器中，也广泛应用了蜗杆传动。

任务小结

1）齿轮传动的分类：

① 根据两齿轮是否在同一平面运动可分为空间齿轮传动和平面齿轮传动。

② 根据两齿轮啮合方式可分为外啮合齿轮传动、内啮合齿轮传动和齿条传动。

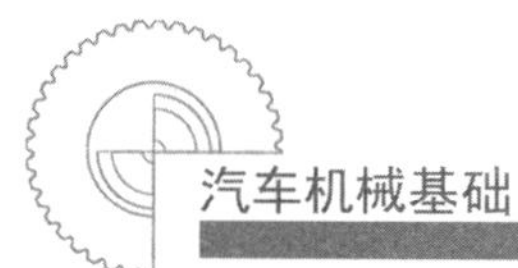

③ 根据两齿轮外观形状可分为圆柱齿轮传动和锥齿轮传动。

④ 根据轮齿形状可分为直齿轮传动、斜齿轮传动和人字齿轮传动。

⑤ 根据工作条件可分为开式传动和闭式传动。

2）一对渐开线齿轮的正确啮合条件：两齿轮模数和压力角分别相等，即

$$m_1 = m_2 = m，\alpha_1 = \alpha_2 = \alpha$$

3）一对齿轮连续传动条件：$\varepsilon = B_1B_2 / p_b > 1$

4）蜗杆传动的类型：蜗杆传动按蜗杆形式分圆柱蜗杆传动、环面蜗杆传动和锥蜗杆传动。

5）齿轮传动的传动比：$i = \dfrac{n_1}{n_2} = \dfrac{z_2}{z_1}$。

6）蜗杆传动的传动比：

当蜗杆为主动件时，蜗杆传动的传动比为$i = \dfrac{n_1}{n_2} = \dfrac{z_2}{z_1}$。

拓展提高

1. 斜齿圆柱齿轮传动

如图 5-32（a）所示，直齿圆柱齿轮的齿廓实际上是由与基圆柱相切做纯滚动的发生面 S 上一条与基圆柱轴线平行的任意直线 KK 展成的渐开线曲面。

当一对直齿圆柱齿轮啮合时，轮齿的接触线是与轴线平行的直线，如图 5-32（b）所示，轮齿沿整个齿宽突然同时进入啮合和退出啮合，所以易引起冲击、振动和噪声，传动平稳性差。

斜齿轮齿面形成的原理和直齿轮类似，所不同的是形成渐开线齿面的直线 KK 与基圆轴线偏斜了一角度 β_b［图 5-33（a）］，KK 线展成斜齿轮的齿廓曲面，称为渐开线螺旋面。该曲面与任意一个以轮轴为轴线的圆柱面的交线都是螺旋线。由斜齿轮齿面的形成原理可知，在端平面上，斜齿轮与直齿轮一样具有准确的渐开线齿形。

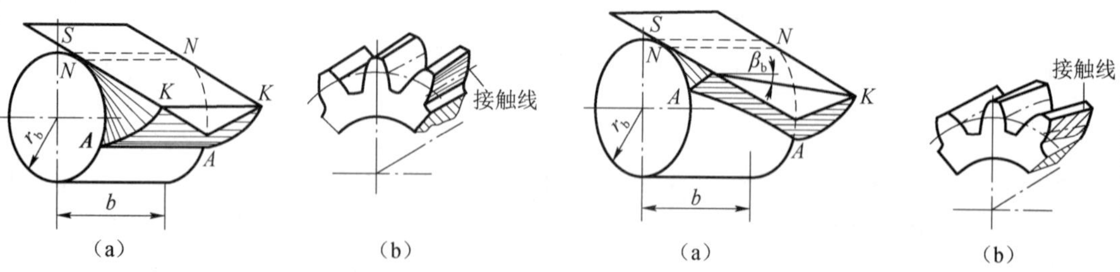

图 5-32　直齿轮齿面形成及接触线

图 5-33　斜齿轮齿面形成及接触线

如图 5-33（b）所示，斜齿轮啮合传动时，齿面接触线的长度随啮合位置而变化，开始时接触线长度由短变长，然后由长变短，直至脱离啮合，因此提高了啮合的平稳性。

2. 锥齿圆柱齿轮传动

锥齿轮用于传递两轴相交的旋转运动，在汽车的驱动桥中常用锥齿轮将动力旋转平面

改变 90°，使其与驱动轮转动方向一致。锥齿轮传动时它的轮齿分布在圆锥面上，所以锥齿轮的轮齿从大端渐渐向锥顶缩小，沿齿宽各截面尺寸都不相等，大端尺寸最大。锥齿轮种类较多，在汽车中常见的有直齿锥齿轮和曲齿锥齿轮，如图 5-34 所示。

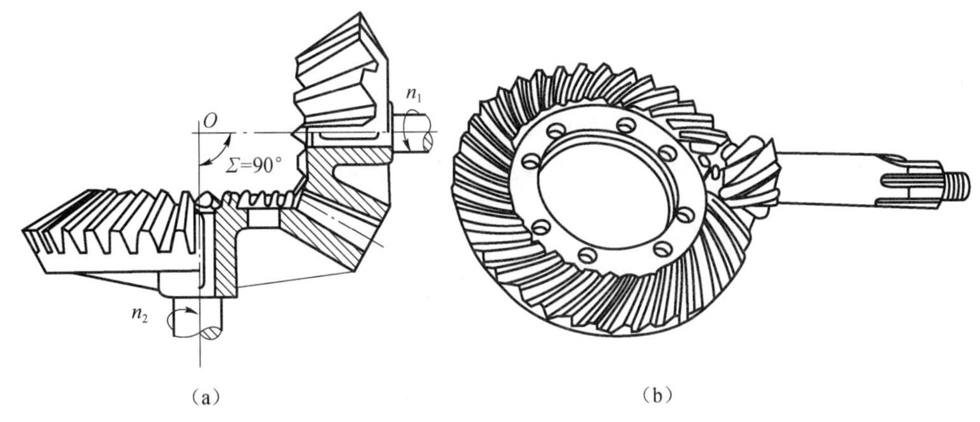

图 5-34　锥齿轮传动

（a）直齿锥齿轮传动；（b）曲齿锥齿轮传动

（1）直齿锥齿轮传动

分度圆锥面上的齿线是直母线的锥齿轮称为直齿锥齿轮。直齿锥齿轮用于相交轴齿轮传动，两轴的交角通常为 90°（即 Σ=90°）。

标准直齿锥齿轮副的轴交角 Σ=90°，直齿锥齿轮的正确啮合条件如下：

1）两齿轮的大端端面模数相等，即 $m_1 = m_2$。

2）两齿轮的压力角相等，即 $\alpha_1 = \alpha_2$。

（2）曲齿锥齿轮传动

曲齿锥齿轮传动又称螺旋锥齿轮传动，它克服了直齿锥齿轮传动中重叠系数小、传动不平稳、承载能力低的缺点，现代汽车的主减速器中广泛采用螺旋锥齿轮传动（如解放 CA1092 型汽车等）。螺旋锥齿轮的轮齿是弯曲的，按齿面线（齿面与分度圆锥面的交线）的形状分为圆弧齿锥齿轮和延伸外摆线锥齿轮两种。

3. 齿轮齿条传动

齿轮齿条如图 5-35 所示。当齿轮的基圆半径增大到无穷大时，渐开线变成一条直线，这时的齿轮就变成了齿条。其分度圆、齿顶圆、齿根圆和基圆变成了相互平行的直线，即分度线、齿顶线、齿根线、基准线。

图 5-35　齿轮齿条传动

齿轮齿条啮合传动时，把齿条的直线往复运动变为齿轮的回转运动或将齿轮的回转运动变为齿条的直线往复运动，齿条上各点速度大小和方向都是一致的。齿廓上各点的压力角相等，如果是标准齿条，压力角 $\alpha=20°$，齿条上各齿同侧齿廓线平行且齿距相等。

齿条的公称尺寸：齿条的齿顶高 $h_a=m$，齿条的齿根高 $h_f=1.25m$，齿条的齿厚 $s=\frac{1}{2}p=\frac{\pi}{2}m$，齿条的齿槽宽 $e=\frac{1}{2}p=\frac{\pi}{2}m$。

若齿轮的转速为 n_1，模数为 m(mm)，齿数为 z_1，则齿条的移动速度为 $v=n_1\pi d_1=n_1\pi m z_1$（mm/min）；当齿轮每回转一转时，齿条移动的距离 $L=\pi d_1=\pi m z_1$（mm）。

任务三　汽车常用轮系

 任务介绍

图 5-36 所示为桑塔纳 2000 型轿车变速器的结构。当驾驶员操纵变速杆，通过拨叉使相应挡位齿轮啮合后，动力便从输入轴依次经过相关齿轮传送到输出轴，使输出轴以不同转速旋转。为了获得不同传动比或转速及改变转向，而采用一系列互相啮合的齿轮将主动轴和从动轴连接起来的传动系统称为轮系，以实现变速、分路传动、运动分解与合成等功能。

图 5-36　桑塔纳 2000 型轿车变速器的结构

1—输入轴；2—输出轴

 学习目标

1. 掌握轮系的类型及应用。
2. 应会轮系的传动比计算。

 相关知识

根据轮系运转时齿轮的轴线位置相对于机架是否固定，分为定轴轮系和周转轮系两大类。轮系运动时，所有齿轮轴线都固定的轮系，称为定轴轮系，如图 5-37 所示。

轮系运动时，至少有一个齿轮的轴线可以绕另一个齿轮的轴线转动，这样的轮系称为周

转轮系。周转轮系包括行星轮系和差动轮系两种。图 5-38 所示为行星轮系，轮 2 轴线可动称为行星轮，它既绕本身的轴线自转，又绕 O_1 或 O_H 公转。轮 1 与轮 3 的轴线固定不动，称为太阳轮。

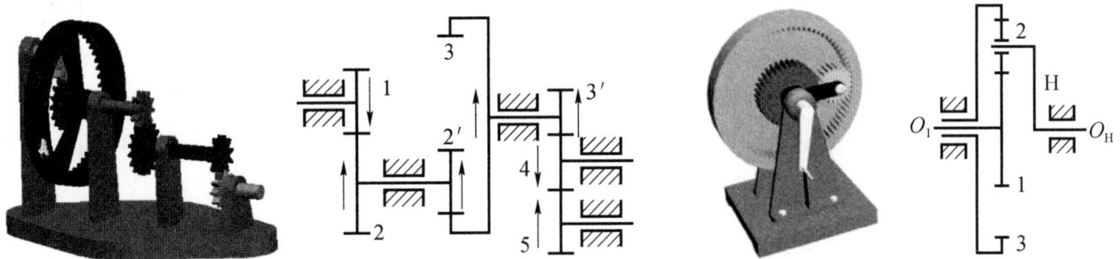

图 5-37　定轴轮系　　图 5-38　行星轮系

一、定轴轮系

定轴轮系分为两大类：一类是所有齿轮的轴线都相互平行，称为平行轴定轴轮系（又称平面定轴轮系）；另一类轮系中有相交或交错的轴线，称为非平行轴定轴轮系（又称空间定轴轮系）。

轮系中，输入轴与输出轴的角速度或转速之比，称为**轮系传动比**。

计算传动比时，不仅要计算其数值大小，还要确定输入轴与输出轴的转向关系。对于平行轴定轴轮系，其转向关系用正、负号表示：转向相同用正号，相反用负号。对于非平行轴定轴轮系，各轮转动方向用箭头表示。

1. 平行轴定轴轮系

图 5-37 所示为各轴线平行的定轴轮系，输入轴与主动首轮 1 固连，输出轴与从动末轮 5 固连，所以该轮系传动比，就是输入轴与输出轴的转速比，其传动比 i 求法如下：

1）由图 5-37 所示轮系机构运动简图，可知齿轮动力传递线为

$$(1—2) = (2'—3) = (3'—4) = (4—5)$$

上式括号内是一对啮合齿轮，其中轮 1、2′、3′、4 为主动轮，2、3、4、5 为从动轮；以“—”所连两轮表示啮合，以“=”所连两轮同轴运转，它们的转速相等。

2）传动比 i 的大小为

$$i=\frac{n_1}{n_5}=\frac{n_1}{n_2}\cdot\frac{n_{2'}}{n_3}\cdot\frac{n_{3'}}{n_4}\cdot\frac{n_4}{n_5}=(-1)^3\frac{z_2}{z_1}\cdot\frac{z_3}{z_{2'}}\cdot\frac{z_4}{z_{3'}}\cdot\frac{z_5}{z_4}=i_{12}\cdot i_{2'3}\cdot i_{3'4}\cdot i_{45}$$

上式表明，该定轴轮系的传动比等于各对啮合齿轮传动比的连乘积，也等于各对啮合齿轮中各从动轮齿数的连乘积与各主动轮齿数的连乘积之比，其正负号取决于轮系中外啮合齿轮的对数。

当外啮合齿轮为偶数对时，传动比为正号，表示轮系的首轮与末轮的转向相同；当外啮合齿轮为奇数对时，传动比为负号，表示首轮与末轮的转向相反。式中第二个等号右边的指数 3 为该齿轮系中外啮合齿轮的对数，传动比 i 为负值，表示轮 1 与轮 5 的转向相反。

齿轮系首轮与末轮的相对转向，也可用画箭头的方法来确定和验证，如图 5-37 所示。由图 5-37 中可以看出，轮 1 和轮 5 的转向相反。

从式中还可看出，分子、分母中均有齿轮 4 的齿数 z_4，这是因为齿轮 4 在与齿轮 3′啮合时是从动轮，但在与齿轮 5 啮合时又为主动轮，所以可在等式右边分子分母中互消去 z_4。

这说明齿轮 4 的齿数不影响轮系传动比的大小。但齿轮 4 的加入，改变了传动比的正负号，即改变了齿轮系从动轮的转向，这种齿轮称为**惰轮**。

总结：在平行轴定轴齿轮系中，若首轮轮 1 的转速为 n_1，末轮轮 k 转速为 n_k，则此齿轮系的传动比为

$$i_{1k}=\frac{n_1}{n_k}=(-1)^m\frac{\text{从1轮到}k\text{轮之间所有从动轮齿数的连乘积}}{\text{从1轮到}k\text{轮之间所有主动轮齿数的连乘积}}$$

式中：m——齿轮系中从轮 1 到轮 k 间，外啮合齿轮的对数。

下面举例说明平行轴定轴轮系传动比的计算方法。

例 5-1 在图 5-37 所示的齿轮系中，已知 z_1=20，z_2=40，$z_{2'}$=30，z_3=60，$z_{3'}$=25，z_4=30，z_5=50，均为标准齿轮传动。若已知轮 1 的转速 n_1=1440r/min，试求轮 5 的转速。

解：

此定轴轮系各轮轴线相互平行，且齿轮 4 为惰轮，轮系中有 3 对外啮合齿轮，有

$$i=\frac{n_1}{n_5}=(-1)^3\frac{z_2}{z_1}\cdot\frac{z_3}{z_{2'}}\cdot\frac{z_4}{z_{3'}}\cdot\frac{z_5}{z_4}=(-1)^3\frac{40\times60\times30\times50}{20\times30\times25\times30}=-8$$

$$n_5=n_1/i=1440/(-8)=-180\text{r/min}$$

负号表示轮 1 和轮 5 的转向相反。

2. 非平行轴定轴轮系

图 5-39 所示为非平行轴定轴轮系，其传动比的大小仍可用平行轴定轴轮系的传动比计算公式计算，但因各轴线并不全部相互平行，故不能用（-1）^{m} 来确定主动轮与从动轮的转向，必须用画箭头的方式在图上标注出各轮的转向。

一对互相啮合的锥齿轮传动时，在其节点处的圆周速度是相同的，所以标志两者转向的箭头不是同时指向啮合点，就是同时背离啮合点。

下面举例说明非平行轴定轴轮系传动比的计算方法。

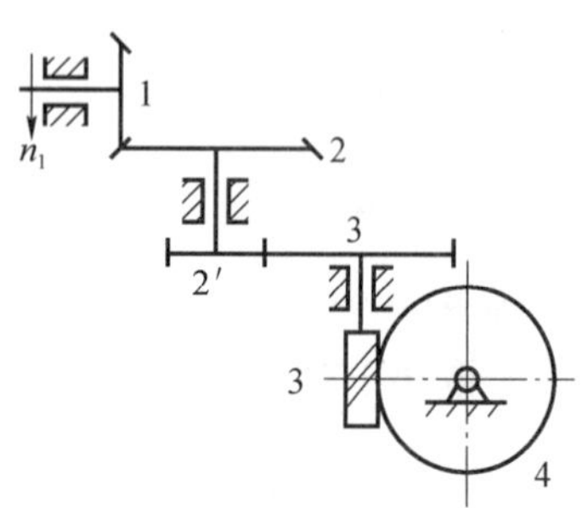

图 5-39 非平行轴定轴轮系

例 5-2 在图 5-39 所示的轮系中，设已知 z_1=16，z_2=32，$z_{2'}$=20，z_3=40，$z_{3'}$=2，z_4=40，均为标准齿轮传动。已知轮 1 的转速 n_1=1000r/min，试求轮 4 的转速及转动方向。

解：

由公式得

$$i=\frac{n_1}{n_4}=\frac{z_2}{z_1}\cdot\frac{z_3}{z_{2'}}\cdot\frac{z_4}{z_{3'}}=\frac{32\times40\times40}{16\times20\times2}=80$$

$$n_4=n_1/i=1000/80=12.5\text{r/min}$$

蜗轮 4 的转向用右手定则判定，应该逆时针转动。

二、行星轮系

在图 5-40（a）所示的行星齿轮系中，行星轮 z_2 既绕本身的轴线自转，又绕 O_1 或 O_H 公转，因此不能直接用定轴轮系传动比计算公式求解行星轮系的传动比，而通常采用反转法来间接求解其传动比。

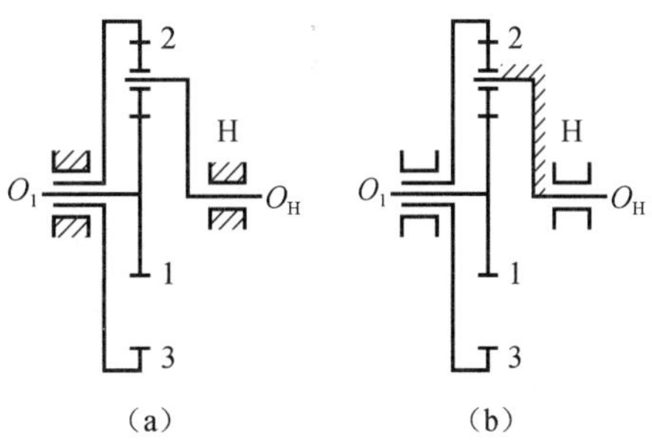

图 5-40　行星轮系

假定行星轮系各齿轮和行星架 H 的转速分别为 n_1、n_2、n_3、n_H。现在整个行星齿轮系上加上一个与行星架转速大小相等、方向相反的公共转速（$-n_H$）将行星齿轮系转化成一假想的定轴齿轮系，如图 5-40（b）所示。再用定轴轮系的传动比计算公式，求解行星轮系传动比。

由相对运动原理可知，对整个行星轮系加上一个公共转速（$-n_H$）后，该轮系中各构件之间的相对运动规律并不改变，但转速发生了变化，其变化结果如下。

齿轮 1 的转速为 $n_1 \to n_1^H \to (n_1-n_H)$。

齿轮 2 的转速为 $n_2 \to n_2^H \to (n_2-n_H)$。

齿轮 3 的转速为 $n_3 \to n_3^H \to (n_3-n_H)$。

行星架 H 的转速为 $n_H \to 0 \to (n_H-n_H)$。

既然该齿轮系的反转机构是定轴齿轮系，则在图 5-40（b）所示反转机构中，轮 1 和 3 间的传动比可表达为

$$i_{13}^H = \frac{n_1^H}{n_3^H} = \frac{n_1 - n_H}{n_3 - n_H} = (-1)^1 \frac{z_2 z_3}{z_1 z_2} = -\frac{z_3}{z_1}$$

式中：i_{13}^H——反转机构中轮 1 与轮 3 相对于行星架 H 的传动比。其中“-1”号表示在反转机构中有一对外啮合齿轮传动。传动比为负说明轮 1 与轮 3 在反转机构中的转向相反。

一般情况下，若某单级行星轮系由多个齿轮构成，则传动比求法为

1）求传动比大小：

$$i_{1k}^H = \frac{n_1^H}{n_k^H} = \frac{n_1 - n_H}{n_k - n_H} = \frac{\text{从1轮到}k\text{轮之间所有从动轮齿数的连乘积}}{\text{从1轮到}k\text{轮之间所有主动轮齿数的连乘积}}$$

2）确定传动比符号。标出反转机构中各个齿轮的转向，确定传动比符号。当 1 轮与 k 轮的转向相同时，取“+”号，反之取“−”号。

下面举例说明行星轮系传动比的计算方法。

例 5-3　在图 5-41 所示的轮系中，已知 $z_1=100$，$z_2=101$，$z_{2'}=100$，$z_3=99$，均为标准齿轮传动。试求 i_{H1}。

解：

由公式得

$$i_{13}^{H}=\frac{n_1^{H}}{n_3^{H}}=\frac{n_1-n_H}{n_3-n_H}=\frac{z_2z_3}{z_1z_{2'}}$$

$$n_3=0$$

因

$$\frac{n_1-n_H}{0-n_H}=\frac{z_2z_3}{z_1z_{2'}}$$

故有

$$i_{1H}=\frac{n_1}{n_H}=1-\frac{z_2z_3}{z_1z_{2'}}=1-\frac{101\times 99}{100\times 100}=\frac{1}{10000}$$

所以

$$i_{H1}=\frac{n_H}{n_1}=\frac{1}{i_{1H}}=10000$$

例 5-4 在图 5-42 所示的轮系中，已知 z_1=40，z_2=40，z_3=40，均为标准齿轮传动。试求 i_{13}^{H}。

解：

由公式得

$$i_{13}^{H}=\frac{n_1^{H}}{n_3^{H}}=\frac{n_1-n_H}{n_3-n_H}=-\frac{z_2z_3}{z_1z_2}=-\frac{z_3}{z_1}=-1$$

其“-”号表示轮 1 与轮 3 在反转机构中的转向相反。

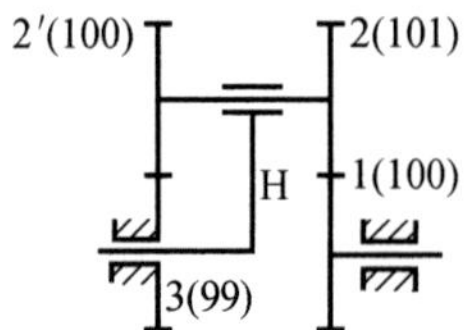

图 5-41 轮系实例（一）

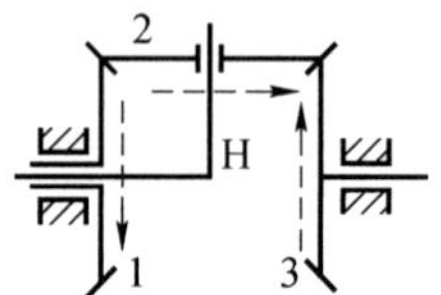

图 5-42 轮系实例（二）

三、轮系的作用

轮系广泛用于各种机械设备中，下面介绍其作用。

1. 传递相距较远的两轴间的运动和动力

当两轴间的距离较大时，用轮系传动，可减小齿轮尺寸，节约材料，且制造、安装都很方便，如图 5-43 所示。

2. 可获得较大的传动比

一般一对定轴齿轮的传动比不宜大于 5～7，故当需要获得较大的传动比时，可用几个齿轮组成行星轮系来达到目的，这样不仅外廓尺寸小，而且小齿轮不易损坏。

3. 可实现变速传动

汽车、机床、起重设备等多种机器设备都需要变速传动。在主动轴转速不变的条件下，通过轮系，从动轴可获得多种转速，进而实现变速传动。图 5-44 所示为汽车变速器，通过不同齿轮的啮合可以获得不同的输出轴转速。

轴 I 为输入轴，轴III为输出轴，4、6 均为滑移齿轮，通过改变齿轮 4 及齿轮 6 在轴上的位置，可使输出轴III得到 4 种不同的转速。

图 5-43　远距离两轴间的传动

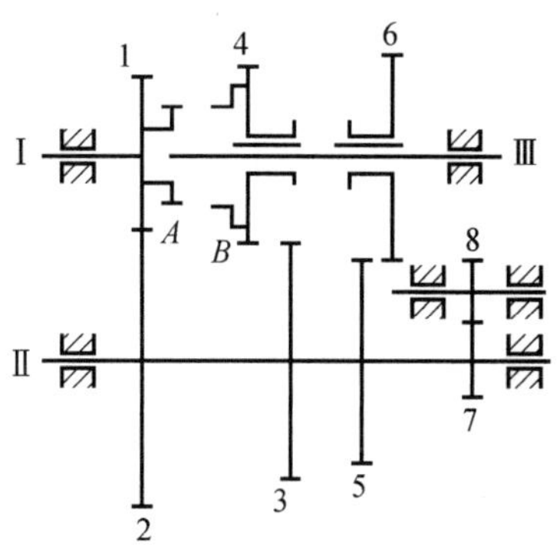

图 5-44　汽车变速器

变速原理如下。

低速挡：齿轮 5 和 6 啮合，齿轮 3、4 及同步器 A、B 均脱离；此时 $i>1$。

中速挡：齿轮 3 和 4 啮合，齿轮 5、6 及同步器 A、B 均脱离；此时 $i>1$。

高速挡：同步器 A、B 接合，齿轮 3、4 及齿轮 5 和 6 均脱离；$i=1$。

倒车挡：齿轮 6 和 8 啮合，齿轮 3、4、5、6 及同步器 A、B 均脱离，此时齿轮 8 为惰轮，改变了输出轴III的方向；$i<0$。

4. 齿轮的变向传动

在轮系中引入惰轮（它同时与主、从动轮啮合），可方便地实现变向要求。图 5-45 所示为三星轮换向机构。互相啮合的齿轮 2 和齿轮 3 浮套在三角形构件 a 的两个轴上。构件 a 可通过手柄使之绕轮 4 的轴转动。如果通过手柄转动齿轮 2 和齿轮 3 分别位于如图 5-45（a）和（b）所示位置，不需改变主动轮 1 的转向，就可使从动轮的转向发生改变。图 5-45 中齿轮 2、3 就是惰轮。在轮系中增加一对外啮合齿轮或减少一对外啮合齿轮都可改变从动轮（末轮）的转动方向，汽车倒车就是用这种方法实现的。

5. 运动合成、分解

图 5-46 所示为船用航向指示器传动装置，它是运动合成的实例。

太阳轮 1 的传动由右舷发动机通过定轴轮系 4—1′传过来；太阳轮 3 的传动由左舷发动机通过定轴轮系 5—3′传过来。当两发动机转速相同时，航向指针不变，船舶直线行驶。当两发动机的转速不同时，船舶航向发生变化，转速差越大，指针 M 偏转越大，即航向转角越大，航向变化越大。

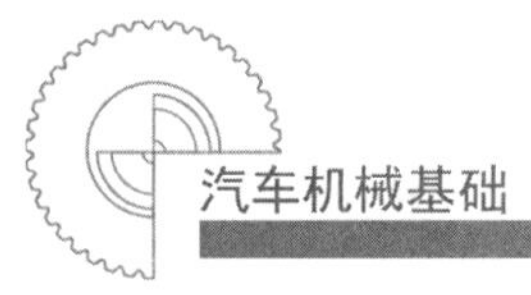

图 5-47 所示为汽车差速器，它是运动分解的实例。

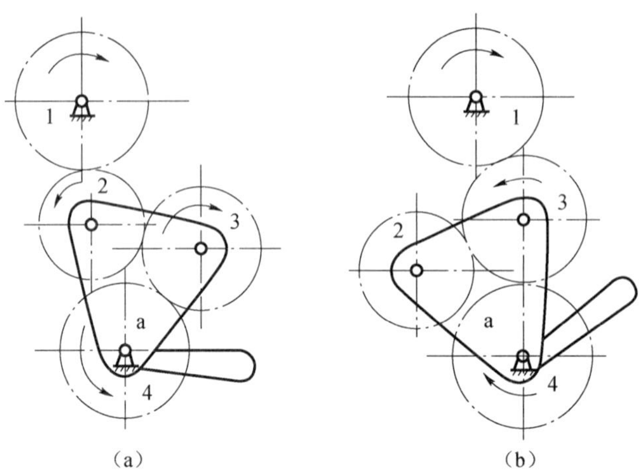

图 5-45　三星轮换向机构

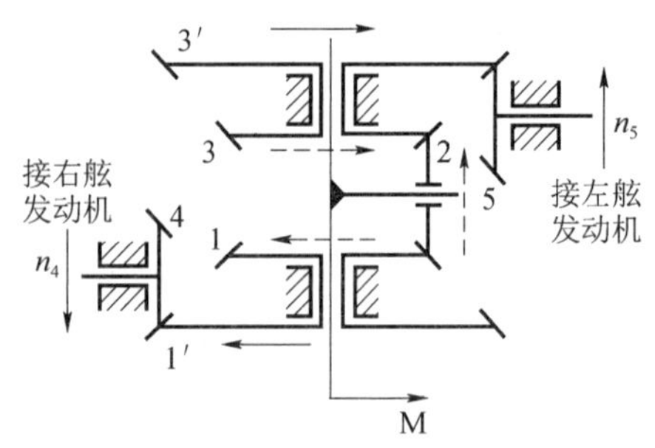

图 5-46　船用航向指示器传动装置

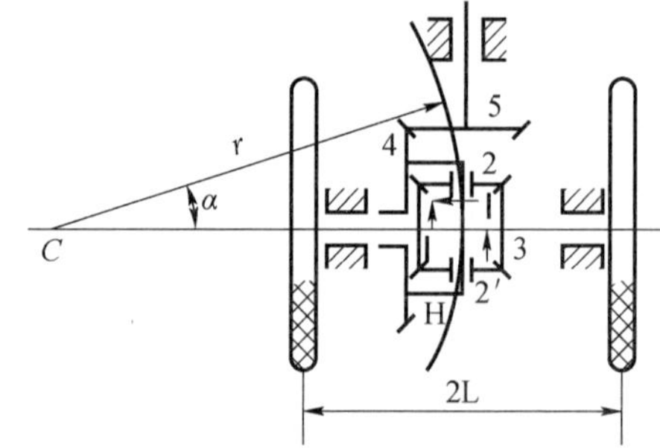

图 5-47　汽车差速器

当汽车直线行驶时，左、右两轮转速相同，行星轮不发生自转，齿轮 1、2、3 作为一个整体，随齿轮 4 一起转动，此时 $n_1=n_3=n_4$。

当汽车转弯时，为了保证两车轮与地面做纯滚动，显然左、右两车轮行走的距离应不相同，即要求左、右轮的转速也不相同。此时，可通过差速器（1、2、3）轮和（1、2′、3）轮将发动机传到齿轮 5 的转速分配给后面的左、右轮，实现运动分解。

四、轮系在汽车自动变速器中的应用

自动变速器利用行星齿轮机构进行变速，它能根据加速踏板踩下程度和车速变化自动地进行变速，驾驶员只需操纵加速踏板即可控制车速。汽车上常用的自动变速器有液力自动变速器、液压传动自动变速器、电力传动自动变速器、有级式机械自动变速器和无级式机械自动变速器等。其中，最常见的是液力自动变速器。

任务小结

1）定轴轮系：轮系运动时，所有齿轮轴线都固定的轮系。

2）周转轮系：轮系运动时，至少有一个齿轮的轴线可以绕另一个齿轮的轴线转动的轮系。

3）轮系传动比：轮系中，输入轴与输出轴的角速度或转速之比。

4）平行轴定轴轮系传动比 i 的大小：

$$i_{1k}=\frac{n_1}{n_k}=(-1)^m\frac{\text{从1轮到}k\text{轮之间所有从动轮齿数的连乘积}}{\text{从1轮到}k\text{轮之间所有主动轮齿数的连乘积}}$$

5）非平行轴定轴轮系传动比大小：可用平行轴定轴轮系的传动比计算公式计算，但因各轴线并不全部相互平行，故不能用（-1）^{m} 来确定主动轮与从动轮的转向，必须用画箭头的方式在图上标注出各轮的转向。

6）轮系的作用：传递相距较远的两轴间的运动和动力；可获得较大的传动比；可实现变速传动；齿轮的变向传动；运动的合成、分解。

拓展提高

组合轮系

定轴轮系和行星轮系组合成的轮系称为组合轮系，如图 5-48 所示。

因为组合轮系由运动性质不同的轮系组成，所以计算其传动比时，必须先将轮系分解成行星轮系和定轴轮系，然后分别按反转轮系传动比和定轴轮系传动比列计算公式，最后联立求解。

组合轮系分解方法是，先找出各行星轮系，余下的便是定轴轮系。如图 5-48 所示的组合轮系，按行星轮轴线可转的特征，找到由行星架 H 支承的行星轮 3，以行星轮 3 为核心，与其相啮合的有太阳轮 2′和 4。

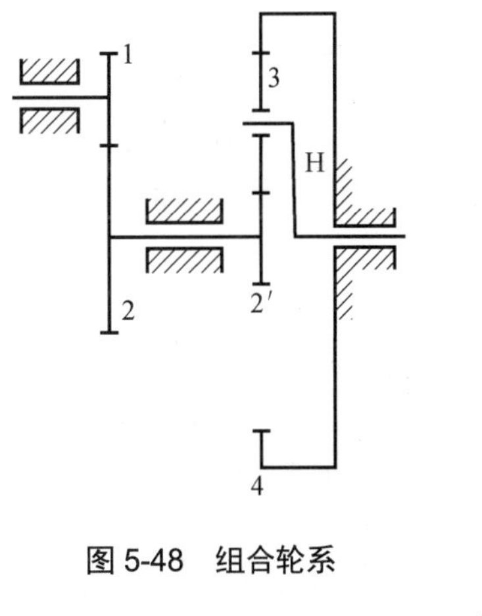

图 5-48　组合轮系

例 5-5　在图 5-48 所示的齿轮系中，已知 z_1=20，z_2=40，$z_{2'}$=20，z_3=30，z_4=60，均为标准齿轮传动。试求 i_{1H}。

解：

1）分析轮系。由图 5-48 可知，该轮系为一平行轴定轴轮系与简单行星轮系组成的组合轮系，其中行星轮系为 2′—3—4—H，定轴轮系为 1—2。

2）分析轮系中各轮之间的内在关系，由图 5-48 中可知：

$$n_4=0，n_2=n_{2'}$$

3）分别计算各轮系传动比。

① 定轴齿轮系为

$$i_{12}=\frac{n_1}{n_2}=(-1)^1\frac{z_2}{z_1}=-\frac{40}{20}=-2$$

$$n_1=-2n_2 \quad ①$$

② 行星齿轮系为

$$i_{2'4}^{\mathrm{H}}=\frac{n_{2'}^{\mathrm{H}}}{n_4^{\mathrm{H}}}=\frac{n_{2'}-n_{\mathrm{H}}}{n_4-n_{\mathrm{H}}}=-\frac{z_4z_3}{z_3z_{2'}}=-\frac{60}{20}=-3 \quad ②$$

③ 联立求解。联立式①、②，代入 $n_4=0$，$n_2=n_{2'}$得

$$\frac{n_2-n_{\mathrm{H}}}{0-n_{\mathrm{H}}}=-3$$

$$n_1=-2n_2$$

所以

$$i_{1\mathrm{H}}=\frac{n_1}{n_{\mathrm{H}}}=\frac{-2n_2}{\frac{n_2}{4}}=-8$$

课 后 自 测

一、填空题

1．带传动与链传动用于传递________和________，是机械传动中重要的传动形式。 其传动比与主、从动轮的直径成________，瞬时传动比________，传递运动的准确性不如齿轮传动。

2．带传动由________、________、________及机架组成。

3．带传动根据其传动原理分为________和________两大类。________传动是靠________与________的摩擦力来传递运动和动力的，传动带按截面形状可分为平带，其截面为________形；V 带，其截面为________形；圆带，其截面为________形；而________传动是靠________与________的啮合传递运动和动力的。

4．链传动由轴线平行的________、________、________及机架组成。工作时靠________与________的啮合来传递运动和动力。

5．按用途不同，链传动可分为________、________和________。

6．带传动的张紧措施有________和________。

7．齿轮传动能保证瞬时传动比为________，平稳性较高。

8．我国规定齿轮的标准压力角为________。

9．渐开线的形状取决于________的大小。当基圆半径趋于无穷大时，渐开线就成为________。

10．根据两齿轮的啮合方式不同，齿轮传动可分为________齿轮传动，________齿轮传动和________传动。

11. 直齿圆柱齿轮几何尺寸计算的主要参数有________、________、________、________等。

12. 蜗杆传动中，蜗杆和蜗轮的旋向一致，即同为________旋或同为________旋。

13. 标准直齿圆柱齿轮的顶隙系数为________。

14. 轮系中的惰轮只改变从动轮的________，而不改变主动轮与从动轮的________大小。

15. 在轮系中，惰轮常用于传动距离稍________和需要改变________的场合。

16. 蜗杆按头数不同可分为________蜗杆和________蜗杆。

17. 齿轮的模数越大，齿轮的几何尺寸越________，轮齿也越大，因此承载能力越强。

18. 蜗杆传动由________和________组成，一般________是主动件，________是从动件。

19. 平行轴传动的定轴轮系中，若外啮合的齿轮副数量为偶数时，轮系首轮与末轮的转向________；为奇数时，转向________。

20. 轮系按各齿轮的轴线位置是否固定可分为________轮系、________轮系和________轮系 3 类。

21. 当轮系运转时，所有齿轮几何轴线的位置相对于机架固定不变的轮系称为________。

22. 由一系列________组成的传动系统称为轮系。

23. 定轴轮系中的传动比等于________的转速之比，也等于该轮系中________与________之比。

24. 一对外啮合齿轮传动，两轮转向________；一对内啮合齿轮传动，两轮转向________。

二、选择题

1. 我国规定齿轮的标准压力角为（　　）。

A. 15°　　B. 0°　　C. 20°

2. 标准直齿圆柱齿轮端面的齿廓曲线为（　　）。

A. 斜直线　　B. 圆弧曲线　　C. 渐开线

3. 渐开线直齿圆柱齿轮正确啮合条件（　　）。

A. $m_1=m_2$　　B. $\alpha_1=\alpha_2$　　C. $m_1=m_2$，$\alpha_1=\alpha_2$

4. 渐开线齿轮的模数（　　）。

A. 以 mm 为单位　　B. 以 in 为单位

C. 是没有单位的数值

5. 实现两平行轴转向相同须选用（　　）传动

A. 圆柱齿轮外啮合　　B. 圆柱齿轮内啮合

C. 齿轮齿条啮合

6. 能保证恒定瞬时传动比的传动形式（　　）。

A. 链传动　　B. 齿轮传动　　C. 带传动

7. 一对内啮合齿轮传动，两齿轮转向（　　）。

A. 相同　　B. 相反　　C. 无关

8.（　　）是制造单元。

A. 构件　　B. 零件　　C. 机构

9．形成齿轮渐开线的圆是（　　）。

A．分度圆　　B．节圆　　C．基圆

10．轮系（　　）。

A．不能获得很大的传动比　　B．可以实现运动的合成但不能分解运动

C．可实现变向和变速的要求

11．链条在连接时，其链节数最好取（　　）。

A．奇数　　B．偶数　　C．任意

12．一对外啮合齿轮传动，两齿轮转向（　　）。

A．相同　　B．相反　　C．无关

13．蜗杆传动用于传递（　　）轴之间的运动和动力。

A．两平行　　B．两相交　　C．两空间交错

三、判断题

1．渐开线形状取决于基圆的大小。（　　）

2．在制造、安装过程中，一对相互啮合的齿轮的中心距的微小误差会改变其瞬时传动比，因此在制造、安装要求较高。（　　）

3．齿轮参数中基本的参数是齿数、模数、压力角。（　　）

4．两标准齿轮模数相同时，说明其渐开线齿廓曲线一致。（　　）

5．内齿轮与外齿轮一样，其齿顶圆大于分度圆，也大于齿根圆。（　　）

6．蜗杆传动与其他齿轮传动相比较，最大的特点是传动比大，是其他齿轮机构所无法实现的。（　　）

7．与齿轮传动相比，蜗杆传动轮齿相互接触的时间较长，所以传动平稳。（　　）

8．惰轮对轮系的传动比大小有影响。（　　）

9．轮系的作用仅在于能实现变速和变向运动。（　　）

10．周转轮系传动比可按定轴轮系传动比计算公式计算。（　　）

11．加奇数个惰轮，主、从动轮转向相反。（　　）

12．轮系中的某个中间齿轮可以既是前级的从动轮，又是后级的主动轮。（　　）

四、简答题

1．轮系可分为哪几类？

2．轮系的作用有哪些？

3．什么是轮系的传动比？

4．为何汽车中常采用周转轮系？

五、计算题

1．如图 5-49 所示的轮系中，已知各轮的齿数分别为 $z_1=z_2=20$，$z_3=60$。在图中画出各齿轮的转向，求传动比 i_{13}。

2．如图 5-50 所示的定轴轮系中，已知各轮的齿数分别为 z_1=30，z_2=50，z_3=20，z_4=48。在图中画出各齿轮的转向，求传动比 i。

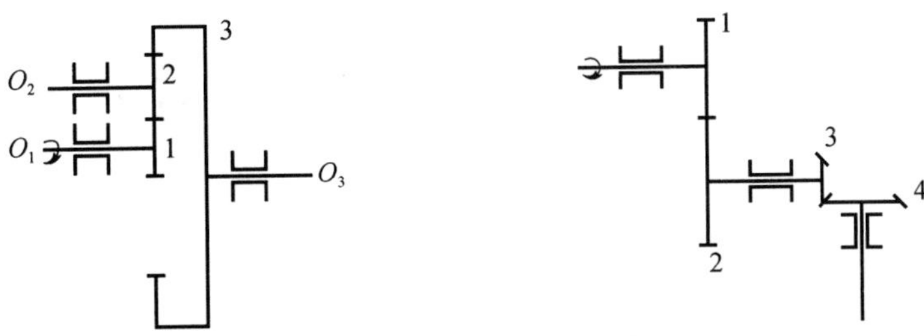

图 5-49　传动比计算　　　图 5-50　传动比计算

3．如图 5-51 所示的轮系中，已知各轮齿数分别为 z_1=24，z_2=28，z_3=20，z_4=60，z_5=20，z_6=20，z_7=28，求传动比 i_{17}，若 n_1 转向如图 5-51 中所示，试判定轮 7 的转向。

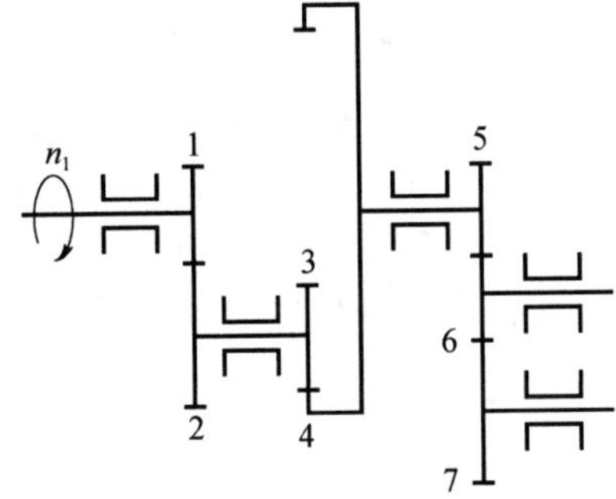

图 5-51　传动比计算

模块六　常用连接

任务一　常用螺纹连接

任务介绍

所有机器都是由多个零件、部件连接而成的。为了便于制造、安装和使用，一般情况下，机器是由许多零部件按照一定的工作要求，使用不同连接方法组合而成的。按组成连接的零件在工作中相对位置是否变化，连接可分为动连接和静连接两类。组成连接的零件工作时相对位置发生变化（即构成运动副）的连接，称为动连接；组成连接的零件工作时相对位置不发生变化的连接，称为静连接。通常，机械静连接可用下列形式表示。

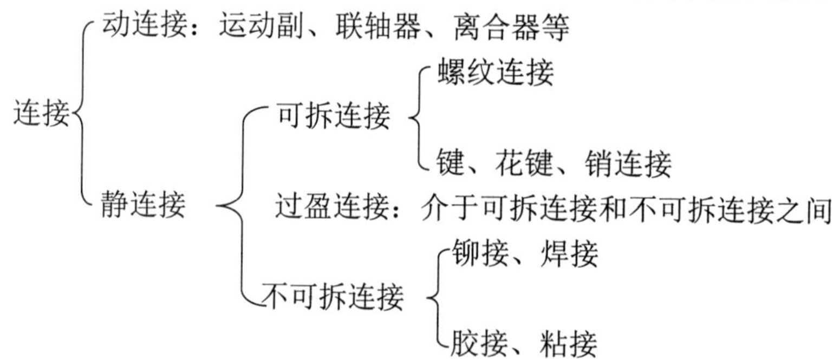

按拆开连接时是否需要破坏连接件，连接又可分为可拆连接和不可拆连接两类。键连接、花键连接、销连接和螺纹连接等属于可拆连接；而铆接、焊接、胶接和粘接等属于不可拆连接。

过盈连接是利用材料本身的弹性变形，在一定装配过盈量下使被连接件套装起来的连接。采用不同的过盈量，可得到可拆连接或不可拆连接。

粘接是利用粘结剂把被连接件粘接在一起，成为不可拆连接。组成连接的零件可分为连接件和被连接件。起连接作用的零件如键、销、铆钉、螺栓、螺母等称为连接件；需要连接起来的零件，如减速器的箱盖、箱座等称为被连接件。也有的连接不需要连接件，如过盈连接等。

在汽车中，用到了上述的所有连接形式，但本模块主要介绍几种汽车中常用的几种连接，即螺纹连接、键连接、花键连接和销连接。

学习目标

1. 应了解螺纹的种类和基本参数。
2. 应掌握螺纹连接的基本形式和相应的应用场合及特点。

相关知识

在机械行业中螺纹零件的主要功能是进行螺纹连接和螺旋传动，但两者的工作性质及技术要求都有差别。前者作为紧固件用，要求保证连接强度（有时还要求紧密性）；后者则作为传动件用，要求保证螺旋副的传动精度、效率和磨损寿命等。

螺纹连接是利用螺纹零件构成的可拆连接，它的主要功能是把需要相对固定在一起的零件连接起来。这种连接装拆方便、连接可靠，且多数螺纹连接件已标准化，大批生产，成本低，因此应用非常广泛。

一、螺纹的主要类型与标准连接件

1. 螺纹的类型

螺纹有外螺纹和内螺纹之分，它们共同组成螺旋副。起连接作用的螺纹称为连接螺纹，主要有管螺纹；起传动作用的螺纹称为传动螺纹，牙型有梯形、矩形、锯形及三角形等；用于密封连接的螺纹称为密封螺纹，主要有管螺纹、锥螺纹与锥管螺纹。螺纹又分为米制和英制（螺距以每英寸牙数表示）两类。我国除管螺纹保留英制外，其余都采用米制螺纹。

常用螺纹的类型主要有普通螺纹、管螺纹、梯形螺纹、矩形螺纹和锯齿形螺纹。前两种主要用于连接，后 3 种主要用于传动。其中，除矩形螺纹外，其余螺纹都已标准化。

2. 螺纹连接用标准连接件

常用的标准螺纹连接件有螺栓、双头螺柱、螺钉、螺母、垫圈等。这些连接件的品种、类型很多，下面介绍一些常用连接件的主要特点和结构形式。

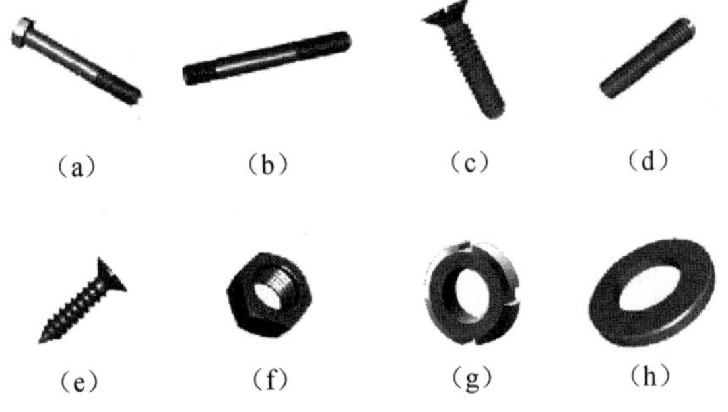

图 6-1　常用螺纹连接件

(a) 六角头螺栓；(b) 双头螺柱；(c) 螺钉；(d) 紧定螺钉；(e) 自攻螺钉；(f) 六角螺母；(g) 圆螺母；(h) 垫圈

（1）螺栓

按加工精度不同，螺栓有粗制螺栓和精制螺栓两种。常用螺栓的头部形状有标准六角头、小六角头、方头等。

（2）双头螺柱

双头螺柱两端均制有螺纹，其拧入机体端的螺纹长度为 L_1。L_1 大小与被连接件的材料有关，可查阅有关资料及标准。

（3）螺钉

螺钉的结构形状与螺栓类似，但螺钉头部形式较多，其中内、外六角头可施加较大的拧紧力矩，圆头及十字头不便于施加较大的拧紧力矩，所以采用这种螺钉时，选用直径最好不要过大，通常不超过 10mm。

（4）紧定螺钉

其头部和尾部的形式很多，常用的尾部形状有锥端、平端和圆柱端，一般均要求尾端有足够的硬度。

（5）螺母

最常用的螺母是六角螺母，根据其制造精度不同，有粗制螺母和精制螺母两种。按螺母的高度不同，有标准螺母、扁螺母和厚螺母。如果要求减小质量且不常拆卸，可用扁螺母，经常拆卸应选用厚螺母。

（6）垫圈

它是螺纹连接中常用的附件，放置在螺母与被连接件支承之间，可以保护支承面或防止螺母松脱（如弹簧垫圈等）。

二、螺纹的主要名称及参数

现以圆柱普通螺纹的外螺纹为例说明螺纹的主要名称及几何参数，如图 6-2 所示。

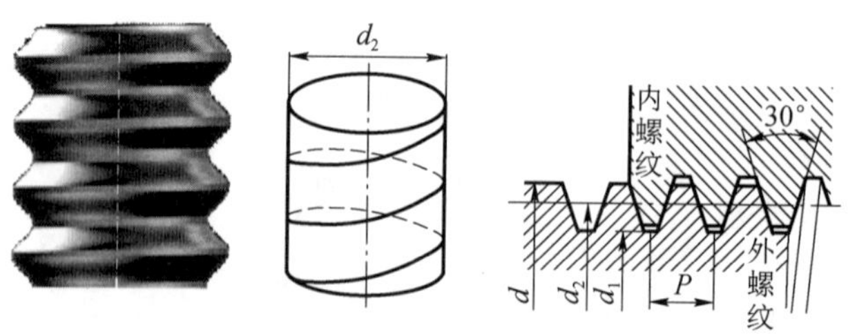

图 6-2 螺纹的主要参数

螺旋线：一动点在一圆柱体的表面上，一边绕轴线等角速旋转，同时沿轴向做等速移动所形成的轨迹。

螺纹：一平面图形沿螺旋线运动，运动时保持该图形通过圆柱体的轴线，即得到螺纹。

（1）大径

大径为与外螺纹牙顶或内螺纹牙底相重合的假想圆柱面的直径，在标准中定为公称直径。外螺纹大径用 d 表示，内螺纹大径用 D 表示。

（2）小径

小径为与外螺纹牙底或内螺纹牙顶相重合的假想圆柱面的直径。外螺纹小径用 d_1 表示，内螺纹小径用 D_1 表示。

（3）中径

中径为一个假想圆柱的直径，该圆柱的母线通过牙型上沟槽和凸起宽度相等的地方。此假想圆柱称为中径圆柱。外螺纹中径用 d_2 表示，内螺纹中径用 D_2 表示。

（4）螺距 P

螺距为相邻两牙在中径母线上对应两点间的轴向距离。

（5）导程 Ph

同一条螺纹上相邻两牙在中径线上对应两点之间的轴向距离 Ph 称为导程。P 与 Ph 之间的关系为 $Ph = nP$，n 为螺纹的线数。显然，对于单线螺纹，$Ph=P$。

（6）螺纹升角 ψ

螺纹升角为在中径圆柱上螺旋线的切线与垂直于螺纹轴线的平面的夹角（图 6-3），则

$$\tan\psi = \frac{Ph}{\pi d_2} = \frac{nP}{\pi d_2}$$

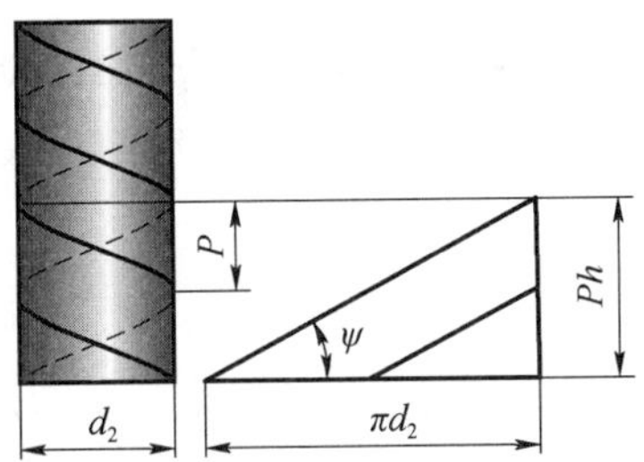

图 6-3　螺纹升角计算图

（7）牙型角 α

牙型角为螺纹轴向剖面内，螺纹牙两侧面间的夹角。根据牙型角不同，螺纹的分类如表 6-1 所示。

表 6-1　螺纹的分类

螺纹种类			特征代号	外形图	用途
连接螺纹	普通螺纹	粗牙	M		是最常用的连接螺纹
		细牙			用于细小的精密或薄壁零件
	管螺纹		G		用于水管、油管、气管等薄壁管子上，用于管路的连接
传动螺纹	梯形螺纹		Tr		用于各种机床的丝杠，做传动用
	锯齿形螺纹		B		只能传递单方向的动力

三、螺纹连接的基本类型

1. 螺栓连接

这种连接的结构特点是通孔的加工精度要求低、结构简单、拆装方便，使用时不受连接件材料的限制，因此用于被连接件不太厚和两边有足够装配空间的场合，如图 6-4 和图 6-5 所示。

图 6-4　普通螺栓连接

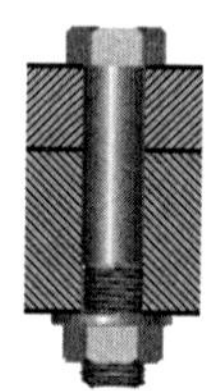
图 6-5　铰制孔螺栓连接

2. 双头螺柱连接

这种连接适用于结构上不能采用螺栓连接的场合，如被连接件之一太厚不宜制成通孔，材料又比较软（如用铝镁合金制造的壳体），且需要经常拆装时，往往采用双头螺柱连接，如图 6-6 所示。

3. 螺钉连接

这种连接的特点是螺钉直接拧入被连接件的螺纹孔中，不使用螺母，在结构上比双头螺柱连接简单、紧凑。多用于受力不大，螺钉连接或不需要经常拆装的场合，如图 6-7 所示。

4. 紧定螺钉连接

这种连接是利用拧入零件螺纹孔中的螺钉末端顶住另一零件的表面或相应的凹坑中，以固定两个零件的相对位置，并可传递不大的力或力矩，如图 6-8 所示。

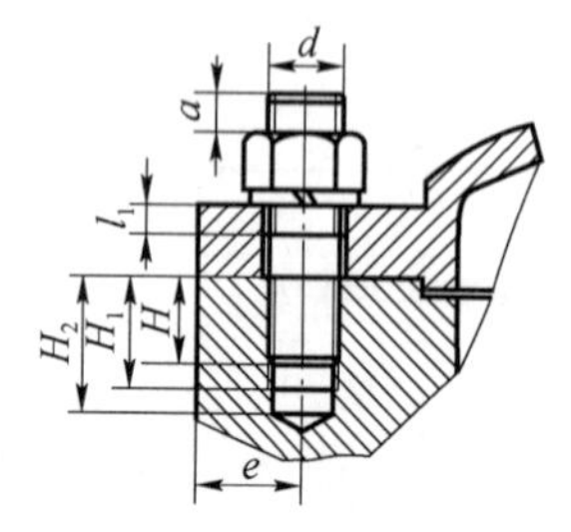

图 6-6　双头螺柱连接

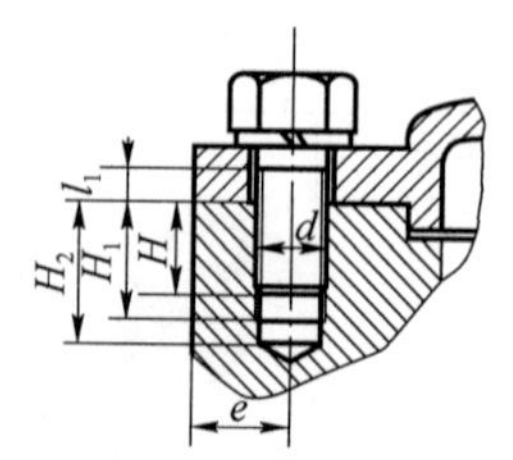

图 6-7　螺钉连接

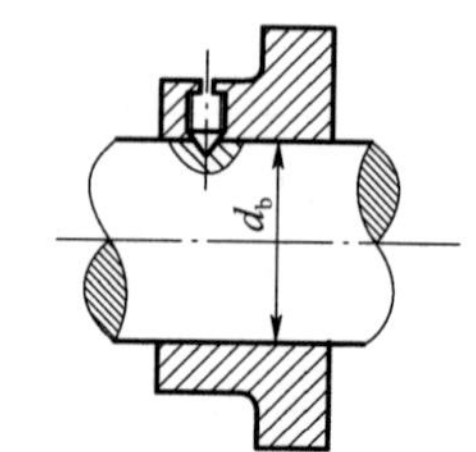

图 6-8　紧定螺钉连接

四、螺纹连接的预紧

在实际装配中，绝大多数螺纹连接在装配时必须拧紧，使连接在承受工作载荷之前，预先受到力的作用，这个预加作用力称为预紧力。预紧的目的在于增强连接的可靠性和紧密性，以防止受载后被连接件间出现缝隙或发生相对位移。经验证明：适当选用较大的预紧力对螺纹连接的可靠性及连接件的疲劳强度都是有利的，特别对于像气缸盖、管路凸缘、齿轮箱、轴承盖等紧密件要求较高的螺纹连接，其预紧更为重要。但过大的预紧力会导致整个连接的结构尺寸增大，也会使连接件在装配或偶然过载时被拉断。因此，为了保证连接所需的预紧力，又不使螺纹连接件过载，对重要的螺纹连接，在装配时要控制预紧力。

五、螺纹连接的防松

通常，对于拧紧的螺母，在拿走扳手后，也不会看到螺旋副有立即松开的现象。这是因为连接用的螺纹具有自锁性能，即螺纹的螺纹升角足够小（小于螺纹副间的当量摩擦角）。但这种自锁性只能在静载荷和工作温度变化不大时才能保证螺纹连接不会自动松脱，当载荷有冲击、振动、变载荷或螺纹连接的工作温度变化很大时，螺旋副间的摩擦力有可能减小或瞬间消失，致使自锁性能遭到破坏，这种现象多次重复后，就会使螺纹连接松脱。在高温或温度变化较大的情况下，由于螺纹连接件和被连接件的材料发生蠕变和应力松弛，也会使连接中的预紧力和摩擦力逐渐减小，最终导致连接失效。所以，对于一些重要连接，必须采取有效的防松措施。

防松的根本问题在于防止螺旋副在受载时发生相对转动。防松的方法，按其工作原理可分为摩擦防松、机械防松及永久放松等。螺纹连接常用的防松方法如表 6-2 所示。

表 6-2 螺纹连接常用的防松方法

名称	防松装置和方法
摩擦防松	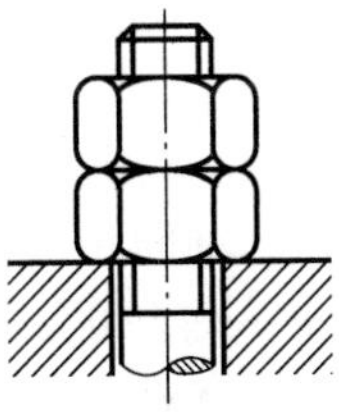 对顶螺母 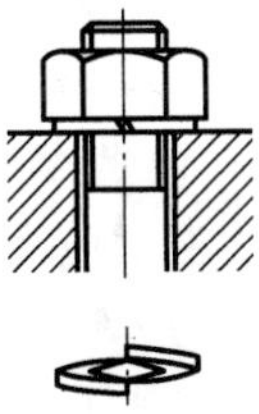　弹簧垫圈 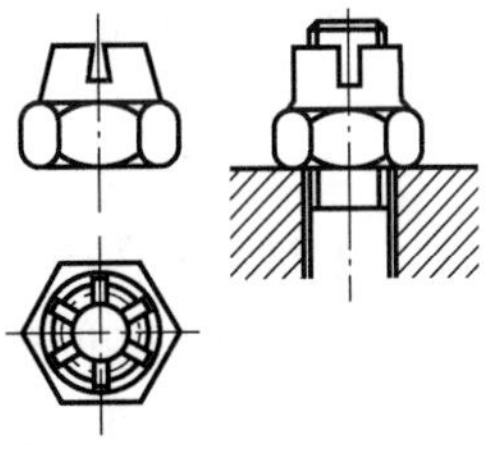　自锁螺母
机械防松	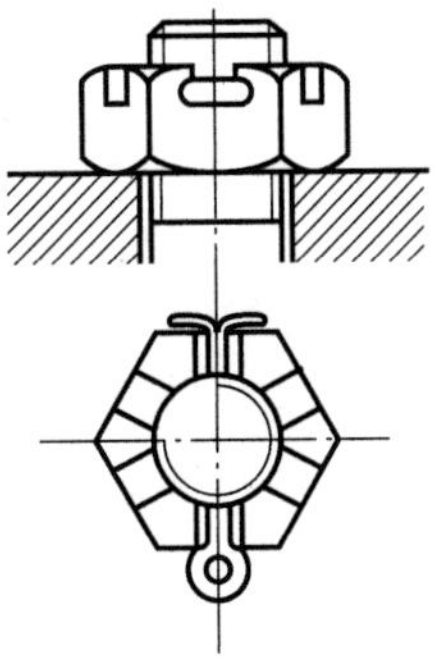 开槽螺母与开口销 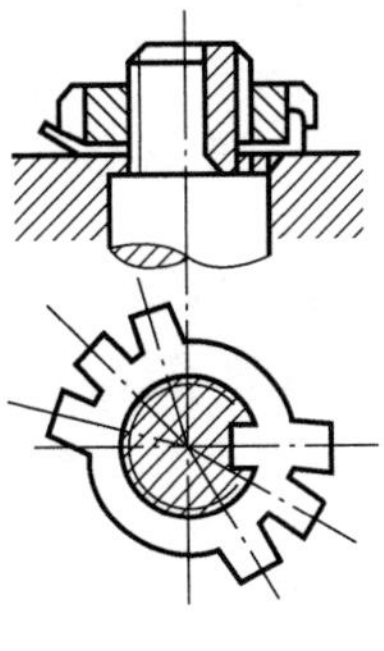　带翅垫片 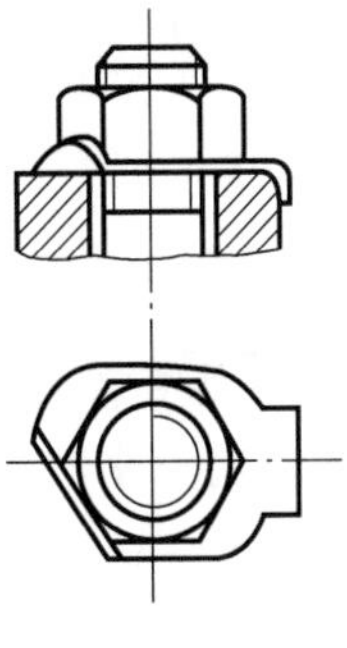　止动垫圈

续表

名称	防松装置和方法
机械防松	串连钢丝
永久防松	涂粘合剂

六、螺纹连接件的材料

适合制造螺纹连接件的材料品种很多，选择的材料不仅要有足够的强度，一定的塑性、韧性，还要适应加工要求。常见的螺纹连接件材料有低碳钢和中碳钢，如 Q215、Q235、10、35、45 和 40Cr 等；受冲击、振动和变载荷作用的螺栓可用合金钢，如 15Cr、40Cr、30CrMnSi 等；其他对螺纹有特殊要求（如防腐、耐高温）的，应选择有特殊性能的材料。

任务小结

1）常用螺纹的类型：普通螺纹、管螺纹、梯形螺纹、矩形螺纹和锯齿形螺纹。

2）螺纹的主要参数：

① 大径：外螺纹大径用 d 表示，内螺纹大径用 D 表示。

② 小径：外螺纹小径用 d_1 表示，内螺纹小径用 D_1 表示。

③ 中径：外螺纹中径用 d_2 表示，内螺纹中径用 D_2 表示。

④ 螺距 P：相邻两牙在中径母线上对应两点间的轴向距离。

⑤ 导程 Ph：P 与 Ph 之间的关系为 $Ph = nP$，n 为螺纹的线数。

3）螺纹连接的防松措施：按其工作原理可分为摩擦防松、机械防松及永久放松等。

拓展提高

管螺纹

管螺纹一般分为非螺纹密封的管螺纹和螺纹密封的管螺纹。非螺纹密封的管螺纹是指螺纹副本身不具有密封性的圆柱管螺纹。非螺纹密封的管螺纹多用于压力为 1.57MPa 以下的水、煤气管道、润滑和电线管道系统。密封管螺纹是指螺纹副本身具有密封性的管螺纹。用螺纹密封的管螺纹多用于高温、高压系统和润滑系统。

管螺纹标记:

1）用螺纹密封的管螺纹有圆锥外螺纹、圆锥内螺纹和圆柱内螺纹。连接形式有两种:

①圆锥内螺纹与圆锥外螺纹；②圆柱内螺纹与圆锥外螺纹配合。

标记：螺纹特征代号 尺寸代号—旋向代号

螺纹特征代号：用 Rc 表示圆锥内螺纹，用 Rp 表示圆柱内螺纹，用 R 表示圆锥外螺纹。尺寸代号用 1/2、3/4、1、11/2 等表示，单位为英寸。当螺纹为左旋时，加注 LH，右旋螺纹不标注旋向代号。

内、外螺纹装配在一起时，内、外螺纹的标记用斜线分开，左边表示内螺纹，右边表示外螺纹。例如，圆柱内螺纹与圆锥外螺纹配合（右旋），其标记为 Rp 3/4/R 3/4。

2）非螺纹密封的管螺纹。非螺纹密封的管螺纹其内、外螺纹都是圆柱管螺纹，其标记规定格式如下：

螺纹特征代号 尺寸代号 公差等级代号—旋向代号

螺纹特征代号用 G 表示。尺寸代号用 1/2、3/4、1 等表示，单位为英寸。

螺纹公差等级代号：对外螺纹分 A、B 两级标记；对内螺纹则不标记。当螺纹为左旋时，在后边加注 LH，右旋螺纹不标注旋向代号。内、外螺纹装配在一起时，内、外螺纹的标记用斜线分开，左边表示内螺纹，右边表示外螺纹。例如，G 11/2/G 11/2B。

任务二 键连接和销连接

任务介绍

键是一种标准件，安放在轴与轮毂的键槽中，通常用于连接轴与轴上旋转零件与摆动零件，起周向固定零件的作用，以传递旋转运动和转矩，楔键还可以起单向轴向固定零件的作用。而导键、滑键、花键还可用作轴上移动的导向装置。用键将轴与带毂零件连成一体的可拆连接，是轴与齿轮或轴与带轮之间常用的连接方式。键分为平键、半圆键和斜键 3 类。销可以分为圆柱销、圆锥销和异形销等。圆柱销依靠少量过盈固定在孔中，对销孔的尺寸、形状、表面粗糙度等要求较高，销孔在装配前须铰削。通常被连接件的两孔应同时钻铰，孔壁的表面粗糙度不大于 0.6μm。装配时，在销上涂润滑油，用铜棒将销打入孔中。

学习目标

1．应知键连接的类型和特点。

2．应能分析常用键连接的工作表面及相应的应用场合。

3．了解圆柱销和圆锥销的结构及用途。

相关知识

一、键连接

键连接由键、轴和轮毂组成，主要用于轴和轴上的旋转零件（如齿轮、链轮、带轮等）

或摆动零件（如摇臂等）之间的周向固定，并传递转矩；有的还能实现零件的轴向固定和轴向滑动。键连接在汽车及其他机械中有广泛的应用。键与花键的材料、剖面尺寸、键与键槽的配合等都有标准规定。因此，键及花键连接的设计主要是根据连接的具体使用要求和轴的直径，选用适当的类型和相应标准尺寸的键或花键，必要时进行强度校核。

根据键在连接中的松紧状态，键连接分为松键连接和紧键连接两大类。下面就几种主要的类型做简要介绍。

1. 松键连接

松键连接依靠键的两侧面传递转矩。键的上表面与轮毂键槽底面间有间隙，为非工作面，不影响轴与轮毂的同心精度，装拆方便。属于松键连接的有平键连接和半圆键连接。

（1）平键连接

平键连接又分为普通平键连接、导向平键连接和滑键连接 3 种。

1）普通平键连接。普通平键连接应用很广，常用来固定轴上齿轮、蜗轮、带轮、链轮、凸轮等回转零件，构成静连接。普通平键分为圆头（A 型）、方头（B 型）、和半圆头（C 型）3 种类型（图 6-9）。A 型键在键槽中轴向固定良好，装卸方便。通常键与键槽配合较紧，但不能轴向固定轴上零件。A 型键键槽应力集中大，而 B 型键键槽的应力集中小，二者通常用在轴的中间部位。C 型键应用较少一些，常用于轴端连接。

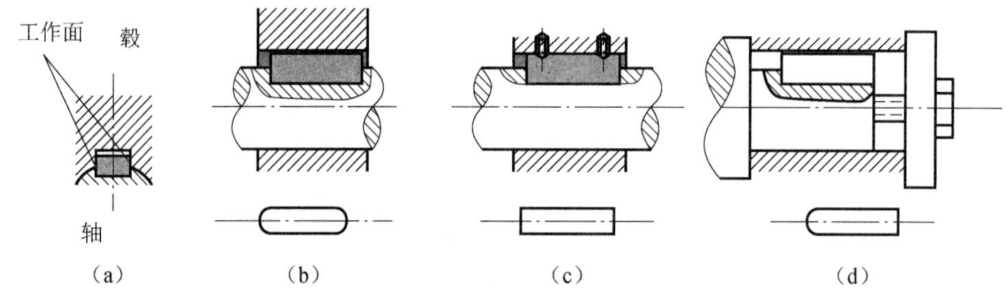

图 6-9　普通平键类型及连接

（a）连接示意图；（b）圆头；（c）方头；（d）单圆头

2）导向平键连接和滑键连接。导向平键和滑键用于动连接。当轴上零件需要沿轴向移动时，可以用导向平键和滑键构成连接。

导向平键其端部形状有 A 型和 B 型两种，如图 6-10 所示。导向平键一般用螺钉固定在轴槽中，与轮毂的键槽采用间隙配合，轮毂可沿导向平键轴向移动。为了装拆方便，键中间设有起键螺孔。导向平键适用于轮毂移动距离不大的场合。

当轴上零件的轴向移动量很大时，导向键将很长，不易制造，这时可采用滑键。滑键连接是将键固定在轮毂上，并与轮毂一起在轴上的键槽中滑动，轴上应铣出较长的键槽。滑键结构依固定方式而定，图 6-11 所示是两种典型的结构。

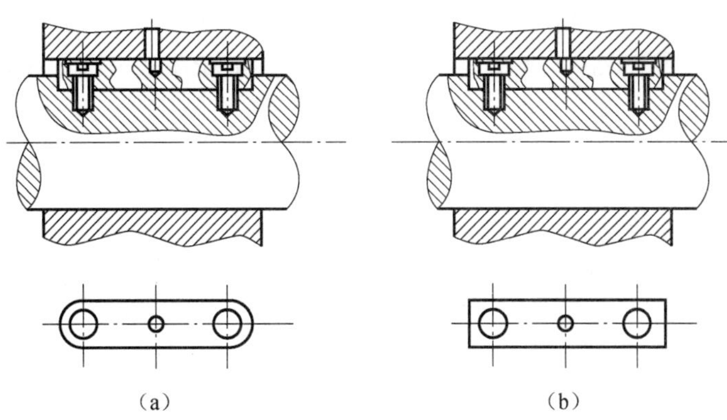

图 6-10 导向平键连接

(a) A 型；(b) B 型

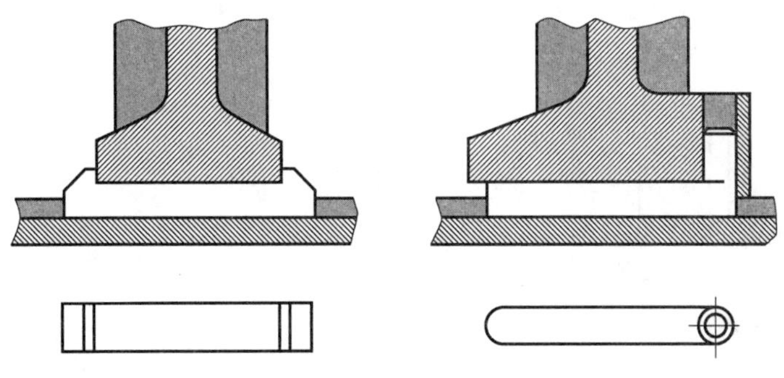

图 6-11 滑键连接

(2) 半圆键连接

半圆键的上表面为一平面，下表面为半圆形弧面，两侧面互相平行，如图 6-12 所示。装配时，半圆键放在轴上半圆形的键槽内，然后推上轮毂。这种键连接，键的上表面与轮毂键槽的底面间留有间隙，键的侧面和轴、轮毂键槽的侧面贴合。半圆键的两侧面为工作面，其工作原理与平键相同，即工作时靠键与键槽侧面的挤压传递转矩。

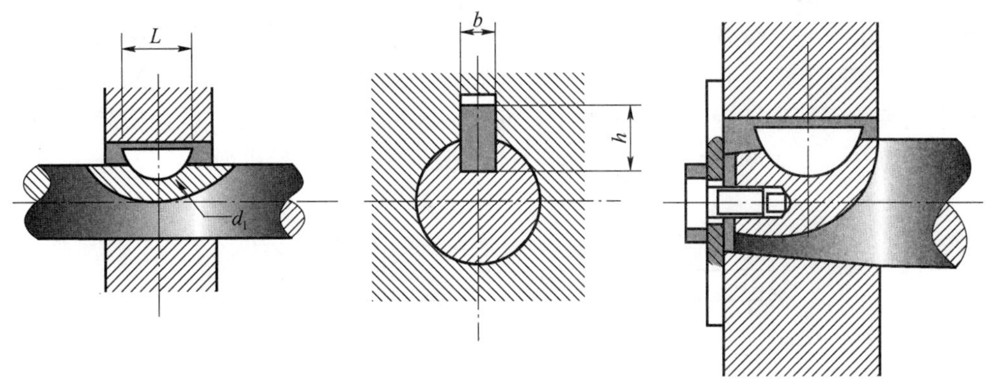

图 6-12 半圆键连接

半圆键连接制造简单、装拆方便，能在轴上的键槽中摆动，可以自动适应轮毂上键槽的斜度。其缺点是轴上键槽较深，降低了轴的强度。半圆键连接主要用于轻载、轮毂宽度较窄和轴端处的连接，尤其适用于圆锥形轴端与轮毂的连接。

2. 紧键连接

用于紧键连接的键具有一个斜面，由于斜面的楔紧影响，使轮毂与轴产生偏心，所以紧键连接的定心精度不高。紧键连接分为楔键连接和切向键连接两类。

（1）楔键连接

楔键如图 6-13 所示。楔键的上下面是工作面，键的顶端有 1∶100 的斜度，两侧面互相平行，轮毂键槽的底面也有 1∶100 的斜度。楔键分为普通楔键和钩头楔键（图 6-13）两种，它们均为标准件。楔键连接装配后，键的侧面与键槽侧面不接触，键的顶面和底面分别与轮毂键槽和轴槽的底面相互楔紧。因此，键与轴、轮毂之间产生很大的挤压力。工作时，靠挤压力及其在接触面上所产生的摩擦力来传递运动和转矩，并可承受不大的单向的轴向力。钩头楔键的钩头是为了便于拆卸而采用的，因此装配时须留有拆卸空间。外露钩头随轴转动，容易发生事故，应加防护罩。

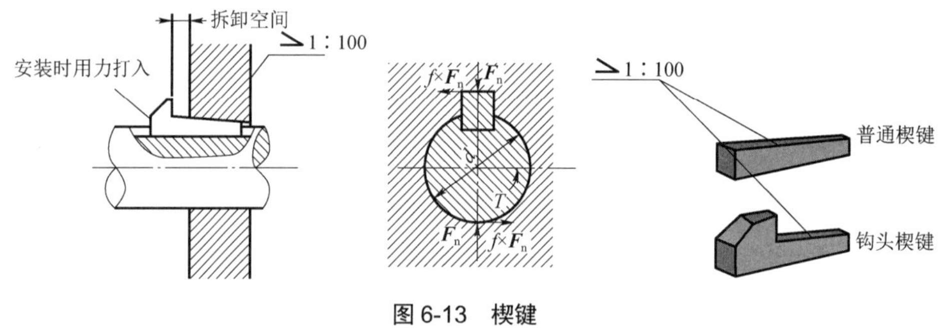

图 6-13　楔键

楔键连接在楔紧时，破坏了轴与轴上零件的对中性，所以仅适用于定心精度要求不高、载荷平稳和低速的场合。

（2）切向键连接

切向键由两个斜度为 1∶100 的普通楔键组成（图 6-14）。装配时两个楔键分别从轮毂两端打入，使其两个斜面相对，共同楔紧在轴与轮毂的键槽内。其上、下两个互相平行的窄面为工作面，其中一个工作面在通过轴心线的平面内，工作时工作面上的挤压力沿轴的切线作用。因此，切向键连接的工作原理是靠工作面的挤压来传递转矩的。一个切向键只能传递单向转矩，若要传递双向转矩，必须用两个切向键，并错开 120°～135° 反向安装。切向键连接主要用于轴径大于 100mm、对中性要求不高且载荷较大的重型机械中。

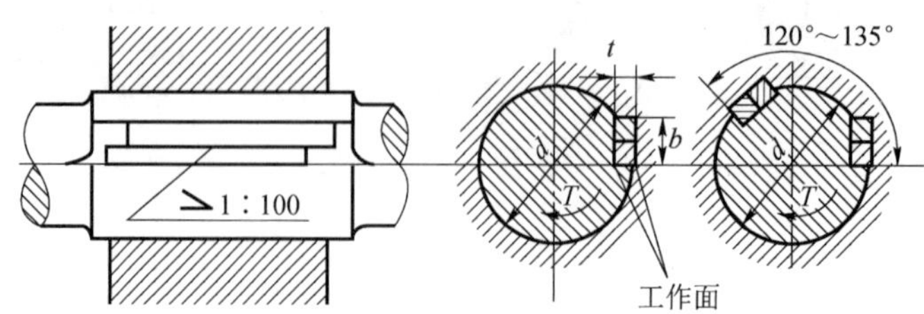

图 6-14　切向键连接

3. 花键连接

花键连接是由在轴上加工出的外花键齿和在轮毂孔壁上加工出的内花键齿所构成的连接，如图 6-15 所示。花键连接具有承载能力大，键齿均布，受力均匀，齿浅、对轴的削弱小，应力集中小，对中性好，导向性能好等特点；但加工需要专用的设备、量具和刃具，成本高。它适用于受重载和定心精度要求较高的静、动连接。尤其适用于经常滑移的连接。

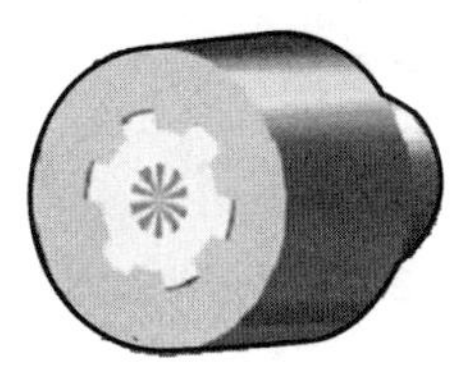
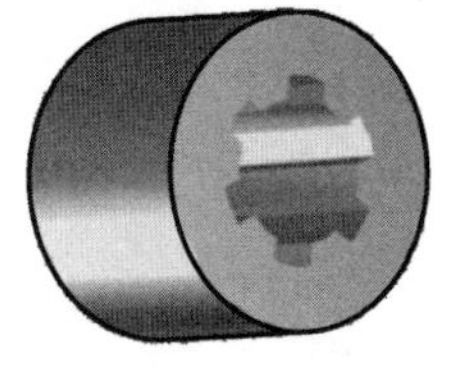

图 6-15　花键连接

按齿形不同，花键连接可分为矩形花键连接、渐开线花键连接和三角形花键连接 3 种。

（1）矩形花键连接

为适应不同载荷情况，矩形花键按齿高的不同，在标准中规定了两个尺寸系列：轻系列和中系列。轻系列多用于轻载连接或静连接，中系列多用于中载连接。矩形花键连接的定心方式为小径定心（图 6-16），此时轴、孔的花键定心面均可进行磨削，定心精度高。矩形花键连接结构简单，制造容易，应用广泛。

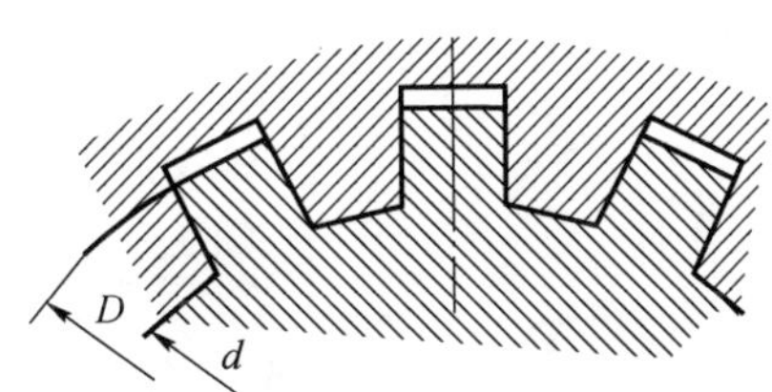

图 6-16　矩形花键连接

（2）渐开线花键连接

渐开线花键的齿形为渐开线，其分度圆压力角规定了 30° 和 45° 两种，如图 6-17 所示。渐开线花键可以用加工齿轮的方法来加工，工艺性较好，制造精度较高，齿根部较厚，键齿强度高，当传递的转矩较大及轴径也较大时，宜采用渐开线花键连接。压力角为 45° 的渐开线花键由于键齿数多而细小，故适用于轻载和直径较小的静连接，特别适用于薄壁零件的高强度连接。渐开线花键连接的定心方式为齿形定心。由于各齿面径向力的作用，可使连接自动定心，有利于各齿受载均匀。渐开线花键连接常用于传递载荷较大、轴径较大、定心精度要求高的场合。

（3）三角形花键连接

在三角形花键连接中，内花键齿为三角形，外花键齿为渐开线（α=45°），如图 6-18 所示。这种花键齿数较多，齿较小，对轴强度削弱小，加工方便，适于轻载、直径较小时及轴与薄壁零件的连接。

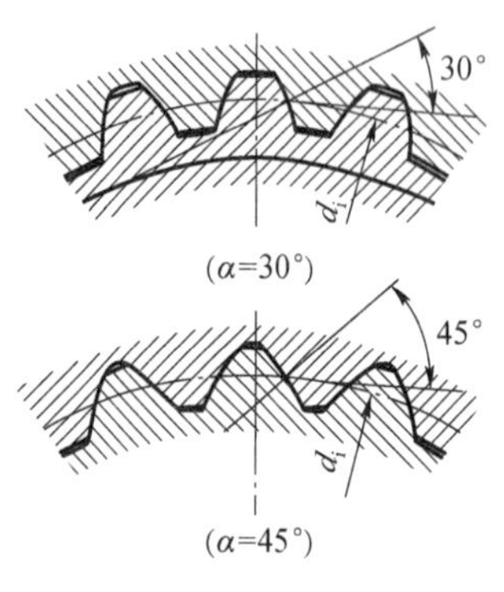

图 6-17　渐开线花键连接

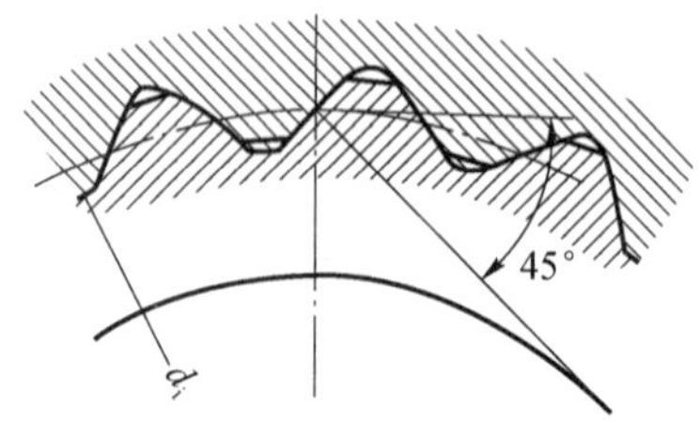

图 6-18　三角形花键连接

二、销连接

销主要用来固定零件之间的相对位置，起定位作用，也可用于轴与轮毂的连接，传递不大的载荷，还可作为安全装置中的过载剪断元件。销的常用材料为 35、45 钢。销是标准件，设计销连接时，应根据工作要求选择销的类型。

销分为圆柱销和圆锥销两种基本类型［图 6-19（a）、（b）］，这两类销均已标准化。圆柱销利用微量过盈固定在销孔中，经过多次装拆后，连接的紧固性及精度降低，故只宜用于不常拆卸处。圆锥销有 1∶50 的锥度，装拆比圆柱销方便，多次装拆对连接的紧固性及定位精度影响较小，因此应用广泛。

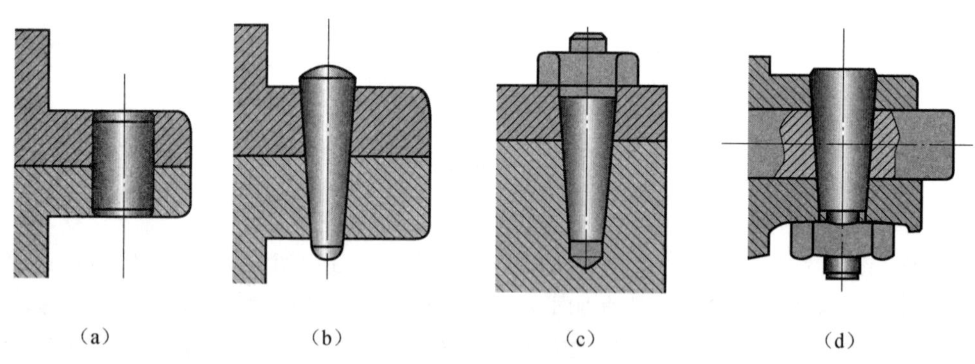

图 6-19　销连接

销还有许多特殊形式。图 6-19（c）是大端具有外螺纹的圆锥销，便于装拆，可用于盲孔；图 6-19（d）是小端带外螺纹的圆锥销，可用螺母锁紧，适用于有冲击的场合。图 6-20 是带槽的圆柱销，称为槽销，其用弹簧钢滚压或模锻而成。销上有 3 条压制的纵向沟槽，槽销压入销孔后，它的凹槽即产生收缩变形，借助材料的弹性而固定在销孔中，销孔无须铰光可多次装拆，适用于承受振动和变载荷的连接。开尾圆锥销（图 6-21）销尾可分开，能防止松脱，多用于振动冲击场合。弹性圆柱销（图 6-22）用弹簧钢带卷制而成，具有弹性，用于冲击振动场合。开口销（图 6-23）是一种防松零件，用于锁紧其他紧固件。

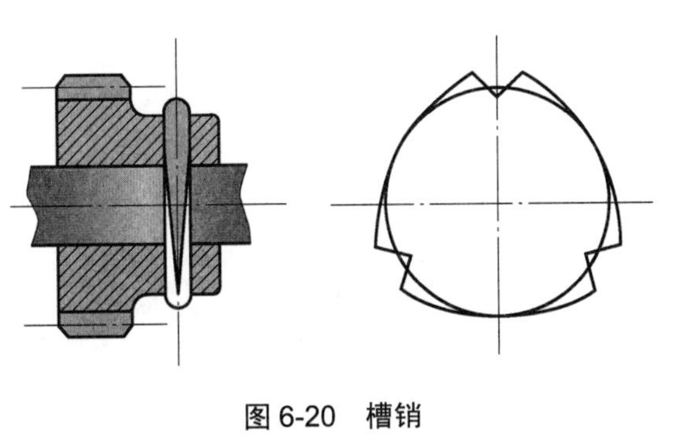

图 6-20　槽销

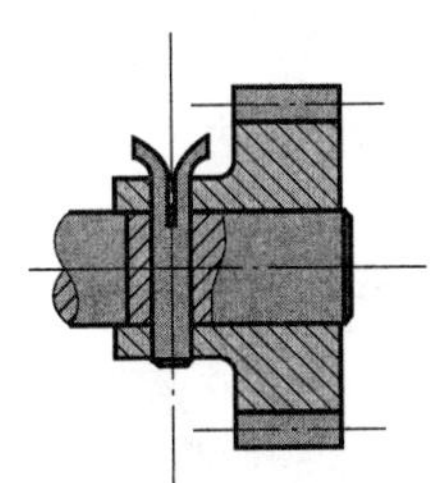

图 6-21　开尾圆锥销

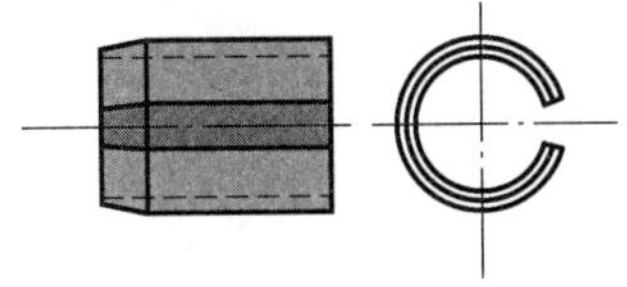

图 6-22　弹性圆柱销

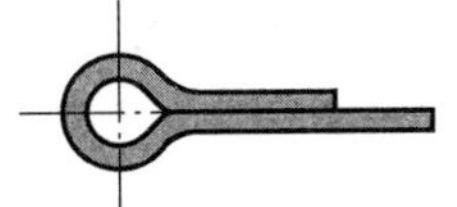

图 6-23　开口销

用于定位的销不受载荷或受很小的载荷，其直径可按结构确定，数目不得少于两个，且分布在紧固螺栓（螺钉）的对称方向上。销在连接件内的长度约为销直径的 1～2 倍。设计安全销时，应考虑销剪断后不致飞出，且易于更换。

任务小结

1）松键连接包括平键连接、半圆键连接。

2）紧键连接包括楔键连接和切向键连接。

3）普通平键分为圆头（A 型）、方头（B 型）和半圆头（C 型）3 种类型。

4）楔键的斜度是 1∶100。

5）圆锥销的锥度是 1∶50。

拓展提高

课 后 自 测

一、填空题

1．键连接主要用来连接________和________，实现周向固定并传递转矩。

2．半圆键连接由于轴上的键槽较深，故对轴的强度削弱较________。

3. A 型、B 型和 C 型 3 种形式普通平键的区别主要是________形状不同。

4. 楔键的斜度是________。

5. 圆锥销的锥度是________。

6. 销的基本形式有________和________。

7. 当轴上零件沿轴向移动距离较长时，可采用________键连接。

8. 在平键连接中，当轮毂需要在轴上沿轴向移动时可采用________平键。

9. 按螺纹在轴向剖面内的形状分________螺纹、________螺纹、________螺纹和锯齿形螺纹。

二、选择题

1. 键连接、销连接的形式属于（　　）。

A. 可拆连接　　B. 不可拆连接

2. 楔键的工作表面是键的（　　）。

A. 上、下面　　B. 两侧面　　C. 前、后面

3. 松键连接依靠键的（　　）传递转矩。

A. 上、下面　　B. 两端面　　C. 两侧面

4.（　　）常用于轴上零件移动量不大的场合。

A. 切向键　　B. 导向键　　C. 普通平键

5. 下列连接中属于不可拆连接的是（　　）。

A. 焊接　　B. 销连接　　C. 螺纹连接

6. 常用的松键连接有（　　）连接两种。

A. 普通平键和半圆键　　B. 普通平键和普通楔键

C. 滑键和切向键　　D. 楔键和切向键

7. 楔键的（　　）有 1∶100 的斜度。

A. 上表面　　B. 下表面　　C. 两侧面

8.（　　）能自动适应轮毂上的键槽的斜度，装拆方便，尤其适用锥形轴端部的连接。

A. 普通平键　　B. 半圆键　　C. 导向平键　　D. 切向键

9. 螺旋机构的主要作用是（　　）。

A. 将旋转运动转换成旋转运动　　B. 将旋转运动转换成直线运动

C. 将直线运动转换成旋转运动

三、简答题

1. 试述普通螺纹的大径、小径、中径和螺距的含义。

2. 什么螺纹的导程？它与螺距、线数有什么关系？

模块七　液压与气压传动

液压传动是利用密闭系统中的受压液体来传递运动和动力的一种传动方式。由于液压传动结构简单、体积小、质量小、输出力大，在汽车、机床、工程机械、矿山机械、压力机械和航空工业中广泛采用。目前，液压技术正向高压、高速、大功率、高效、低噪声、经久耐用、高度集成化的方向发展。

任务一　液压传动系统的结构及工作原理

任务介绍

一部完整的机器都是由 3 部分组成，即原动机→传动部分→工作机构。传动通常分为机械传动、电气传动和流体传动。

流体传动是以流体为工作介质进行能量的转换、传递和控制的传动，包括液体传动和气体传动。

液体传动是以液体为工作介质的流体传动，包括液压传动和液力传动。液压传动是只利用液体压力势能的液体传动；液力传动则主要利用液体的动能。

液压与气压传动，均是以流体（液压油液或压缩空气）为工作介质进行能量传递和控制的一种传动形式。

学习目标

1．应知液压传动的工作原理。
2．应知液压传动系统的组成。
3．应知液压传动的基本参数。
4．应理解液压传动系统的优缺点。

一、液压传动的工作原理及组成

以液体作为工作介质，并以其压力能进行能量传递的方式，即为液压传动。

液压传动是利用密封系统中的受压液体来传递运动和动力的一种传动方式。液压传动与其他类型的传动相比较，具有许多突出的优点，所以在交通运输领域中得到了广泛的应用。

1. 液压传动的工作原理

液压千斤顶就是一个简单液压传动装置，图 7-1 是液压千斤顶的结构图。

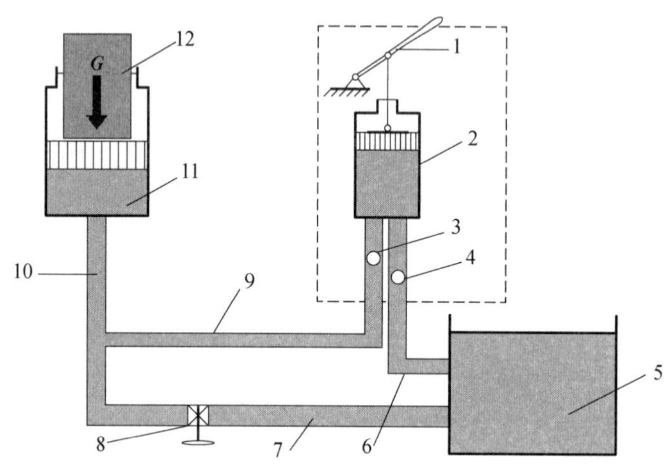

图 7-1　液压千斤顶结构图

1—杠杆手柄；2—小油缸；3—排油单向阀；4—吸油单向阀；5—油箱；6、7、9、10—管道；8—截止阀；11—大油缸；12—重物

大油缸 11 和大活塞组成举升液压缸。杠杆手柄 1、小活塞、小油缸 2、排油单向阀 3 和吸油单向阀 4 组成手动液压泵。如提起手柄使小活塞向上移动，小活塞下端油腔容积增大，形成局部真空，这时吸油单向阀 4 打开，通过管道 6 从油箱 5 中吸油；用力压下手柄，小活塞下移，小活塞下腔压力升高，吸油单向阀 4 关闭，排油单向阀 3 打开，下腔的油液经管道 9 输入大油缸 11 的下腔，迫使大活塞向上移动，顶起重物。再次提起手柄吸油时，排油单向阀 3 自动关闭，使油液不能倒流，从而保证了重物不会自行下落。不断地往复扳动手柄，就能不断地把油液压入举升缸下腔，使重物逐渐地升起。如果打开截止阀 8，举升缸下腔的油液通过管道 7、截止阀 8 流回油箱，重物向下移动。这就是液压千斤顶的工作原理。

从以上液压千斤顶的工作过程可以看出：液压传动是以液体为工作介质，利用液体的压力，通过密封容积的变化实现动力传递的。它先利用液压泵将机械能转换为液体的压力能，再通过液压缸（或液压马达）将液体的压力能转换为机械能以推动负载运动。液压传动的过程是机械能—液压能—机械能的能量转换过程。

2. 液压传动系统的组成

由上述分析可知，液压传动系统的基本组成如下：

1）动力元件——液压泵。它是将原动机的机械能转换为油液的压力能的装置，作为系统的能源。

2）执行元件——液压缸、液压马达。它们是将油液的压力能转换为机械能的装置。

3）控制元件——各种阀类。它们是控制油液的流动方向、流量和压力的装置，以满足液压系统的工作要求。

4）辅助元件——油箱、滤油器、管类和密封件等。这些元件担负着储存、输送和净化工作液及散热的任务，也是传动系统中不可缺少的部分。

5）工作介质——液压油。绝大多数液压油为矿物油，系统用它来传递能量。

二、液压传动系统的优缺点及应用

液压传动之所以能得到广泛的应用，是由于它具有以下的主要优点：

1）可在大范围内实现无级调速。借助阀或变量泵、变量马达，可以实现无级调速，调速范围可达 1∶2000，并可在液压装置运行的过程中进行调速。

2）在同等功率情况下，液压传动装置的质量小、结构紧凑、惯性小。例如，相同功率液压马达的体积为电动机的 12%～13%。液压泵和液压马达单位功率的重量指标，目前是发电机和电动机的 1/10，液压泵和液压马达可小至 0.0025N/W（牛/瓦），发电机和电动机则约为 0.03N/W。

3）传递运动均匀平稳，负载变化时速度较稳定。正因为此特点，金属切削机床中的绝大多数磨床传动现在几乎都采用液压传动。

4）液压传动装置的控制、调节比较简单，操纵比较方便、省力、易于实现自动化与电气控制配合使用，能实现复杂的顺序动作和远程控制。

5）液压传动装置易于实现过载保护，系统超负载，油液经溢流阀回油箱。由于采用油液作为工作介质，能自行润滑，所以寿命长。

6）液压传动易于实现系列化、标准化、通用化，易于设计、制造和推广使用。

7）液压传动易于实现回转、直线运动，且因为液压传动是油管连接，所以借助油管的连接可以方便灵活地布置传动机构。

8）液压传动中，因为功率损失所产生的热量可由流动的油带走，所以可避免在系统某些局部位置产生过度温升。

液压传动的缺点：

1）液体为工作介质，易泄漏，油液可压缩，故不能用于传动比要求准确的场合。

2）液压传动中有机械损失、压力损失、泄漏损失，效率较低，所以不宜做远距离传动。

3）液压传动对油温和负载变化敏感，不宜于在低、高温度下使用，对污染很敏感。

4）液压传动需要有单独的能源（如液压泵站），液压能不能像电能那样从远处传来。

5）液压元件制造精度高、造价高，所以须组织专业生产。

6）液压传动装置出现故障时不易追查原因，不易迅速排除。

液压传动应用：因为液压传动具有可实现无级调速，易于实现自动化，能实现换向频繁地往复运动的优点，所以，液压传动常用在机床的如下装置中：进给运动传动装置、往复主体运动传动装置、回转主体运动传动装置、仿形装置、辅助装置、步进传动装置、静压支承。

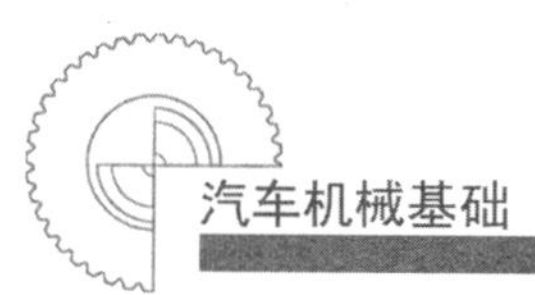

三、液压传动系统的图形符号

用结构（或半结构）式的图形画出的液压元件示意图，称为结构原理图。它较直观，易为初学者接受，目前广泛采用元件的图形符号来绘制液压系统图，如图 7-2 所示，用图形符号绘制的汽车举升机构的液压系统图。

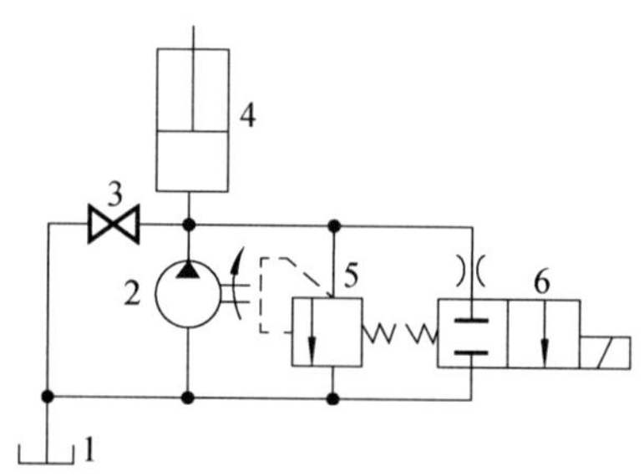

图 7-2　汽车举升机构的液压系统图

1—油箱；2—液压泵；3—开关阀；4—液压缸；5—溢流阀；6—限位阀

四、液压传动的基本参数

1. 压力

1）液体静压力。液体静压力是指液体处于静止状态时，单位面积上受的法向作用力。静压力又称为压强，即

$$p=\frac{F}{A}$$

压力的单位为 Pa，1Pa=1N/m^2，1MPa=10^{6}Pa。额定压力是指液压系统按试验标准能连续工作的最高压力，它是液压元件的基本参数之一。

2）压力的传递（帕斯卡原理）。在密闭的容器内施加于静止液体上的压力，将等值传递到液体内的各点。这就是静压传递的基本原理，即帕斯卡原理。它表明在一个较小的面积上作用较小力可以在较大的面积上得到较大的作用力。如图 7-3 所示，外界负载为 G，由帕斯卡原理可知：$p_1=p_2$

若在小活塞上施加一个力 F_1，则小液压缸中油液的压力为

$$p=\frac{F_1}{A_1}$$

根据静压传递原理，这一压力 p 将等值传递到液体中的各点，也传递到大液压缸中。这时大活塞也受到一个压力 p 的作用而产生一个向上的作用力 $F_2=pA_2$。

将压力 p=A_1/F_1 的值代入则得 F_2=F_1A_2/A_1。

由此可见，两活塞的面积之比 A_2/A_1 越大，大活塞升起重物的能力也越大。也就是说，在小活塞上施加不大的力，大活塞就可得到较大的作用力将重物 G 举起。这就是液压千斤

顶能顶起重物的原因。

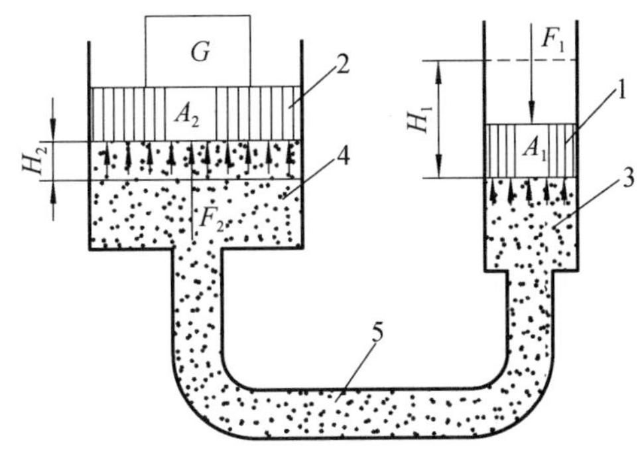

图 7-3　液压千斤顶工作原理图

1、2—活塞；3、4—油腔；5—油管

2. 流量

1）流量。流量是指在单位时间内，流过其通流截面的液体体积，用 Q 表示，即

$$Q=V/t$$

式中：V——流过通流截面的液体体积；

t——时间。

流量的法定计量单位为 m^3/s，常用单位为 L/min。$1m^3/s=6\times10^4 L/min$

按试验标准规定，连续运转工作所必须保证的流量称为额定流量。它是液压元件基本参数之一。

2）平均流速。流速是指流动液体内的质点在单位时间内流过的距离，以 v 表示，单位为 m/s。因为实际液体都具有黏性，所以液体在管道中流动时，在同一截面上各点的实际流速不相等。在一般场合下，都以平均流速进行计算。若通流截面面积用 A 表示，则流速可用下式表示：

$$v=Q/A$$

式中：Q——液体的流量；

A——液体流经某横截面的面积。

3）活塞（液压缸）运动速度与流量关系。活塞（液压缸）运动速度等于液压缸内油液的平均速度，即 $v=Q/A$。

4）液体流动连续性原理。理想液体在无分支管道内做稳定流动时，单位时间内通过管道中每一横截面的液体流量是相等的，这就是液体流动连续性原理，如图 7-4 所示。若单位时间内通过管道中横截面的液体流量分别为 Q_1 和 Q_2，流速分别为 v_1 和 v_2，通流截面面积分别用 A_1 和 A_2 表示，则根据液体流动连续性原理，有

$$Q_1=Q_2$$

$$Q_1=A_1v_1,\ Q_2=A_2v_2$$

$$A_1v_1=A_2v_2$$

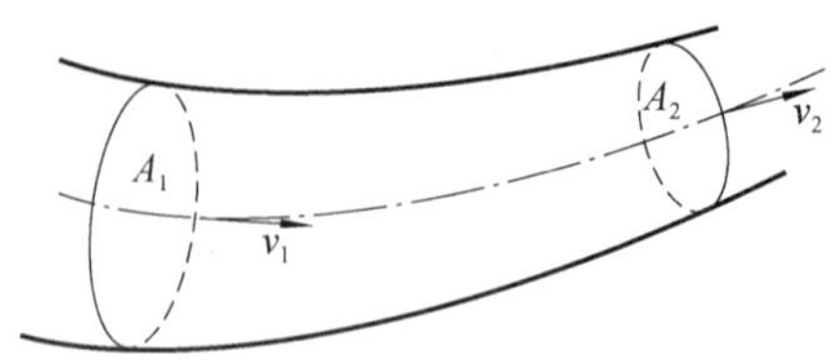

图 7-4 液体流动连续性原理

综上所述，液压传动是依靠密封容积的变化传递运动的，而密封容积的变化所引起流量的变化要符合等量原则；液压传动是依靠油液的压力来传递动力的，在密闭容器中压力是以等值传递的。

任务小结

1）液压传动：以液体作为工作介质，并以其压力能进行能量传递的方式。

2）液压传动系统的组成：动力元件、执行元件、控制元件、辅助元件和工作介质。

3）液压传动的基本参数。

液体静压力：液体静压力是指液体处于静止状态时，单位面积上受的法向作用力。

流量：流量是指在单位时间内，流过其通流截面的液体体积。

平均流速：流速是指流动液体内的质点在单位时间内流过的距离。

拓展提高

液压油的选择

1. 对液压油的基本要求

液压传动用油一般应满足如下要求：

1）合适的黏度和良好的黏温特性。

2）有良好的润滑性能，腐蚀性小、抗锈性好。

3）质地纯净，杂质少。

4）对金属和密封件有良好的相容性。

5）氧化稳定性好，长期工作不易变质。

6）抗泡沫性和抗乳化性好。

7）体积膨胀系数小，比热容大。

8）燃点高，凝点低。

9）对人体无害，成本低。

对于具体的液压传动系统，则需根据情况突出某些方面的使用性能要求。

2. 液压油的选择方法

正确而合理地选用液压油，是保证液压系统正常和高效率工作的条件。选用压油时常常采用两种方法：一种是按液压元件生产厂样本或说明书所推荐的油类品种和规格选用液压油；另一种是根据液压系统的具体情况，如工作压力高低、工温度高低、运动速度大小、液压元件的种类等，全面地考虑液压油的选择。

一般液压油在温度升高时，黏度会变小，系统的泄漏增加，执行元件的工性能也变坏。温度上升，液压油还易被氧化，其析出物会堵塞阀类小孔。因此，必须限制液压油的升温，使系统正常工作。

在不同的环境温度和工作条件下，应该选用不同黏度的液压油。为减小泄漏损失，在使用温度、压力较高或转速较低时，应采用黏度较大的液压油。为了减少管路内的机械摩擦损失，在使用温度、压力较低或转速较高时，应采用黏度小的液压油。

任务二　液压传动元件

任务介绍

液压泵是液压传动系统中的动力元件。它的作用是将原动机（通常是电动机）输入的机械能转化成液压能，给系统提供具有一定压力和流量的工作液体。液压泵的性能好坏直接影响液压系统的工作性能和可靠性，其在液压传动中占有非常重要的地位。

液压缸和液压马达同为执行元件，是将液压能转变为机械能的一种能量转换装置。与液压马达不同的是，液压缸将液压能转变成直线运动或摆动的机械能。液压缸结构简单、工作可靠、制造容易，做直线往复运动时，省去了减速机构，且没有传动间隙传动平稳、反应快，因此在液压系统中被广泛应用。

液压控制阀的分类方式有多种，一般按用途划分为方向控制阀（简称方向阀）、压力控制阀（简称压力阀）、流量控制阀（简称流量阀）三大类。控制阀安装在液压泵和执行元件之间，在系统中不做功，只对执行元件起控制作用。它们都是由阀体（阀座）、阀芯和阀的操纵机构三大部分组成的。阀的操纵机构可以是手动、机动、电动、液动等。

学习目标

1. 应知液压泵的结构类型和原理。
2. 应知液压缸的结构和类型。
3. 应知液压控制阀的结构、类型及应用。
4. 应理解各种液压控制阀的职能符号。

相关知识

一、液压泵

1. 液压泵的功能

在图 7-5 所示的动力转向液压系统中的转向油泵即为液压泵，它是整个液压系统的动力元件，作用是将发动机（或电动机）输入的机械能转化为油液的液压能，是液压系统中的动力源，向液压系统供给液压油。

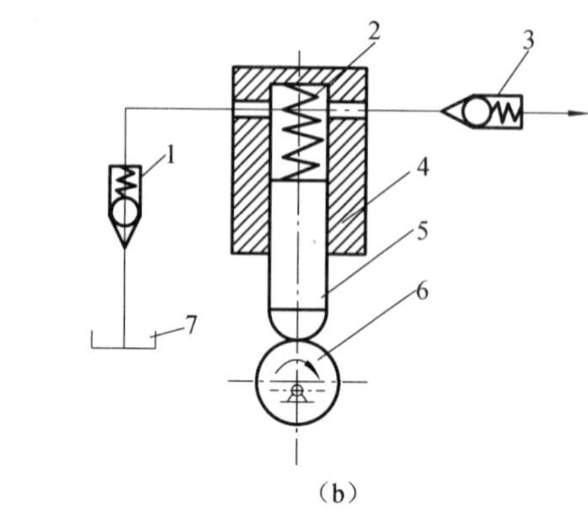

（a）　　　　　　（b）

图 7-5　凸轮转子式液压泵

（a）职能符号；（b）机构图

1、3—单向阀；2—弹簧；4—缸体；5—柱塞；6—偏心轮；7—油箱

2．液压泵的结构和职能符号

转向系统液压泵主要采用了凸轮转子式液压泵，它的结构和职能符号如图 7-5 所示。

3．液压泵的类型

除上面讲的凸轮转子式液压泵外，汽车上常用的还有齿轮泵、叶片泵、柱塞泵等。齿轮泵分为外啮合齿轮泵和内啮合齿轮泵；叶片泵分为定量式叶片泵和变量式叶片泵；柱塞泵分为径向柱塞泵和轴向柱塞泵。汽车上常用液压泵的特点和应用如表 7-1 所示。

表 7-1　汽车上常用液压泵的特点和应用

种类		结构图	图形符号	特点及应用场合
齿轮泵	外啮合齿轮泵	压油 吸油		结构简单紧凑、转速高、体积小、质量小、自吸性能好，不能变量。一般为低压，多适用于汽车润滑系统中的机油泵和液压转向的助力泵
叶片泵	单作用叶片泵	封油区 压油　吸油 压油区　吸油区 封油区		自吸能力好，对油液污染较敏感，转子承受的径向液压力是不平稳的，故轴承将承受较大的负载。其寿命较短，不宜用于高压，宜用于液压转向机构中

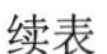

续表

种类		结构图	图形符号	特点及应用场合
叶片泵	双双作用叶片泵			转子承受的径向液压力是平稳的，轴承所受的力较小，故寿命长。自吸能力好，对油液污染较敏感，适用于中、高压系统。如富康轿车的转向油泵
柱塞泵	轴向柱塞泵			其密封性能好，容积效率高、耐磨性好，结构紧凑，流量调节方便。在高压系统中广泛应用。但结构复杂和制造精度要求高，对污染敏感。广泛应用于汽车空调压缩机等

二、液压缸

1. 液压缸的功能

液压缸是液压传动系统中的一种执行元件，它可以将液压能转变为执行元件的机械能输出。单杆活塞液压缸是将机械能的运动输出形式变为直线往复运动。

2. 液压缸的结构和图形符号

汽车动力转向系统中使用的液压缸为单杆活塞式液压缸，它的结构和图形符号如图 7-6 所示。

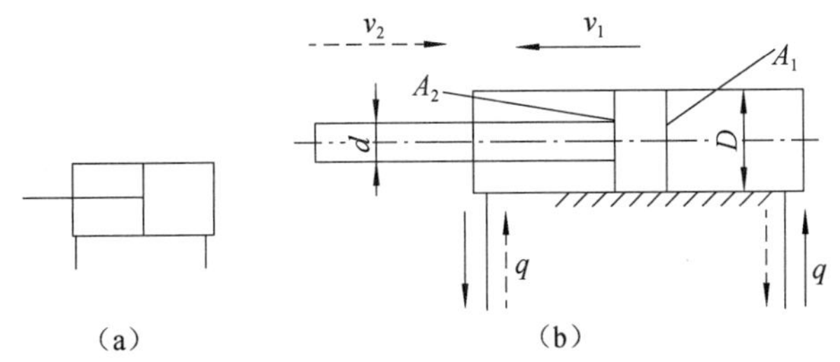

图 7-6 单杆活塞式液压缸

（a）图形符号；（b）结构图

单杆活塞式液压缸（图 7-6）主要由缸体、活塞和活塞杆组成，因为活塞一端有杆，而另一端无杆，所以活塞两端的有效作用面积不等。当左、右两腔分别进入压力油时，即使流量和压力相等，活塞往复运动的速度和所受的推力也不相等。当无杆腔进油时，因活塞有效面积大，所以速度小，推力大；当有杆腔进油时，因活塞有效面积小，所以速度大，推力小。

3. 其他类型的液压缸

除上面介绍的单杆活塞式液压缸外，还有柱塞式液压缸、伸缩式液压缸、齿条式液压缸等，它们的结构和图形符号如表 7-2 所示。

表 7-2　液压缸的结构和图形符号

种类	结构图	图形符号
柱塞式液压缸	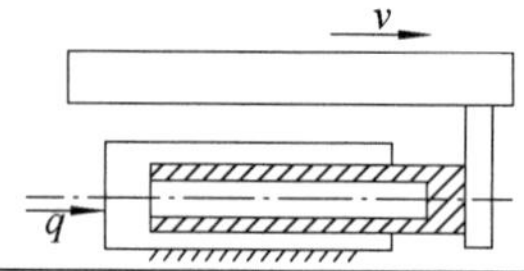 v q	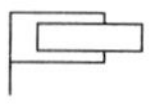
伸缩式液压缸	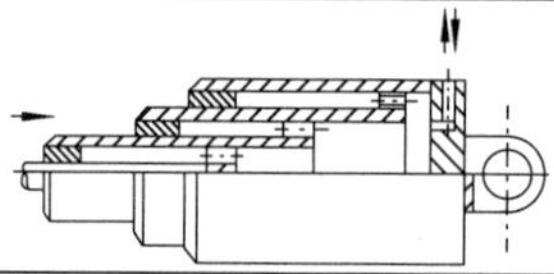	
齿条式摆动液压缸	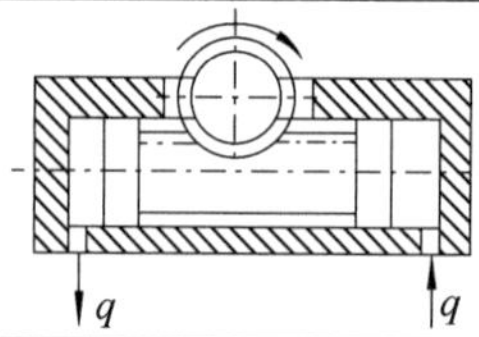 q　q	

三、方向控制阀

方向控制阀在液压系统中主要是用来连通油路或切换液流的方向，从而控制执行元件的启动、停止或改变其运动方向。按其用途可分为单向阀和换向阀。

1. 单向阀

（1）单向阀的作用

普通单向阀的作用是只允许油液向一个方向流动，不允许反向流动。

（2）结构原理和图形符号

图 7-7 所示为单向阀的典型结构，它由阀体、阀芯和弹簧 3 部分组成。工作时，液压油从进油口 P_1 流入，阀芯在液压油的作用下，克服弹簧的作用力，使阀芯离开阀座开启，液压油由出油口 P_2 流出；当液压油反向从出油口流入时，阀芯在液压油和弹簧力的作用下，使阀芯压紧在阀座上，切断油路，从而使液压油不能反向流动。

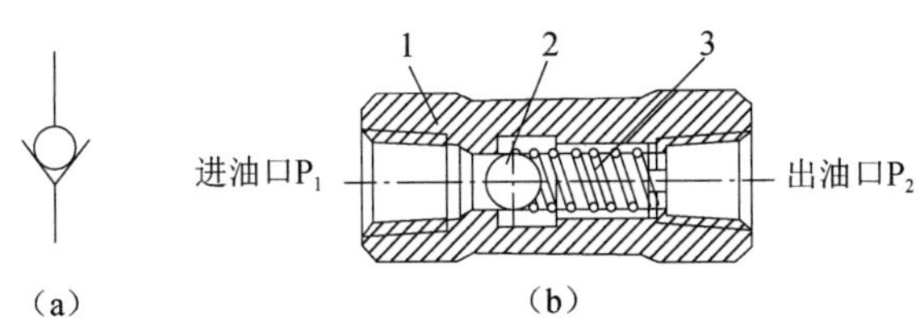

图 7-7　单向阀

（a）图形符号；（b）结构

1—阀体；2—阀芯；3—弹簧

2. 换向阀

（1）换向阀的作用

换向阀的作用是利用阀芯和阀体之间的相对运动变换油液流动的方向，或接通和关闭油路，从而改变液压系统的工作状态。

（2）结构原理和图形符号

汽车动力转向系统中使用的换向阀为三位五通换向阀，它的结构和图形符号如图 7-8 所示。

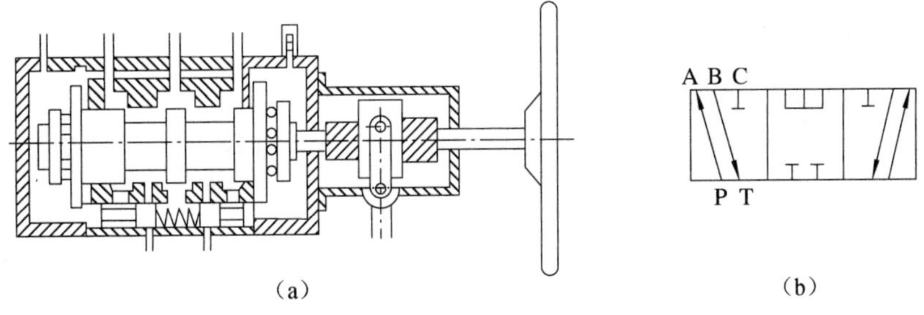

图 7-8　三位五通换向阀

（a）结构原理图；（b）图形符号

汽车转向系统通过转向盘的操纵控制滑阀的移动，当汽车直线行驶时，转向盘不动，滑阀处于中位，上边 3 个油口互相连通，下边两个油口封闭；当转向盘向左转时，滑阀被向左移，三位五通换向阀处于左位，P 与 A 油口接通，B 与 T 油口接通，C 油口关闭；当转向盘向右转时，滑阀被向右移，三位五通换向阀处于右位，P 与 B 油口接通，T 与 C 油口接通，A 油口关闭。常用换向阀的图形符号如表 7-3 所示。

表 7-3　换向阀的图形符号

名称	符号	名称	符号
二位二通	A P	三位四通	A B T_1 P T_2

续表

名称	符号	名称	符号
二位三通	A B P	二位五通	A B T_1 P T_2
二位四通	A B P T	三位五通	

四、流量控制阀

在液压系统中，流量控制阀主要用来调节通过阀口的流量，以满足对执行元件运动速度的要求。流量控制阀以节流单元为基础，通过改变阀口通流截面的大小或通流通道的长度来改变液阻（液阻即为小孔缝隙对液体流动产生的阻力），以达到调节通过阀口的流量的目的。常用的流量控制阀有节流阀。

1. 节流阀的作用

节流阀，用于控制液压系统中液体的流量，实现对液压系统的速度控制。

2. 结构原理和图形符号

节流阀是流量控制阀的一种，流量控制阀是液压系统中的调速元件，其调速原理是依靠改变阀口通流面积的大小或通流通道的长短来改变液阻，控制通过阀的流量，达到调节执行元件（液压缸或液压马达）运动速度的目的，如图 7-9 所示。

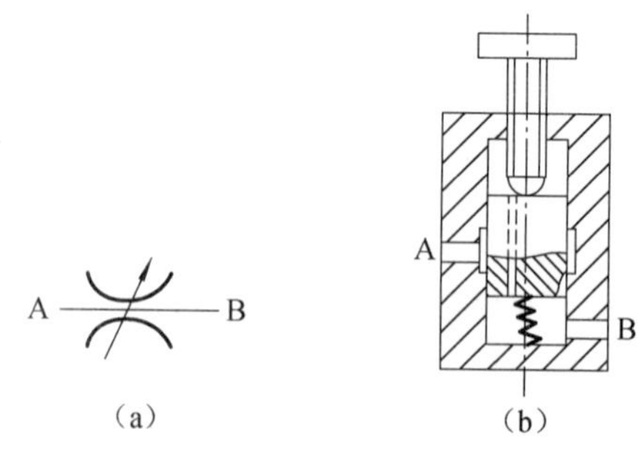

图 7-9　节流阀

(a) 图形符号；(b) 结构原理图

五、压力控制阀

在液压系统中，压力控制阀主要用来控制系统或回路的压力，或利用压力作为信号来控制其他元件的动作。其工作原理是利用作用在阀芯上的液压力与弹簧力相平衡来进行工作。常用的压力控制阀有溢流阀和减压阀。

1. 溢流阀

（1）溢流阀的作用

溢流阀是通过阀口的溢流，使被控制系统或回路的压力维持恒定，实现稳压、调压或限压的作用。

（2）结构原理和图形符号

直动型溢流阀如图 7-10 所示。阀芯在弹簧的作用下压在阀座上，阀体上开有进、出油口 P 和 T，油液压力通过进油口 P 作用在阀芯上。当液压力小于弹簧力时，阀芯压在阀座上不动，阀口 T 关闭；当液压力超过弹簧力时，阀芯向上离开阀座，阀口 T 打开，油液便从出油口 T 流回油箱，从而保证进口压力基本恒定。调节弹簧的预压力，便可调整溢流压力。

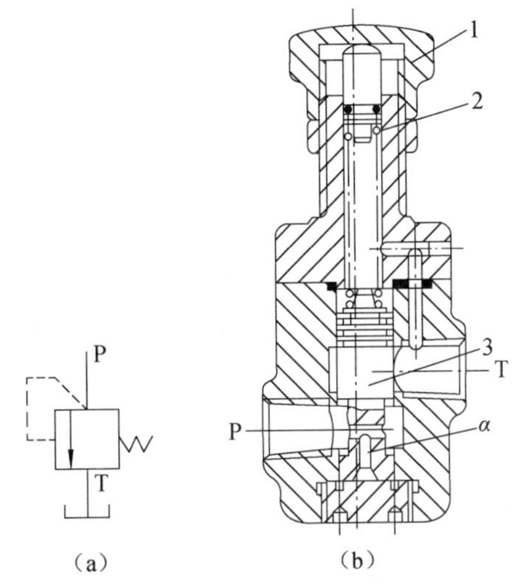

图 7-10　直动型溢流阀

（a）图形符号；（b）结构原理图

1—调节螺母；2—弹簧；3—阀芯

直动型溢流阀结构简单、灵敏度高，但压力受溢流量的影响较大，不适于在高压、大流量下工作。因为当溢流量的变化引起阀口开度即弹簧压缩量发生变化时，弹簧力变化较大，溢流阀进口压力也随之发生较大变化，故直动型溢流阀调压稳定性差。

2. 减压阀

1）作用。减压阀可以用来减压、稳压，将较高的进口油压降为较低而稳定的出口油压。

2）结构原理及图形符号。如图 7-11（a）所示为直动型减压阀的工作原理，如图 7-11（b）所示为直动型或一般减压阀符号。当阀芯处在原始位置上时，减压阀的阀口是打开的，阀的进、出口沟通。阀芯由出口处的压力控制，出口压力未达到调定压力时阀口全开，阀芯不工作。当出口压力达到调定压力时，阀芯上移，阀口关小，整个阀处于工作状态。若忽略其他阻力，仅考虑阀芯上的液压力和弹簧力相平衡的条件，则可以认为出口压力基本上维持在某一固定的调定值上。这时如出口压力减小，阀芯下移，阀口开大，阀口处阻力减小，压降减小，使出口压力回升到调定值上。反之，若出口压力增大，则阀芯上移，阀口关小，阀口处阻力加大，压降增大，使出口压力下降到调定值上。

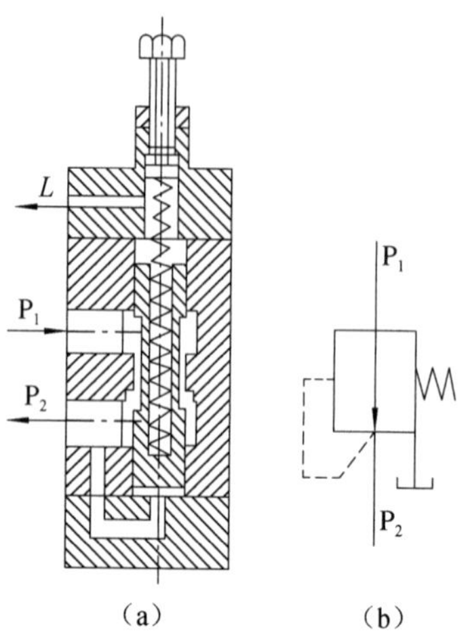

图 7-11　直动型减压阀

任务小结

1. 液压泵

液压泵可以将发动机（或电动机）输入的机械能转化为油液的液压能。液压泵类型有凸轮转子式液压泵、齿轮泵、叶片泵、柱塞泵等。

2. 液压缸

液压缸是液压传动系统中的一种执行元件，将液压能转变为执行元件的机械能输出。液压缸类型有活塞式液压缸、柱塞式液压缸、伸缩式液压缸、齿条式液压缸等。

3. 方向控制阀

单向阀：只允许油液向一个方向流动，而不允许反向流动。

换向阀：利用阀芯和阀体之间的相对运动变换油液流动的方向，或接通和关闭油路，从而改变液压系统的工作状态。

4. 流量控制阀

节流阀：用于控制液压系统中液体的流量，实现对液压系统的速度控制。

5. 压力控制阀

溢流阀：使被控制系统或回路的压力维持恒定，实现稳压、调压或限压的作用。

减压阀：用来减压、稳压，将较高的进口油压降为较低而稳定的出口油压。

拓展提高

先导型溢流阀

当液压系统中需要高压、大流量时，直动型溢流阀已不能满足使用要求，可采用先导型溢流阀，如图 7-12 所示。

先导型溢流阀由先导阀和主阀两部分组成。液压力同时作用于主阀芯及先导阀芯上。当先导阀未打开时，阀腔中油液没有流动，作用在主阀芯上、下两个方向的液压力平衡，主阀芯在弹簧的作用下处于最下端位置，阀口关闭。当进油压力增大到使先导阀打开时，液流通过主阀芯上的阻尼孔、先导阀流回油箱。由于阻尼孔的阻尼作用，主阀芯所受到的上、下两个方向的液压力不相等，主阀芯在压差的作用下上移，打开阀口，实现溢流。调节先导阀的调压弹簧，便可调整溢流压力。阀体上有一个远程控制口 K，当 K 口通过二位二通阀接油箱时，主阀阀芯在很小的液压力作用下便可移动，打开阀口，实现溢流，这时系统称为卸荷。若 K 口接另一个远程调压阀，便可对系统压力实现远程控制。先导型溢流阀的导阀部分结构尺寸较小，调压弹簧不必很强，因此，压力调整比较轻便。但是，先导型溢流阀要先导阀和主阀都动作后才能起控制作用，因此反应不如直动型溢流阀灵敏。

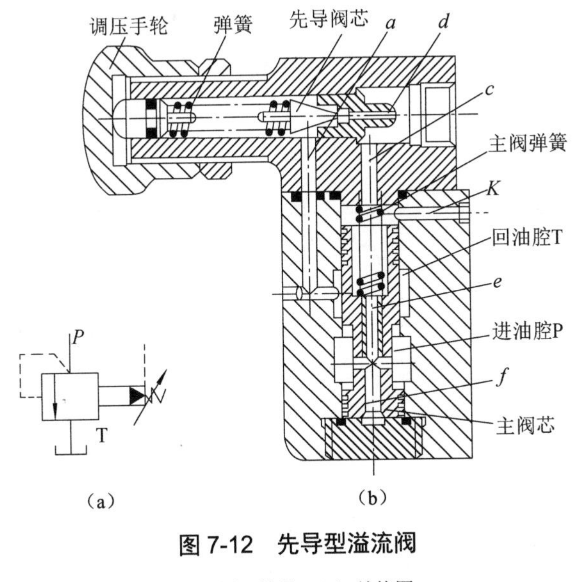

图 7-12 先导型溢流阀

(a) 图形符号；(b) 结构图

任务三 液压基本回路

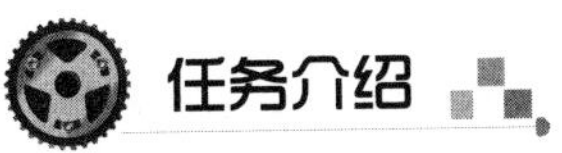

任务介绍

一个液压系统无论简单还是复杂，均由一些基本回路组成。液压系统是由液压元件组成，

可用图形符号来表示液压回路。

液压基本回路是指由液压元件组成，用来完成特定功能的典型回路。

学习目标

1. 应知方向控制回路的类型及工作原理。
2. 应知压力控制回路的类型及工作原理。
3. 应知速度控制回路的类型及工作原理。

相关知识

常用液压基本回路按其功能不同分为 3 种，即方向控制回路、压力控制回路、速度控制回路。下面分别介绍这几种液压基本回路。

一、方向控制回路

在液压系统中，执行元件的起动、停止或改变方向是利用控制进入执行元件的液流通、断及改变流向来实现的，实现这些控制的回路称为方向控制回路。在现代汽车及汽车维修机械中常用的方向控制回路有换向回路、锁紧回路、定位回路等。下面重点介绍换向回路和锁紧回路。

1. 换向回路

换向回路的作用是使执行元件改变运动方向。换向回路要求保证换向迅速、准确、平稳。

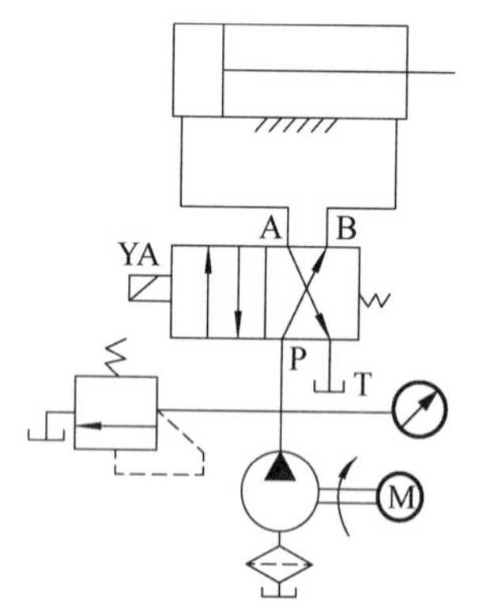

图 7-13 使用二位四通换向阀的换向回路

图 7-13 所示是使用二位四通换向阀的换向回路。当换向阀的电磁铁通电时，阀芯右移，换向阀左位接入系统，液压泵输出油液经换向阀 P、A 两油口进入液压缸左腔推动活塞右移，右腔油液经 B、T 油口回油箱；当电磁铁断电时，右位接通系统，油液经 P、B 油口进入液压缸右腔，推动活塞左移，左腔油液经 A、T 油口回油箱。

这种换向回路利用换向阀的电磁铁通电或断电来控制液压缸中活塞左、右移动。

2. 锁紧回路

锁紧回路的作用是切断执行元件的进出油路，使执行元件中的运动件停在规定的位置上并且防止其停止后窜动。对锁紧回路的要求是可靠、迅速、平稳、持久。

1）单向锁紧回路。图 7-14 所示是单向锁紧回路。用单向阀将液压缸单向锁紧，图示状态活塞只能向右运动，向左运动由单向阀锁紧；换向阀换向后，活塞向左运动，向右则锁紧。

2）滑阀机能为“O”型或“M”型换向阀的锁紧回路。图 7-15 所示是三位四通“O”型机能的换向阀换向回路。当 YA_1、YA_2 电磁铁都断电时，阀芯处于中间位置，液压缸的各工作油口被封闭。因为液压缸两腔都充满了油液，而油液又是不可压缩的，所以向左或向右的外力都不能使活塞移动，活塞双向锁紧。

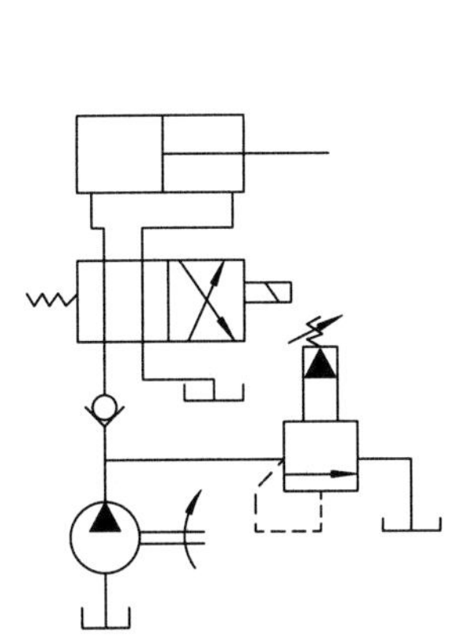

图 7-14　使用单向锁紧回路

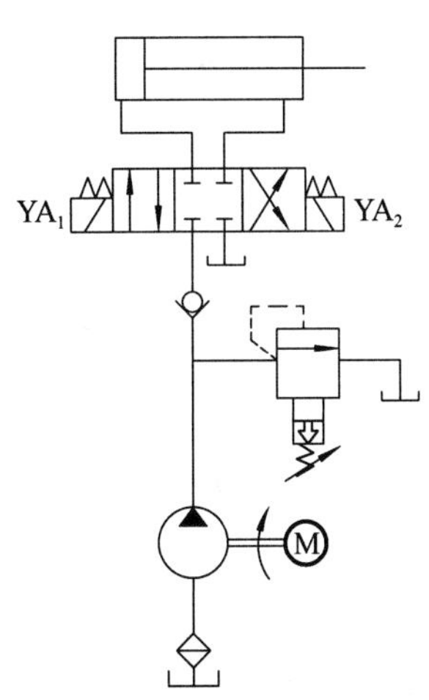

图 7-15　三位四通“O”型机能的锁紧回路

二、压力控制回路

1. 调压回路（限压回路）

调压回路是指控制系统的工作压力，使其不超过某预先调好的数值，或使工作机构运动过程的各个阶段中具有不同的压力（两级或多级调压）。图 7-16（a）所示是单级调压回路。液压泵输出的油液由溢流阀调定其最大供油压力，以适应系统的负载并保护系统安全工作。图 7-16（b）所示是多级调压回路。当系统需要多级压力控制时，可使用换向阀接入系统，此时系统的压力由远程调压阀 2 或 3 调定，使系统具有 3 种不同的压力调定值。

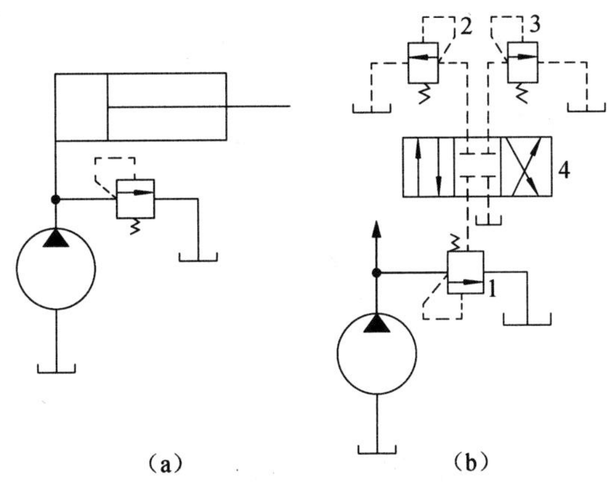

图 7-16　调压回路

（a）单级调压回路；（b）多级调压回路

1—溢流阀；2、3—调压阀；4—换向阀

2. 卸荷回路

当液压系统中的执行元件停止运动后，使液压泵输出的油液在低压下流回油箱，称为液压泵的卸荷。这样可以节省动力消耗，减少系统发热。能够使液压泵卸荷的回路，称为卸荷回路，如图 7-17 所示。

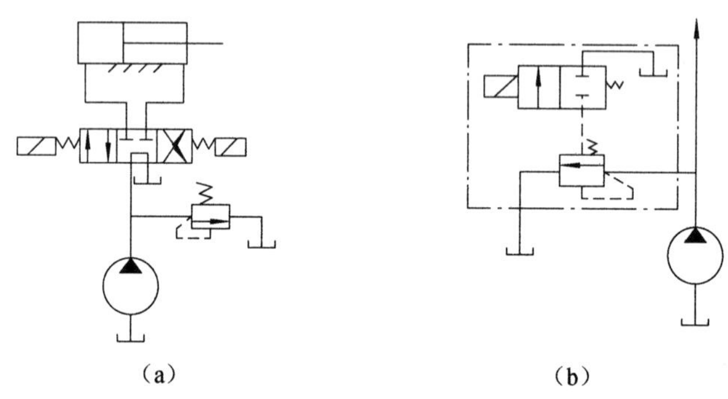

图 7-17　卸荷回路

（a）换向阀卸荷同路；（b）用溢流阀的卸荷回路

三、速度控制回路

速度控制回路是控制和调节液压执行元件运动速度的单元回路。按照调速方式不同，液压传动系统速度调节方法可归纳为节流调速和容积调速两大类。

1. 节流调速回路

根据节流阀在回路中装设的位置不同，节流调速回路分为进油节流、回油节流和旁路节流 3 种类型的回路，如图 7-18 所示。

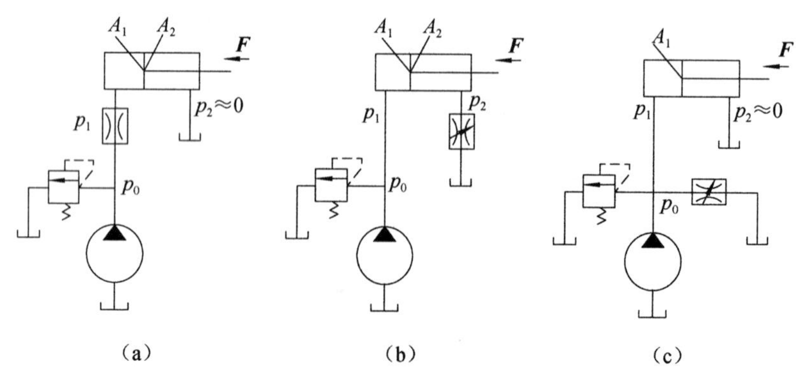

图 7-18　节流调速回路

（a）进油节流调速回路；（b）回油节流调速回路；（c）旁路节流调速回路

2. 容积调速回路

容积调速回路是通过改变液压泵或液压马达（也可以是液压缸）排量的方法来调节执行元件速度的回路，如图 7-19 所示。

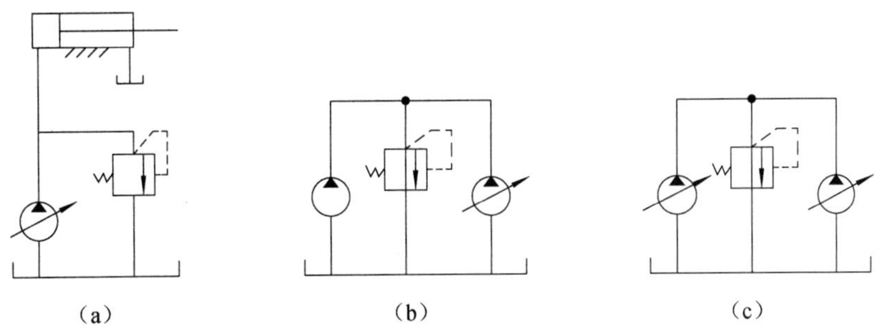

图 7-19　容积调速回路

(a) 变量泵调速回路；(b) 变量马达调速回路；(c) 变量泵-变量马达调速回路

四、典型液压回路分析

下面对 QD351 型自卸车液压系统的工作情况进行分析。

QD351 型自卸车的液压系统原理图如图 7-20 所示。该系统的动力装置为齿轮液压泵 1，由四位四通手动换向阀 6 来控制油路的变化，使液压缸完成空位、举升、中停、下降 4 个动作，系统压力由限压阀 5 调定。QD351 型自卸车的液压系统工作工程如下。

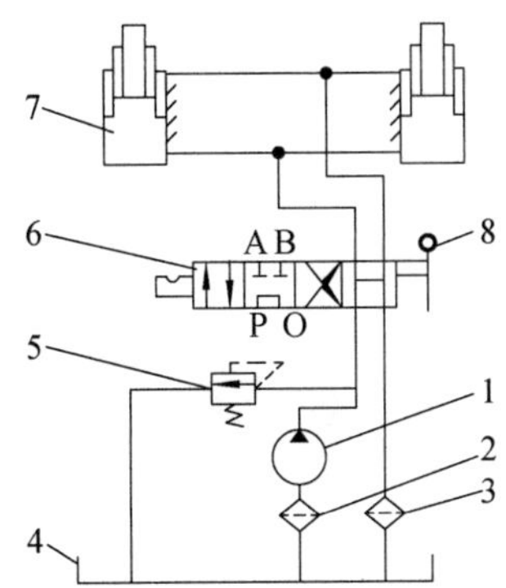

图 7-20　QD351 型自卸车的液压系统原理图

1—齿轮液压泵；2—粗过滤器；3—过滤器；4—油箱；5—限压阀；6—手动换向阀；7—液压缸；8—滑阀

1. 空位

当手动换向阀 6 处于最右位，换向阀中位机能为“H”型，这样齿轮液压泵 1、液压缸 7 处于卸载状态，车厢处于未举升的状态（一般为运输水平状态）。

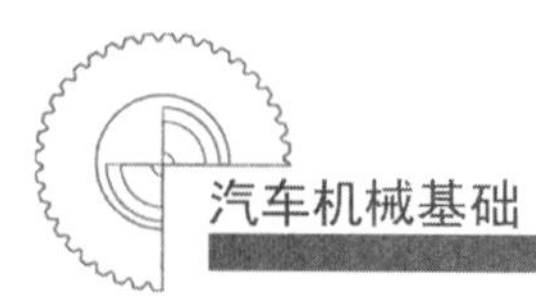

2. 举升

此时换向阀处于最左位置，伸缩式液压缸下腔进油，车厢处于举升状态。进油路：粗过滤器 2→齿轮液压泵 1→手动换向阀 6 最左位→液压缸 7 下腔。

回油路：液压缸 7 上腔→换向阀 6 最左位→过滤器 3→油箱 4。

3. 中停

此时滑阀处于左二位，换向阀中位职能为“M”型，液压泵处于卸荷状态；A、B 均被截止。液压缸两腔油液被封住，液压缸被锁紧在任意位置。

4. 下降

此时滑阀处于左三位，液压缸下腔回油，车厢处于下降状态。

进油路：粗过滤器 2→齿轮液压泵 1→手动换向阀 6 左三位→液压缸 7 上腔。回油路：液压缸 7 下腔→手动换向阀 6 左三位→粗过滤器 2→油箱 4。此时，液压缸 7 下降。当车厢降至原位时，将滑阀移至最右位。

由以上分析可知，该系统油路中包含以下几个基本回路，即手动换向阀 6 控制的换向回路、滑阀右位和左二位控制的卸荷回路、限压阀 5 控制的限压回路，以及两液压缸组成的同步工作回路的制动回路。

任务小结

1）方向控制回路：换向回路、锁紧回路。

2）压力控制回路：调压回路（限压回路）、卸荷回路。

3）速度控制回路：节流调速回路、容积调速回路。

4）分析了自卸车液压系统的工作情况。

拓展提高

同步回路

同步回路是使多个执行元件（液压缸）的动作位置同步的回路。多个液压缸带动同一个工作机构时，它们的动作应该一致。但负载、摩擦、泄漏、制造精度和结构变形等因素会影响执行机构运动的一致性。同步回路的作用就是尽管存在着上述差异仍能使各缸的运动速度和最终达到的位置相同。

1. 串联同步回路

图 7-21 所示为串联缸式同步回路。由于一个缸流出的油液进入另一个缸，而串联的液压缸相连通，两腔的有效活塞面积相等，从而保证两液压缸同步。将尺寸相同的双活塞杆液压缸串联连接，可实现多缸同步。液压缸达到终点时应补油或放油，以消除同步积累误差。该回路的特点是结构简单、能适应较大的偏载、同步精度中等、效率较高、液压泵的供油压力较高。此外，两缸的有效作用面积必须相等，适用于负载较小的场合。

2. 同步缸式同步回路

图 7-22 所示是同步缸式同步回路。两个同步缸的尺寸相同，共用一个活塞杆。泵输出的油分别进入同步缸的两左腔，同步缸右腔排出的油再分别进入两个工作缸，其油液流量相同，从而保证两工作缸的同步。同步缸活塞上装有双作用机动单向阀时，可以在行程终点清除两缸同步的积累误差。当三位四通换向阀换向后，工作缸反向仍可同步。

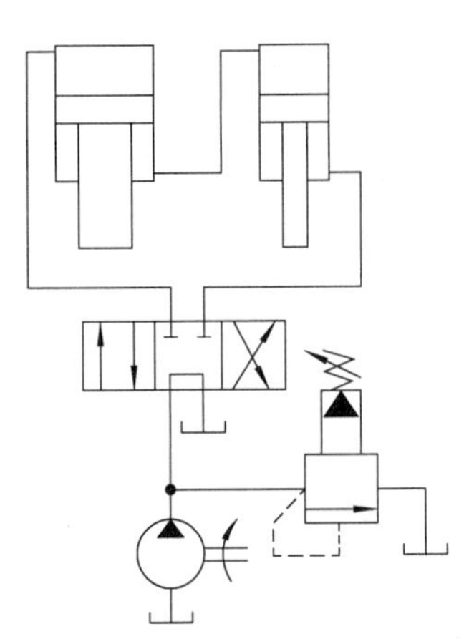

图 7-21　串联缸式同步回路

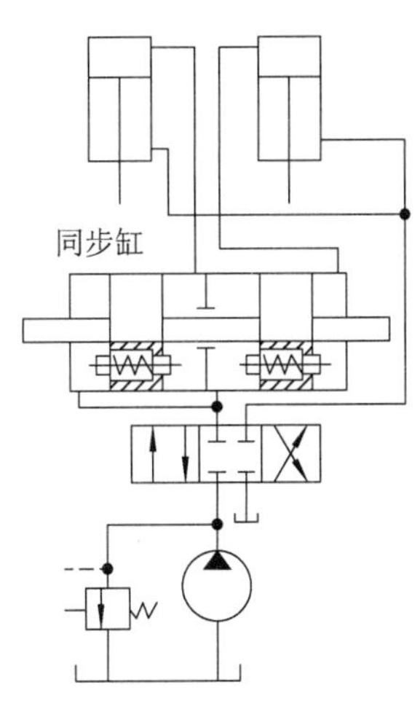

图 7-22　同步缸式同步回路

该回路能适应较大的偏载，同步精度较高、效率高，但专用的同步缸体积大、制造成本高。两液压缸有效工作面积必须相等，其同步精度为 0.5 ~ 1mm。在现代汽车中液压制动装置多采用同步回路，如单回路液压传动装置、双回路液压传动装置等用同步回路。工作时制动主缸的油液经油管流至各制动轮缸，迫使制动轮缸活塞在油压力作用下外移，推动两制动蹄张开产生制动，此时 4 个轮缸的制动是同步的。

课　后　自　测

一、填空题

1．液压传动装置实质上是一种________装置，它先将________转换为________，并依靠________来实现能量的传递，即将________能转换为________能。

2．液压传动系统由动力、执行、控制、辅助、工作介质五大部分组成，其各部分的作用如下。

（1）动力部分：其作用是把原动机所提供的________转换为油液的________能，输出高压油液。

（2）执行部分：其作用是把油液的________转变成________去驱动负载做功，实现往复直线运动、连续转动或摆动。

（3）控制部分：其作用是控制从液压泵到执行部分的油液的________、________和

________，从而控制执行部分的________、________和________。

（4）辅助部分：其作用是________、________、________和________，并有________作用。

（5）工作介质：液压系统中用量最大的工作介质是液压油。液压油不仅起________作用还对元件及装置起________作用。

3．液压传动的两个基本原理是________和________。

4．液压缸是将________转变为________的转换装置，一般用于实现________或________。

5．液压缸的种类有________、________、________等。

6. 液压控制阀分________、________、________，方向控制阀可分为________、________。

7．单向阀的作用是只允许油液由________方向向________方向流动。

8．换向阀的作用是改变________、________或________油路。

9．流量控制阀是靠________来改变________以控制________的液压元件，简称________。

二、选择题

1．自吸能力好、对油液污染较敏感，适用于中压系统的油泵是（　　）。
A．齿轮泵　　B．叶片泵　　C．柱塞泵

2．在液压传动系统中起安全保护作用的控制阀是（　　）。
A．减压阀　　B．溢流阀　　C．单向阀

3．在液压传动系统中常用的流量控制阀是（　　）。
A．节流阀　　B．溢流阀　　C．单向阀

4．在液压传动系统中用来变换油液流动方向，或接通和关闭油路的控制阀是（　　）。
A．单向阀　　B．溢流阀　　C．换向阀

三、判断题

1．油液流经无分支管道时，横截面积越大的截面通过的流量越大。（　　）

2．液压传动系统在工作时，必须依靠油液内部的压力来传递运动。（　　）

3．液体在管道中流动时，管道截面积越大，其流速越小，压力也越小。（　　）

4．液压系统中压力大小是由负载决定的。（　　）

5．液压泵的额定流量应稍高于系统所需的最大流量。（　　）

6．液压缸是液压传动系统的动力元件。（　　）

7．溢流阀的进口压力即为系统压力。（　　）

8．通常减压阀的出口压力近于恒定。（　　）

9．调速阀是最基本的流量阀。（　　）

10．液压缸工作前需先排气。（　　）

11．先导式溢流阀只适用于低压系统。（　　）

四、解答题

1．液压传动有哪些优缺点？

2．溢流阀有何作用？

3．一个典型的气动系统由哪几个部分组成？

4．画出溢流阀、减压阀和顺序阀的图形符号。

5．简述气压传动的优缺点。

参 考 文 献

[1] 原方．工程力学．北京：清华大学出版社，2006.
[2] 范钦珊．工程力学．北京：机械工业出版社，2007.
[3] 蔡广新．汽车机械基础．北京：高等教育出版社，2008.
[4] 杨晓辉．简明机械实用手册．北京：科学出版社，2006.
[5] 崔振民，张让莘．汽车机械基础．2 版．北京：高等教育出版社，2014.
[6] 陈立德，姜小菁．机械设计基础．北京：高等教育出版社，2014.
[7] 卢晓春．汽车机械基础．北京：机械工业出版社，2018.
[8] 刘延俊．液压与气压传动．3 版．北京：机械工业出版社，2012.
[9] 张春阳．液压与液力传动．北京：高等教育出版社，2008.